KB217368

나는 이렇게 기도해서
하나님을 만났다

나는 이렇게 기도해서 하나님을 만났다

신상래 지음

로뎀나무출판사
Rodem Tree Publishing House

들어가기

아이가 태어나면 가장 먼저 가르치는 게 무엇인가? 말하고 듣는 법을 꼼꼼하게 가르치는 것일 게다. 아이가 발음을 부정확하게 하면 정확한 발음을 반복해서 가르치고 다시 해 보라고 한다. 왜 그렇게 해야 하는가? 말을 제대로 못하면 사회생활을 할 수 없기 때문이다. 말을 하기 시작하면 곧이어 글자를 가르치기 시작한다. 요즘 아이들은 초등학교에 들어가기 전에 한글을 마스터하고 영어도 곧잘 한다는 말을 듣고, 초등학교에 들어가서야 글자를 배우기 시작했던 우리 어릴 적을 떠올리며 격세지감을 느꼈던 적이 있다.

어쨌든 부모라면 누구나 성실하게 자녀를 학교에 보낸다. 초등학교에서 대학교까지 무려 16년 동안 학교에 보내면서 훌륭한 사람으로 성장하기를 기대한다. 그렇다면 학교에서 하는 것은 무엇인가? 학교를 세운 목적은 국가나 사회에 필요한 인재를 양성하는 것이다. 그곳에서는 학문뿐 아니라 인성과 가치관을 가르치고 재능을 계발하여 성장시키고 교우들과 잘 어울리는 사회성을 함양시킨다. 요즘의 학교는 상급학교 진학의 도구로 변질된 감이 없지 않지만 말이다. 말하자면 학교는 훌륭한 인품과 가치관을 훈련시키는 것이 설립목적이다. 그렇다면 왜 '훈련'이라는 말을 쓰는가? 도달하기가 쉽지 않기 때문이 아닌가? 필요한 가치관을 습득하고 훌륭한 성품을 키우는 일은 누구에게나 어렵기 때문이다.

그래서 교사는 학생의 사소한 잘못이라도 꼼꼼하게 지적하고 올바르게 교정시키며 시행착오를 통해 성장하도록 가르쳐야 한다. 그래서 모든 과정의 훈련을 마치면 훌륭한 성과가 나타나고 풍성한 열매를 맺어야 하는 것이다. 그래서 훈련기간에는 어렵고 힘들더라도 참고 견디며 이 과정을 버티는 것이다. 훈련되지 않은 사람은 아무런 열매가 없기 때문이다.

　이러한 일은 학교에만 있는 것이 아니라 교회에도 존재한다. 교회란 하나님을 섬기는 자녀들의 공동체이다. 하나님은 영이시기에 사람의 마음에 들어와 계신다. 그래서 성령 하나님이 내주하시는 사람들과 성령 하나님이 내주하시기를 사모하는 사람들의 공동체가 바로 성경적인 교회이다. 성령이 내주하는 통로는 기도와 말씀이다. 그러므로 모든 교인들은 성령과 깊고 친밀하게 교제를 나누는 기도를 하며 말씀을 읽고 깨닫는 영적 습관을 들여야 한다. 그래서 성령과 동행하는 삶을 이루어야 비로소 하나님이 기뻐하시는 교회공동체의 일원이 되는 것이다. 그래서 신앙의 연륜이 오래된 당신은 하나님과 깊고 친밀한 교제를 하는 증거로 놀라운 영적 능력을 소유하며 평안하고 형통한 삶을 누리고 계신가? 아니라면, 자신의 신앙을 점검하고 무엇이 문제인지 곱씹어 봐야 할 것이다.

　　내 아들아 주의 징계하심을 경히 여기지 말며 그에게 꾸지람을
　　받을 때에 낙심하지 말라 주께서 그 사랑하시는 자를 징계하시
　　고 그가 받아들이시는 아들마다 채찍질하심이라(히12:5~6)

　　　　　　　　　　나는 이렇게 기도해서 하나님을 만났다

이 구절은 잠언 3장 11절 말씀을 인용한 히브리서 말씀이다. 여기에서 '징계'라고 번역한 단어는 히브리어로 '무사르'이며, 헬라어로는 '파이데이안'인데, 그 뜻은 영어로 discipline이며 훈육, 규율, 훈련이란 뜻이다. 같은 뿌리에서 파생된 '제자'라는 단어가 disciple이라면 그 뜻을 짐작하기가 어렵지 않을 것이다. 그러나 '징계'라고 번역하면 원래의 뜻과 좀 거리가 있는 것도 사실이다. 히브리어 '무사르'나 헬라어 '파이데이안'은 징계라는 뜻보다는 훈련이라는 뜻이 더 강하기 때문이다.

어쨌든 하나님의 자녀는 하나님의 뜻을 깨닫고 그것을 삶 가운데 실행하기 위해서 훈련이 필요하다. 하나님은 혹독한 훈련을 통해 당신의 자녀들을 사랑하는 종으로 사용하고 싶어 하신다. 그래서 야곱은 20여 년, 요셉은 15년, 모세는 40년 동안 고단하고 팍팍한 인생의 훈련장에서 입에서 단내가 나는 훈련을 받았다. 모세의 인도로 애굽을 빠져나온 200만 명(성인 남자만 60만 명)의 이스라엘 백성들도 40여 년 동안 거칠고 메마른 광야에서 혹독한 훈련을 받았다. 그 훈련의 목적은 하나님과 동행하는 영적 습관을 들이며, 하나님의 뜻을 깨닫고 그 뜻대로 살아가는 하나님의 백성이 되는 것임은 두말할 나위 없다.

그래서 당신은 하나님과 동행하는 영적 습관을 들여 그 뜻을 깨닫고 삶에 잘 적용하여 풍성한 열매를 맺고 있는가? 필자가 이 말을 하는 이유는 작금의 우리네 교회에서는 하나님과 동행하는 영적 습관을 들이는 훈련에 무지하기 때문이다. 현대교회는 주일성수로 일컫는 예배행위를 비롯한 희생적인 신앙행위와 형식적인 종교행사를 반복하기에 급급할 뿐이다. 그래서 대부분의 교인들이 주리고 목마른 영혼으로 무엇이 잘못되었는지도 모른 채 건조하고 팍팍한 삶을 살고 있다.

이것이 필자가 크리스천 영성학교의 문을 열고 성령이 내주하는 기도훈련을 시작한 이유이다. 성령과 깊고 친밀한 교제를 나누는 영적습관은 훈련되지 않으면 도달하지 못한다. 그런데 이러한 훈련은 눈에 보이지 않고 귀에 들리지 않으며 과학으로 증명되지 않는 영적 분야이기 때문에 녹록지 않다. 또한 성령이 내주하시는 기도훈련을 시작하면 악한 영의 극심한 방해공작이 시작되는 것도 어려움 중의 하나이다. 그래서 혼자 훈련을 해서 성령이 내주하시고 동행하시는 경지에 도달하는 것은 무척이나 어렵다. 물론 교회에서 잘 가르치고 훈련하면 되지만, 우리네 교회에서는 이런 것에 무지할 뿐 아니라 관심조차 없으니 답답한 노릇이다. 그러나 교회에서 가르치지 않는다고 방치할 수 없는 일이다. 천국에 가는 것은 절대 양보하거나 포기할 수 없는 일이기에 말이다.

아시다시피, 현대교회는 성경적인 기도에 대한 훈련이 없어서 대부분의 교인들이 기도를 자신들의 세속적인 소원을 이루고 삶과 육체의 문제를 해결하는 수단으로만 알고 있다. 그래서 오랫동안 기도해도 응답을 경험하지 못하기에 기도의 동력을 잃어버린 채 교회마당을 밟고 있다. 대부분의 교인들이 하루에 10분도 기도하지 않는 게 우리가 마주한 차가운 현실이다. 이들이 천국에 들어갈 확률은 거의 없다. 성령께서는 필자에게 종말의 날을 연기하는 이유에 대해, 기도를 쉬는 자들에게 기회를 주기 위함이라고 말씀하셨다. 또한 한국교회도 기도의 불이 꺼져

간다는 것을 알고, 성령의 불길을 다시 일으키라고도 명령하셨다.

　그래서 이 책을 쓰게 되었다. 이 책은 오랫동안 기도훈련에 대한 칼럼으로 써 왔던 내용들을 주제별로 정리하고 간추린 것이다. 필자가 25년 전에 하나님을 부르는 기도를 시작하고 10여 년이 흐르자, 성령께서 찾아오셔서 필자가 해 왔던 기도를 훈련시켜 잃어버린 영혼을 돌려달라고 명령하셨다. 그래서 충주의 한적한 시골에 영성학교를 연 지도 10여 년이 흘렀다. 그동안 수천 명의 사람들이 찾아와서 영성학교의 기도훈련에 관심을 보였다. 그러나 여전히 대부분의 한국교회의 교인들은 성령과 사귀는 기도에 대해 무지하다. 모쪼록 이 책을 읽는 모든 이들이 하나님과 깊고 친밀한 교제를 나누면서 이 땅에서 천국을 누리고, 성령의 능력과 인도하심으로 영혼구원을 하는 도구로 쓰이다가 영원한 천국에 들어가 행복하게 살기를 바라마지 않는다.

충주의 한적한 시골에서
쉰목사

목차

제4장

당신이 기도해야 하는 이유

제5장

쉬지 말고 전심으로 하나님을 부르라

제6장

회개기도와 중보기도

제7장

기도의 핵심 포인트

제1장

쉰목사는 어떻게 기도하는가?

1.
쉰목사가 기도하는 방식

필자는 성령이 내주하는 기도훈련 사역을 하고 있다. 필자는 철저하게 성경에 나와 있는 기도방식대로 가르친다. 성경을 샅샅이 뒤져 보면, 성경에서 가장 많이 나오는 기도의 방식은 '쉬지 말고 기도하라, 항상 기도하라.'이고, 기도의 내용은 '마음을 다하여 하나님의 이름을 부르라, 전심으로 하나님의 얼굴을 구하라, 간절하게 찾으라.' 등이다. 그래서 필자가 이런 기도를 시작한 지 25년이 훌쩍 넘었으며, 수많은 기적과 이적을 체험하면서 성령의 능력과 은사를 받고, 성령의 명령하심에 따라 기도훈련을 하는 지도자의 자리에 서 있다. 지금까지 수천 명이 넘는 사람들이 기도훈련을 요청하였으며 영성학교 공동체 식구들도 수백 명에 이른다. 그러나 여전히 필자가 요구하는 기도가 녹록지 않은 것도 사실이다. 그래서 훈련하는 분들에게 도움을 드리고자 필자가 기도하는 방식을 구체적으로 말씀드리려고 한다.

영성학교 카페의 글이나 유튜브 동영상을 본 사람들은 잘 알고 있겠지만, 필자가 요구하는 기도방식은 전심으로 하나님의 이름을 부르는 것이다. 그래서 '이게 무슨 기도인가?'라며 의구심을 표하는 분들도 많다.

나는 이렇게 기도해서 하나님을 만났다

그러나 기도는 영이신 하나님과 내 영혼이 만나서 교제하는 통로이다. 그러므로 기도의 내용에 집중해서 기도해야 한다. 또한 하나님은 하루 나 이틀 기도했다고 찾아오시는 분이 아니므로, 인내심을 가지고 끈기 있게 기도해야 한다. 필자가 기도훈련을 하면서 그간 축적해 놓은 훈련 생들의 데이터에 의하면, 집중하여 혹독하게 기도한 사람들은 몇 개월 이 지나면 성령이 갓 임재하는 경험을 하게 된다. 그러나 집중하여 혹독 하게 기도하지 않으면 아무리 오래 기도해도 아무 일도 일어나지 않을 것이다.

하나님을 부른다는 것은 하나님이 자신에게 와 달라는 내용으로 기도 하는 것이다. 그러므로 그 내용을 마음속에 담아서 하나님, 주님, 성령 님, 예수님, 아버지 등의 이름으로 부르는 것이다. 통성으로 하든 묵상 으로 하든 상관없다. 처음에는 조용한 목소리로 하는 것도 좋을 것이다. 그러나 소리를 내기 힘든 환경이라면 묵상으로 기도하면 된다. 그러나 전심으로 해야 한다. 정신집중은 육체를 긴장시켜야 된다. 그러므로 아 랫배에 힘을 주고 쥐어짜듯이 기도하면 정신집중이 잘 된다. 그러나 이 기도를 해 보신 분들을 잘 아시겠지만, 처음에는 집중에 잘 되는 듯하다 가, 시간이 지나면 집중이 되지 않고 허공을 맴도는 듯한 느낌을 받기 일 쑤이다. 그래서 필자가 요령을 말씀드리겠다. 그것은 하나님을 부르는 목적을 문장으로 기도하는 것이다. '아버지 내게 와주세요, 나는 하나님 이 필요합니다, 아버지와 내가 하나가 되도록 해 주세요, 아버지는 나의 왕입니다, 하나님은 나의 주인입니다, 주님은 나의 하나님입니다, 나는 당신의 소유입니다, 나는 당신의 것입니다.' 등의 내용을 여러 번 반복하면서 돌아가며 기도하는 것이다. 이렇게 문장으로 기도하면 그냥 하나님을 부르는 것보다 구체적인 느낌을 받는다. 그리고 문장의 내용을 곱씹으며 집중적으로 기도하게 된다. 그러나 한 문장만을 무한반복하면 다시 아무 생각 없이 기도하게 되거나 잡념이 들어와서 집중하지 못하게 된다. 그래서 적당한 간격으로 다른 문장으로 바꿔서 기도해야 한다. 그러면 집중하는 게 훨씬 쉽다. 그러나 이 기도는 필수적으로 악한 영의 공격을 받게 된다. 그래서 아무리 애써도 집중이 되지 않으면 악한 영의 공격이라는 것을 눈치채고 즉시 축출기도를 해야 한다. 축출기도는 예수 이름과 예수 피를 외치면서 귀신을 쫓는 것이다. 이 역시 정신을 집중해서 기도해야 한다. 예수 이름과 예수 피를 문장으로 말하자면, '예수 이름으로 명하니 귀신이 나가라, 예수 보혈의 공로를 의지해서 기도하니 귀신이 나가라.'는 내용이다. 그러나 귀신은 영이기 때문에 묵상으로 기도하거나 소리를 내서 기도하거나 상관없이, 예수 이름이나 예수 피를 외치는 기도만 해도 무슨 기도를 하는지 잘 알고 있다. 귀신들이 두려워하는 이는 하나님밖에 없다. 그래서 예수 이름과 예수 피라는 말을 무척이나 두려워하고 도망치는 것이다. 그러나 이때도 예수님이 십자가에서 흘리신 보혈을 머릿속에 떠올리면서, 예수님이 흘리신 피가 뚝뚝 떨어지는 상상을 하면서 축출기도를 해야 한다. 그래서 잡념이나 두려운 생각, 부정적인 생각이 들어와서 하나님을 부르는 기도를 못하게 하는 경우에는 즉시 잡념이 없어질 때까지 축출기도를 해야 한다. 처음에는 잡념이나 부정적인 생각이 너무 심해서 하나님을 부르는 기도를 거의 못하고 축출기도만 하는 경우도 있다. 그러나 괘념치 말고 기도하면 된다. 다시 말하지만, 이 기도는 악한 영과 피 터지게 싸우는 기도이다. 그러므로 귀신이 공격하는 것은 당연한 일이다.

　필자는 아침에 2시간, 밤에 잠자리에 들기 전 2시간 기도하는 것을 규칙으로 삼고 있다. 그리고 낮에도 시간이 나는 대로 1~2시간 기도하고 있다. 그러나 필자처럼 많은 시간 기도를 하지 못하더라도 아침과 밤에 각각 1시간 그리고 낮에도 틈만 나면 기도를 해야 한다. 물론 하나님은 기도하는 시간을 재시는 분이 아니지만, 하나님은 하루 종일 쉬지 않고 기도하는 것을 명령하셨고, 그게 바로 예수 그리스도 안에서 하나님의 뜻이라고 콕 집어서 말씀하고 있다. 그러므로 그 정도의 시간을 내지 못하면서, 하나님의 뜻을 지키고 있다고 말할 수 있겠는가? 예수님은 주여 주여 하는 자가 천국에 들어갈 것이 아니라, 하나님의 뜻대로 행하는 자라야 들어간다고 분명하게 말씀하셨다. 그러므로 쉬지 않는 기도의 습관을 들이지 못한다면 천국은 꿈도 꾸지 마시라.

　필자는 아침에 2시간을 기도할 때 2시간을 1시간씩 나누어, 먼저 1시간은 생각을 쫓아내는 축출기도, 회개기도, 감사기도로 채운다. 그리고 남은 1시간은 주기도문과 바울의 기도문 묵상, 성령께서 요구하신 간구와 영성학교 식구들을 위한 중보기도를 하고 있다. 그러나 낮이나 밤에 기도할 때는 하나님의 이름을 부르고 찬양하고 경배하는 기도만 하고 있다. 아직 성령이 내주하지 못한 사람이라면 하나님의 이름을 부르며 찬양하고 경배하는 기도에 집중하고, 성령이 내주한 사람이라면 주기도문과 가족의 영혼구원과 자신에게 붙여준 영혼들의 구원을 위한 간구를 덧붙여 기도하길 바란다. 그러나 하나님은 우리가 열심히 기도한

다고 들으시는 분이 아니라, 하나님이 기뻐하시는 자녀의 기도를 들어
주신다. 그러므로 하나님을 쉬지 않고 간절히 부르고, 전심으로 성령의
내주를 간구하는 기도의 습관을 들인 사람이 바로 하나님이 기뻐하시는
자녀가 될 것이다. 성령께서는 그런 기도의 습관을 들인 자녀에게 찾아
와 내주하시며 동행하신다. 바로 성령이 내주하여 동행하면서, 악한 영
과 싸우고 고질병을 치유하며 영혼구원을 하는 정예용사가 되는 것이
다. 당신이 그런 사람이었으면 좋겠다.

2.
나는 이렇게 기도해서 하나님을 만났다

　필자가 기도코칭을 하며 사역을 시작한 지도 벌써 여러 해가 지났다. 제자들이 필자의 지도에 따라 기도하는 모습을 보면서, 필자가 기도훈련을 하던 예전의 세월이 아련하게 떠오른다. 필자는 평신도 시절에 기도하는 법을 가르쳐 주지 않은 교회를 비난하기보다 스스로 성경에서 기도하는 법을 찾아 나섰고, 전심으로 기도해야 성령의 임재를 경험할 수 있고, 쉬지 않고 기도해야 성령과 동행하는 삶을 유지할 수 있음을 알게 되었다. 이 2가지 키워드가 하나님을 만나서 평생 동행하다가 천국에 갈 수 있는 비결인 셈이다. 말하자면 성경의 위인들도 이 같은 기도방식을 통해 놀라운 영적 능력을 보유했던 것이다. 필자의 다음카페에 들어와 기도훈련에 대한 게시판을 읽어 보면 그 내용을 대략 알게 된다. 그래서 사람들은 굳은 결심을 하고 이러한 기도를 삶에 적용하기 시작한다.

　성령님을 만나기 위한 기도방식은 뭐 그리 어렵지 않다. 성령님이 내 안에 오실 때까지 주구장창 하나님을 전심으로 부르기만 하면 된다. 생각보다 단순하기 짝이 없다. 그러나 해 보면 곧 알게 되겠지만, 전심으로 부른다는 게 그리 만만치 않다. 자신은 열심히 한다고 생각하지만 그건 자신의 생각일 뿐이다. 전심으로 기도하는 것은 입에서 단내가 나도록, 몸부림치며 기도하는 것을 말한다. 이런 기도를 한 30분만 해도 몸에 힘이 쑥 빠진다. 만약 1시간을 한다면 피곤해서 쉬어야 할 것이다. 그래서 훈련이 필요하고 코치가 필요한 것이다. 기도훈련을 시작한 사람들은 이구동성으로 너무 힘들다고 입을 모은다. 그렇다. 이런 기도를 하려면 온 힘을 다해 성령이 내주하는 모습을 상상하며 몸부림을 쳐야 하기에 그리 만만치 않다. 필자 역시 성령을 만날 때까지 적지 않은 기간이 필요했고, 기도습관을 들이는 데 무려 3년 이상이 필요했다. 습관을 들이는 이유는 성령이 오셨더라도 이틀만 기도하지 않으면 떠나는 분이시기 때문이다. 그래서 은혜로 성령체험을 한 사람들이 유지를 못하는 것이다. 선물로 성령을 받은 사람들은 기도습관이 되어 있지 않아서 잃어버리게 되는 것은 시간문제이다. 그래서 성령을 빨리 받는 것보다 오래 걸리더라도 기도습관을 들이는 게 더 중요하다. 그래야 성령이 오셨을 때 평생 그분을 잃어버리지 않고 동행할 수 있기 때문이다.

많은 사람들이 성령이 내주하는 기도를 하고 싶어 한다. 그러나 기도할 시간이 없다고 하는 사람들이 대부분이다. 새벽에 일어나기 무섭게 출근해야 하고, 정신없이 온종일을 보내다가 파김치가 되어 퇴근하여 집에 오면 저녁 먹기 무섭게 졸음이 쏟아져 TV 앞에서 꾸벅꾸벅 졸다가 침대로 가야 하는데, 어떻게 기도하느냐는 것이다. 아마 필자가 목회사역을 전업으로 하는 목회자라서 그렇지, 자신들처럼 생활전선에서 눈코 뜰 새 없이 바쁜 처지라면 그런 기도를 할 수 있겠냐며 볼멘소리를 하는 사람도 있을 것이다. 맞는 얘기다. 그러나 과거에 필자는 목회를 하면서 생업을 병행했다. 12년이 넘는 세월 동안 아내와 화장품 방문판매를 하며 살아왔고, 아내가 방문판매 일을 힘들어하자 시간을 3분의 1로 줄이고 부족한 수입을 보충하기 위해 필자는 구내식장에서 파트타임으로 밥차 배달을 했다. 물론 노동시간도 많지 않고 노동 강도 역시 빡세지 않아서, 아침과 밤에 규칙적으로 시간을 정해 놓고 3~4시간 이상 기도를 했다. 그리고 필자에게는 비장의 무기가 있었다. 하루 종일 기도하는 습관을 들인 것이다. 아침에 출근하면서 자동차 안에서 전심으로 하나님의 이름을 부르거나 할렐루야를 연발하면서 기도하며 운전했다. 전방을 주시하면서 입으로는 기도를 했다. 파트타임으로 일하는 직장이었기에 오후 2시가 되면 일이 끝났는데, 퇴근하면서도 동일한 방식으로 기도하면서 운전을 했다. 출퇴근 시간에 기도하는 것만 최소한 40여 분 되었다. 그리고 구내식당에서도 쓰레기를 버리러 간다든가, 캐리어로 차에 식사를 싣고 내리며 운반하는 시간에도 혼자 중얼중얼 기도하거나 찬양하곤 했다. 혼자 있는 시간에는 예외 없이 기도하거나 찬양을 했다. 하나님이 가장 기뻐하는 기도는 그분의 이름을 부르는 것과 찬양하는 것이다. 성경에서 믿음이 없이는 기쁘시게 못하나니… 자기를 찾는 자들에게 상주시는 이심을 믿어야 할 것이라고 하지 않았는가? 하나님은 언제 어디서나 자기 이름을 부르며 찾는 자들을 가장 기뻐하신다. 그리고 입만 열면 할렐루야를 연신 반복하며 찬양하는 것 역시 가장 기뻐하시는 기도이다. 주기도문에서도 '하늘에 계신 우리 아버지여'라고 하나님을 부르거나 '이름을 거룩히 여김을 받으시옵소서'하고 하나님을 찬양하고 있다. 이런 기도는 방해받지 않는 장소에서 정해진 기도시간이 아니더라도 일상생활을 하면서 얼마든지 할 수 있는 기도가 아닌가? 그리고 그런 기도를 가장 기뻐하신다고 하지 않았는가? 필자는 운전을 하거나 길을 걸어가거나 산책을 하거나 운동을 하거나 누군가를 기다리고 있거나 기차를 타고 가거나 등등 혼자 있을 때는 어김없이 마음속으로 하나님을 간절히 부르며 할렐루야를 연발한다. 주변이 시끄러워 집중하기 어려우면 수영용 귀마개로 귀를 막고, 야간에 자동차 라이트가 눈이 부셔 기도를 방해하거나 기차로 여행할 때는 수면용 안대로 눈을 가리고 기도에 집중하려고 애쓰곤 했다. 쉬지 말고 기도하라는 것은 틈만 나면 기도하고, 기회만 나면 기도하라는 뜻이다. 이렇게 3년여의 훈련으로 기도습관을 들이자 필자는 기도머신이 되어 버렸다.

많은 사람들이 직장에 다니기 때문에 기도할 시간이 없다고 한다. 필자는 아침에는 집에서 기도하고 밤에는 교회에서 기도하다가 자정쯤 집으로 돌아가곤 했다. 그리고 낮에는 언제 어디서나 틈만 나면 기도하려고 애썼다. 많은 사람들이 돈을 벌고 돈을 쓰는 데 자신이 가진 대부분의 시간을 사용한다. 그러고는 기도할 시간이 없다고 한다. 그러나 정확히 말하자면 기도할 시간이 없는 게 아니라 기도습관을 들이지 못했기 때문에 기도하지 못하는 것이다. 필자는 돈을 벌어도 기도하는 시간을 제외하고 나머지 시간에 돈을 벌었다. 그래서 많은 돈을 벌지 못할지라도 기도할 시간을 낼 수 있었다. 많은 돈을 버는 직장이나 사업은 노동 강도도 세고 자신의 모든 시간을 전부 투입해야 한다. 악한 영들은 사람들이 돈 버는 일에 빠지도록 만들어 기도하지 못하게 하는 전략을 쓰는데, 이것이 아주 탁월해서 대부분의 사람들이 이 덫에 걸려든다. 그리고 두 번째로 돈을 쓰는 일에 몰두하게 하여 기도하는 일에 관심을 두지 못하게 한다. 이 역시 효과가 뛰어나 많은 사람들이 여기에 빠져들었다. 그래서 성경이 탐욕과 방탕을 가장 으뜸 되는 죄악이라고 밝힌 것이다. 생계비 이상의 돈을 벌려는 탐욕 때문에 돈을 우상으로 섬기고, 쾌락을 좇아가다가 불에 뛰어드는 불나방이 되는지도 모르고 살고 있다. 삶을 기도로 채운다는 결연한 결심을 하지 않는다면 하나님을 만날 수도 없고, 설령 만났다고 하더라도 동행하는 삶을 유지하지 못한다. 솔직히 말해서, 쉬지 않고 기도하는 습관을 들이지 못했다면 성령으로 거듭난 삶을 살 수 없을 것이고, 성령으로 다시 태어나지 않았다면 천국은 언감생심이다. 말하자면 삶을 기도로 채우지 않는다면 천국은 자신의 것이 아니라는 얘기이다. 생명을 유지하려면 호흡을 멈추지 않아야 하듯이, 영혼의 호흡인 기도 역시 마찬가지이다. 그러므로 끊임없이 기도하지 않는 사람들은 영혼이 죽어 있는 것이다. 그래서 마음에 평안도 기쁨도 없이 냉랭하고 건조한 삶을 살아가는 것이다. 이것이 육체는 살아 있으나 영혼이 죽어 있는 사람들의 모습이다. 성경은 이런 영혼을 가리켜, 주리고 목마른 영혼이라고 표현하고 있다. 주리고 목마른 영혼은 육체의 생명이 끝나면 지옥으로 직행하는 운명이다. 그러나 육체의 생명을 유지하고 있다면 아직 천국행 티켓을 살 수 있는 기회가 남아 있다는 기쁜 소식이 아닌가? 그러나 여전히 돈을 벌고 소비하는 일에서 눈을 떼지 못해 기도하는 습관을 들이지 못한다면 살아 있으나 죽은 목숨이다. 당신이 그런 사람이 아니기를 간절히 바란다. 천국에서 만날 수 없으니까 말이다.

3.
나는 성령으로부터 직접 기도훈련을 받았다

　삼국유사에 실린 고조선을 세운 단군왕검 신화에 의하면, 옥황상제인 환인의 아들인 환웅과 곰에서 사람이 된 웅녀 사이에서 왕검이 태어나 고조선을 세웠다고 한다. 호랑이와 곰이 환웅에게 인간이 되게 해 달라고 간청했는데, 환웅은 쑥과 마늘을 먹으며 100일 동안 햇빛을 보지 않아야 한다는 조건을 내걸었다. 호랑이는 이를 참지 못하고 굴에서 뛰쳐나갔지만 곰은 끝내 참아서 웅녀가 되어 환웅과 결혼했다. 신라시대 경주 김씨의 시조는 김알지인데, 닭의 울음소리를 듣고 찾아가 보니 황금빛이 나는 궤 안에 사내아기가 있었다고 한다. 신라의 초대 왕은 박혁거세인데, 그는 기이한 우물곁 흰말이 무릎을 꿇고 있던 곳에 있던 알을 쪼개고 나타났다고 한다. 고구려의 건국설화는 부여 왕인 금와왕으로부터 시작된다. 부여 왕인 해부루가 자식이 없어 기도하던 중 연못에서 금빛 개구리 모양의 아이를 발견하여 왕궁에 데려와서 키워 왕위를 물려주었고, 그는 하백의 딸 유화와 결혼하여 알을 낳았는데 그가 바로 고구려의 시조인 주몽이다. 이렇게 건국신화는 신비하고 기이한 사건을 통해 나라를 세운 왕이 특별한 신분이라는 것을 홍보하는 내용으로, 백성들은 자신들의 왕이 보통사람이 아니라 하늘에서 점지해 준 사람임을 믿고 절대복종하라는 의도로 기록되었다. 이성적이고 합리적인 사고방식으로 무장한 현대인들은 이런 건국신화들은 죄다 사람들이 지어낸 이야기임을 잘 알고 있다.

그러나 성경도 이성적이고 합리적인 사고방식으로는 도저히 받아들일 수 없는 이야기들로 가득 차 있다. 하나님이 말씀으로 세상을 지으셨다든가, 남자를 알지 못하는 동정녀인 마리아가 성령으로 말미암아 예수님을 잉태하게 되었다든가, 예수님이 자신의 예언대로 죽으셨다가 3일 만에 부활하신 사건이나, 예수님과 사도들이 죽은 자를 살리고 장애를 회복시키며 고질병과 정신질환을 치유했다는 내용들이 바로 그렇다. 그러나 건국신화와 달리, 우리가 성경을 사실로 믿는 이유는 지금도 하나님이 살아 계시고 성령의 능력으로 이런 놀라운 사건을 일으키실 수 있다고 믿기 때문이다. 그러나 문제는 이 시대의 우리네 교회에 이런 능력이 없다는 것이다. 말하자면 성경의 이야기를 하나님의 말씀인 진리라고 믿기는 하지만, 그게 지금 자신들에게 일어날 것을 믿지 않는다. 물론 그들은 지금도 하나님은 살아 계셔서 자신의 백성들에게 놀라운 기적과 이적을 베푸시는 분이라고 말하기는 한다. 그러나 자신들에게 이런 기적과 이적이 일어나지 않는 이유에 대해서는 입을 꾹 닫고 있다. 이렇게 자신들에게 기적과 이적이 일어나지 않더라도 그와 상관없이, 자신들이 확신하는 믿음으로 천국의 백성이 되었다고 확신하고 있다. 하나님은 전지전능하신 분으로 자신의 백성들에게 기적과 이적으로 역사하셔서 기도에 응답해 주시고 삶의 문제를 해결해 주신다는 것을 믿고는 있지만, 자신들에게 일어나지 않는 것에 의구심을 품지 않으면서 하나님이 자신들에게도 함께 계신다고 믿고 있다는 게 기이하기도 하고 아이러니하지 않은가? 그러나 이런 얘기를 교회에서 함부로 꺼내거나 담임목사에게 물어볼 엄두를 내지 못한다. 그런 얘기를 하면 믿음이 없다는 돌멩이가 날아올 것이 불 보듯 뻔한 일이기 때문이다.

우리네 교회는 성령이나 영성이라는 단어를 좋아하지 않는다. 성령충만이라는 말은 자주 쓰지만, 성령의 증거나 변화, 능력이나 열매를 확인하려 하지 않는다. 우리네 교회는 3분짜리 영접기도를 하면 성령이 득달같이 자신 안에 들어오셨다는 것을 믿음으로 받아들일 것을 가르치고 있다. 성령이 누구신가? 전지전능한 하나님이시다. 예수님이 부활하시고 승천하시고 난 이후에 성령이 오셔서 이 시대는 성령의 시대이다. 그러나 우리네 교회에서는 성부 하나님과 성자 예수님에 대해서는 열심히 공부하고 있지만, 성령 하나님에 대해서는 그다지 열심히 가르치려고 하지 않는다. 왜 그런지 아는가? 성부 하나님과 예수님은 성경의 내용을 바탕으로 신학자들의 해석을 곁들여서 얼마든지 가르칠 수 있지만, 성령은 지식으로 배우는 것이 아니라 능력과 열매로 증명해야 하기 때문이다. 그래서 이 시대의 우리네 교회는 성령에 대해 구체적으로 말하는 것을 좋아하지 않는 것이다. 그리고 성령에 대해 강조하는 무리들에 대해서는 부정적으로 말하곤 한다. 그 이유는 그동안 성령의 능력이나 영성 등의 단어를 자주 사용하는 무리들이 이단 비스무리하였거나 혹세무민하는 사례가 비일비재하여, 이들에게서 당한 선입관이 박혀 있어서 그럴 것이다.

필자가 하는 사역의 중심에는 성령내주 기도훈련이 있다. 그러나 우리네 교회에서는 기도훈련이라는 말조차 사용하지 않으며, 그냥 열심히 기도하면 되지 무슨 훈련이 따로 필요하냐면서 이단 비스무리하다는 의심의 눈으로 쳐다보고 있다. 우리네 교회에서 하는 기도는 희생적인 종교행사로서 자신의 필요와 소원을 열거하는 행사에 불과하다. 물론 기도의 형식이나 방식이 중요한 것은 아니다. 문제는 그것이 하나님으로부터 응답이 내려오지 않는 기도방식이라는 것이다. 그동안 우리네 교회에서 해왔던 방언기도나 통성기도, 금식기도, 릴레이기도 등은 기도에 응답하시는 하나님의 관점에서 드리는 기도가 아니라 자신들의 희생적인 기도행위를 드러내는 것일 뿐이었다. 그래서 이런 기도회 참석, 기도한 시간, 기간 등을 따져서 자기 의와 자기만족으로 삼을 뿐이다. 말하자면 아무리 열정적으로 기도해도 응답이 내려오지 않았다는 게 우리네 교회가 마주한 차가운 현실이다. 그래서 스스로 성경을 찾아가며 성경의 방식대로 하나님이 응답하시는 기도를 하려고 하기보다, 담임목사나 영험하다는 교인들을 찾아가서 머리를 들이밀고 기도해 달라고 요청하기 일쑤였다. 그래서 기도원 원장이나 부흥강사들은 이런 심리를 이용해서 엄청난 헌금을 요청해, 치부를 하는 목적으로 기도원을 운영하고 부흥회를 이용했으니 하나님이 얼마나 분노하셨을지 어렵지 않게 알 수 있다. 그러나 영성학교는 어떤 기도의 방식이나 형식이 아닌, 하나님이 기뻐하시는 뜻에 충실한 기도습관을 훈련시키고 있다. 이런 방식은 죄다 성경의 내용을 기준으로 삼은 것이다. 말하자면 그동안 우리네 교회에서 해왔던 기도방식은 교회에서 관행적으로 내려왔던 기도방식일 뿐이었다. 하나님은 기도의 방식이나 희생적인 기도행위를 원하시는 게 아니라, 기도하는 사람의 마음이 하나님께 합당한지를 보신다. 그래서 성경은 의인의 기도가 역사하는 힘이 강하고, 의인의 기도를 들어주신다고 말씀하는 것이다. 또한 필자는 성령내주 기도훈련 사역 외에도 귀신을 쫓아내고 고질병과 정신질환을 치유하는 사역을 하고 있으며, 성령께서 말씀해 주신 예언의 말씀을 책으로 출판하기도 했으니, 평범한 교인들 입장에서 보면 쉽게 받아들이기 힘들 것이다. 그래서 사람들은 필자의 사역을 이런 자극적인(?) 단어나 주제를 홍보하거나 광고해서 교인들을 끌어들여 교세를 넓히려고 하는 수작쯤으로 어림짐작하고 있을 것이다. 뭐, 생각하는 것은 자유다. 그러나 필자의 사역은 말로 때우지 않는다는 것을 명심하시라. 기도훈련하는 것은 그렇다 치고, 귀신을 쫓아내고 정신질환과 고질병을 치유하거나 예언을 하는 것은 자신의 주장을 수많은 사람에게서 증명해야 하기 때문이다. 필자가 충주의 한적한 시골에 영성학교를 열고 기도훈련 사역을 시작한 지도 벌써 10년이 되어 간다. 그동안 수천 명의 사람들이 찾아왔으며 수백 명의 사람들이 필자에게서 기도훈련을 배우면서 정신질환과 고질병을 치유받았다. 그래서 오늘은 필자가 어떻게 성령에게 기도훈련을 받게 되었는지 그 과정을 말하고 싶다.

필자가 25여 년 전 사업에 실패해 인생이 무지막지하게 떠내려가던 때, 낚시터에서 세월을 보내다가 하나님께 한 번만 기회를 달라고 하면서, 성경을 이 잡듯이 뒤져 하나님을 만나는 성경의 말씀을 찾았다. 그러고는 찾고 찾으면 나를 만나리라, 마음을 다하고 힘을 다하여 하나님을 찾으라는 말씀을 발견했다. 쉬지 말고 전심으로 기도하라는 기도의 방식도 눈에 들어왔다. 그래서 그날부터 하나님의 이름을 부르는 기도를 시작했다. 그렇게 2~3년 기도를 하고 나니까 나름대로 기도하는 습관이 들었다. 그러나 오랜 기간을 기도해도 아무 일이 일어나지 않았기에 차츰차츰 기도의 강도와 빈도를 높여서 나중에는 거의 하루 종일 틈만 나면 기도하는 습관을 들었다. 그리고 11년 차에 성령께서 찾아오셔서 필자가 앞으로 해야 할 사역의 방향을 말씀해 주셨다. 그 내용은 성령이 내주하는 기도훈련과 더불어 귀신을 쫓아내고 귀신의 활동성을 알리며, 귀신들이 일으킨 정신질환과 고질병을 치유하고 불행에 빠진 사람들의 가정과 삶을 회복시키면서 영혼구원을 하라는 것이었다. 그러고는 3년 동안 매일 찾아오셔서 말씀을 해 주셨다. 음성으로 말씀해 주시는 때도 있었지만 대부분 영음으로 들려주시는 방식이었다. 그때 해 주신 말씀 중에서 가장 많은 부분이 기도에 대한 것이었고 그다음이 신앙에 대한 것이었다. 그 외에도 귀신의 활동, 삶, 사역, 시대 등 다양한 주제로 말씀해 주셨다. 그래서 필자는 성령께서 해 주신 말씀을 노트에 기록해 두었다가 7~8년이 흘러 《예언노트》라는 책으로 출판하기도 했다. 성령께서 말씀해 주신 내용 중에서 가장 분량이 많은 주제가 바로 기도에 대한 것이었다. 물론 필자는 10년 동안 혼자 하나님을 부르는 기도를 했다. 그러나 하나님을 만나는 기도에 대해 구체적으로 알지 못했다. 그러나 성령께서 하나님과 동행하는 기도에 대해 수많은 말씀을 해 주셔서, 사역이 열리고 나서 훈련생에게 가르치는 교본으로 삼았다.

물론 필자는, 10년간 홀로 하나님을 부르는 기도를 하는 동안에는 성령으로부터 어떤 말씀도 듣지 못했다. 그러나 성령으로부터 직접 훈련을 받았던 3년의 기간 중에, 귀신을 쫓아 달라고 찾아온 사람에게서 귀신을 쫓는 축출기도를 하다가 귀신에게 당해서 정신이 혼미해져 있다가 겨우 벗어났을 때 성령께서 "너를 10년 동안 훈련했는데 잃어버릴 뻔했다."라고 말씀해 주셔서, 그 10년간 기도한 동력이 필자의 결심이나 의지가 아니라 성령의 인도해 주심이었음을 알게 되었다. 그 뒤에도 성령께서는 필자에게 "너에게 나를 찾지 않고는 견딜 수 없는 마음을 넣어 주었다."라고 말씀해 주셔서, 그동안 필자가 홀로 기도할 수 있었던 게 성령의 능력이었음을 깨닫게 되었다. 필자가 혼자 기도하는 것은 그럭저럭 할 수 있었지만, 다른 사람에게 이 기도훈련을 시키려면 구체적으로 어떻게 기도해야 하는지를 자세히 가르쳐야 한다. 그래서 성령께서는 필자가 혼자 10년 동안 기도를 하게 하시고, 다시 필자를 찾아오셔서 3년 동안 귀신을 쫓으며 영적 전쟁을 치르는 훈련을 받게 하시면서 성령이 내주하는 기도의 내용을 아주 구체적으로 말씀해 주신 것이다. 《예언노트》를 보면 알겠지만, 성령께서 말씀해 주신 내용 중에서 가장 많이 차지하고 있는 주제가 바로 기도이다. 성경에 보면 하나님과 동행하는 삶을 살았던 성경의 위인들이 어떻게 기도했는지 언급이 있기는 하지만 기도훈련을 할 만큼 자세하고 구체적으로 나와 있지 않다. 그런데 성령께서는 성령이 찾아오셔서 만나 주시고 동행하는 기도에 대해 아주 자세하고 구체적으로 말씀해 주셨다. 그래서 필자는 이를 바탕으로 구체적으로 기도훈련을 시키는 매뉴얼을 만들었으며, 이를 토대로 기도훈련을 시키고 있음은 물론이다. 특히 하나님을 만나는 기도를 방해하는 귀신들의 정체와 공격에 대해서도 구체적으로 말씀해 주셨다. 이렇게 귀신과 싸우는 훈련에 대해서는 대부분 성령께서 말씀해 주셨지만,

필자가 궁금해하거나 모르는 사항에 대해서는 직접 물어보아서 알려 주신 경우도 적지 않았다. 그 3년 동안 귀신을 쫓아내면서 영적 세계나 영적 존재에 대해 훤하게 알게 되었다. 또한 귀신들이 어떻게 공격해서 사람들로 하여금 죄를 짓게 해, 영혼과 생명을 사냥하는지는 물론 천사들의 역할에 대해서도 잘 알게 되었다. 그러나 이는 필자가 10년여 동안 하나님을 부르는 기도의 습관을 들여서 성령께서 찾아오셨기에 가능한 일이었다. 그렇게 3년의 훈련을 마친 다음, 성령께서는 기도훈련을 할 장소를 마련해 주시고 기도훈련을 받을 양들을 보내 주신다고 약속하셨다. 그러고는 전혀 모르는 사람으로부터 충주에 위치한 자기 집을 무료로 사용하라는 제의를 받아서 기도훈련 장소로 사용하였으며, 기도훈련을 시작하자마자 매주 기도훈련을 받고 싶어 하는 사람들이 찾아왔다. 그동안 기도훈련을 시작하면서 수천 건이 넘는 기적과 이적들이 일어났다. 대부분은 병원에서 고칠 수 없는 정신질환과 고질병이 낫는 기적이었지만, 삶의 문제가 해결되는 기적도 적지 않았다. 필자가 성령으로부터 기도훈련을 받았다는 게 사실이라면, 필자의 기도를 통해 기적과 이적으로 증명해야 하지 않겠는가? 그러나 그뿐만이 아니다. 필자가 영성학교를 열고 기도훈련을 한 지 10년이 가까워졌으며 수많은 사람들이 기도훈련을 받았고, 기도훈련을 마치고 영성학교를 교회공동체로 섬기겠다고 눌러앉은 사람들도 3백여 명에 이른다. 그렇다면 이들 가운데서 필자처럼 성령이 함께하는 증거나 변화, 능력과 열매가 있는 사람들을 배출함으로써, 성령이 내주하는 기도인지 증명해야 할 것이다. 수많은 기적들이 일어나서 정신질환과 고질병이 치유되고 삶이 회복되는 사건이 수백 건 넘게 일어났으며, 사역의 초창기에 기도훈련을 받은 사람들

중에서 성령의 능력이 나타나는 이들을 동역자로 삼아 같이 사역을 하고 있다.

이렇게 필자는 성경을 이 잡듯이 뒤져 찾아낸 기도방식대로 10년을 기도했으며, 11년 차에 성령께서 매일 찾아오셔서 말씀해 주신 것을 노트에 적어 놓았다가 훈련책자로 만들어서 기도훈련을 하고 있다. 그 책자가 바로《성경적인 기도가이드》이다. 이 외에도 성령께서 직접 말씀해 주신 내용을《예언노트》라는 책으로 출판해서, 모든 사람들이 읽고 과연 필자가 들었다는 내용이 성경적이며 성령의 증거와 변화, 능력과 열매가 있는지를 분별하고 확인할 수 있게 했다. 솔직히 말해서 하나님의 선민이라는 자부심이 대단한 이스라엘 백성에게도 하나님을 만나는 기도에 대해 이렇게 자세하고 구체적으로 말씀해 주신 적이 있었는가? 그러므로 영성학교의 기도훈련이 성령으로부터 직접 훈련받은 내용이라면 정말 놀라운 일이 아닐 수 없다. 그러므로 당신도 필자가 가르치는 성령이 내주하는 기도훈련이 과연 성령으로부터 직접 훈련받은 내용인지 확인하고, 진짜 그렇다면 이 기도훈련을 통해 성령과 동행하는 사람이 되어야 하지 않겠는가?

4.
예수 피를 의지하는 쉰목사의 기도방식

　예수님께서 우리의 죄를 대신하여 십자가에서 흘려 주신 보혈의 공로로 인해 기독교가 탄생했다. 그래서 교회 첨탑 위에 십자가가 세워져 있고, 예배당의 전면에 거대한 십자가가 걸려있다. 십자가가 기독교 신앙의 전부라 해도 과언이 아니기 때문이다. 그러나 십자가를 상징물로 세우고 내거는 것과 실제로 십자가의 공로를 가슴에 새겨서 그 능력으로 살아가는 것은 다르다. 십자가에서 흘리신 보혈의 능력은 대략 2가지로 압축된다. 하나는 죄와 싸워 이기는 능력이다. 이미 죄성으로 변질된 인간은 자신의 힘과 능력으로 죄와 싸워 이길 능력이 없다. 그래서 예수님의 보혈의 공로를 힘입고 앞세워서 악한 영이 공격하는 죄의 유혹을 이길 힘을 얻는 것이다. 두 번째는 아시다시피, 이미 지은 죄를 용서받는 근거이다. 예수님께서 우리의 죄를 대신해서 십자가에서 죗값을 치러 주셨으므로, 그 공로를 의지하여 전심으로 자신의 죄를 자복하고 회개하는 자들은 죄다 용서받는다는 것이 하나님의 공의이다. 이런 사실을 모르는 크리스천은 없다. 그러나 문제는 아는 것과 체험하는 것은 다르다는 것이다. 크리스천이 믿고 있는 것처럼 자신의 죄가 용서함을 받았다면 죄에서 해방되었다는 것인데, 그렇다면 왜 영혼이 공허하고 건조하며, 정신질환과 고질병에 시달리고, 가족관계나 대인관계는 갈등과 싸움 뿐이며, 각종 불행한 사건·사고로 인해 고통과 신음 속에서 벗어나지 못하고 있느냐는 것이다. 이러한 삶의 모습은 죄의 대가를 지불하는 현상이기 때문이다. 또한 보혈의 공로를 의지하여 죄와 싸워 이기고 죄를 부추기는 귀신과 싸워 이기는 자가 되었다면, 귀신의 정체와 공격계략에 대해 해박할 터인데, 악한 영을 체험한 사람조차 거의 없다는 게 기이하지 않은가? 이는 십자가의 보혈을 지식으로 머리에 쌓아 두어 관념적으로 아는 것에 불과하지, 십자가의 보혈을 가슴에 새겨 삶의 현장에서 그 능력을 체험하는 것이 아니다. 그러나 안타깝게도, 대부분의 우리네 교인들은 미혹의 영에 속아서, 예배의식에 참석하고 희생적인 신앙행위를 반복하는 종교인 그 이상도 그 이하도 아니다. 그래서 바리새인과 서기관들이 걸어간 전철을 그대로 밟아가고 있으니 기가 막힌 일이다.

그래서 이참에 필자가 예수 피를 의지하여 기도하는 모습을 말씀드리겠다. 필자가 하루에 방해받지 않고 기도하는 시간은 대략 4~5시간 정도 된다. 아침에 일어나서 2시간 이상을 기도하고, 잠자리에 들기 전 1~2시간 기도하는 것이 일상습관으로 자리 잡았으며, 낮에도 1~2시간 기도하고 있다. 그 외에도 삶의 현장에서 틈틈이 기도하고 있다. 기도하는 내용은 아침기도와 그 외의 기도시간이 다르다. 아침기도 시간은 대략 1시간 동안 예수 피를 의지하며 회개하고 감사하는 기도로 채우고, 그다음에는 성령께서 필자에게 명령하신 내용을 간구하고 영성학교 식구들의 이름을 불러가며 기도한다. 그 이외의 기도시간은 하나님의 이름을 부르고 찬양하며 감사하면서 성령께서 인도해 주시는 대로 자유롭게 성령과 교제하는 기도를 하고 있다. 아침기도 시간에 예수 피를 의지하며 하는 기도에 대해 좀 더 구체적으로 말씀드리겠다.

필자는 아침에 잠자리에서 일어나자마자 예수 피를 외치면서 생각을 지우는 기도를 하고 있다. 미혹의 영은 잠잘 때 들어와서 공격하는데, 잠잘 때는 이들의 공격을 인지하고 싸울 수 없기 때문이다. 그래서 잠자리에서 일어나자마자 예수 피를 외치면서 생각들을 쫓아내고 있다. 샤워를 하고 기도자리에 앉으면 본격적으로 몸에 힘을 주고 생각을 쫓아내는 기도에 집중한다. 그래서 어느 정도 시간이 지나 잡생각들이 사라지고 집중력이 유지되면, 그다음에는 회개기도를 한다. 회개하는 내용은 필자가 그간 잘 넘어졌던 죄의 목록을 나열하고 예수 피의 공로로 씻어달라고 기도한다. 한 번만 하는 것이 아니라 다른 목록으로 자연스레 넘어갈 때까지 반복적으로 회개한다. 다른 목록을 회개하면서 그 죄가 생각나면 또다시 돌아와서 회개한다. 그리고 필자의 연약함과 부족함으로 짓는 죄들을 회개한다. 거룩하게 살지 못한 죄, 항상 기뻐하지 못한 죄, 모든 일에 감사하지 못한 죄, 모든 하나님의 뜻을 철저하게 순종하지 못한 죄, 쉬지 않고 기도하지 않은 죄, 자기의, 교만, 자기 자랑, 자기 확신, 위선, 거짓말(남을 의식해서 과장되게 말한 것 포함), 가족과 이웃, 영성학교 식구들을 사랑하지 못한 죄, 하나님을 전심으로 사랑하지 못한 죄 등 엄청나게 많다. 그래서 이들 목록을 열거해가면서 반복적으로 예수 피를 의지하며 회개하는 기도를 한다. 그리고 어느 정도 시간이 지나면 감사하는 기도를 시작한다. 그동안 필자에게 주신 여러 감사의 목록을 나열하며 감사기도를 하지만, 그보다 더 중요한 것은 가장 아끼는 외아들 예수님을 사지로 보내 주실 정도로 우리를 사랑한 성부 하나님과, 끔찍한 고통이 기다리고 있는 십자가의 길을 마다하지 않으시고 묵묵히 걸어가신 예수 그리스도의 십자가 공로를 감사하는 기도이다. 이 3가지 기도의 중심은 죄다 예수 그리스도의 십자가 보혈을 의지하는 기도이다. 우리는 십자가에서 흘리신 보혈의 공로와 능력이 없다면 죽어 마땅할 죄인이며, 우리의 힘과 능력, 지혜로는 지옥의 형벌에서 피할 수 없기 때문이다. 그럼에도 불구하고 우리는 날마다 죄를 쌓아 두고 있으니 머리를 들 수 없는 극악무도한 죄인에서 벗어날 수 없지 않은가? 그래서 필자가 할 수 있는 일이라고는, 그저 날마다 예수 그리스도의 십자가 보혈을 의지하여 죄를 용서받고, 악한 영이 넣어 주는 죄와 피 터지게 싸우고, 그 보혈의 공로를 감사하는 기도로 채우며 살아가는 것뿐이다. 이 기도시간이 대략 1시간이 훌쩍 넘는다. 그래서 이 기도를 마치고 하나님의 뜻을 간구하고 중보기도를 하면 2시간이 넘는다. 그리고 낮이나 저녁에는 하나님의 이름을 부르고 감사하며 찬양하고 경배하는 기도로 채운다.

　필자가 예수 그리스도의 보혈을 의지하는 기도의 모습을 알려 드리는 이유는, 예수 피를 의지하지 않는 기도는 사상누각이기 때문이다. 수많은 크리스천들이 기도하지 않는 이유는 기도응답이 내려오지 않았거나 기도의 기쁨이 사라졌기 때문이며, 교회에서 정한 기도시간에 기도하는 이들도 예수 피를 의지하는 기도가 아니라 자신의 유익을 구하며 삶의 문제를 해결해 달라는 기도만 하고 있다. 그런 기도는 하나님이 듣지 않는 기도이며 악한 영이 속여 넣어준 기도이다. 그래서 기도응답이 없으며 하나님과 교제하는 평안과 기쁨도 없는 것이다. 그러므로 모든 기도의 바탕에는, 예수 그리스도의 보혈을 의지하여 죄를 용서받고 죄와 싸우고 죄를 넣어 주는 악한 영과 싸워 이기며, 성부 하나님의 사랑과 예수님의 희생을 감사하는 기도가 깔려 있어야 한다. 그래야 성령과 동행하는 성령의 사람이 될 수 있다.

제2장

기도는 훈련이 필요하다

1.
열심히 기도하면 되지,
왜 훈련이 필요하냐고 묻는 당신에게

전쟁터에 나가는 병사를 훈련시키지 않는 군대는 없다. 총을 쏘는 법을 비롯해 각종 화기를 다루는 법, 갖가지 형태의 전술훈련을 하지 않고서는 용맹스러운 군인을 길러낼 수 없다. 그래서 어느 나라든지, 군인들을 훈련시키는 데 엄청난 세금을 쏟아붓고 첨단무기를 수입하고 제작하는 데 천문학적인 돈을 들인다. 탁월한 전투력을 지닌 군대가 없는 나라는 풍전등화와 같이 위태롭기 때문이다.

> 우리의 씨름은 혈과 육을 상대하는 것이 아니요 통치자들과 권
> 세들과 이 어둠의 세상 주관자들과 하늘에 있는 악의 영들을 상
> 대함이라(엡6:12)

영적 전쟁이라는 말을 들어 보았는가? 영적 전쟁이란 육체의 눈으로 보이는 세상에서의 싸움이 아니라, 하나님의 군대와 악한 영들이 사람의 영혼을 사이에 두고 싸우는 전쟁을 말한다. 그래서 성경은 우리가 싸우는 대상이 사람이 아니라 하늘에 있는 악한 영이자 세상을 지배하는 사탄의 무리라고 말하고 있다. 그래서 당신은 악한 영과 피 터지게 싸우고

있는가? 솔직히 말해서, 우리네 교회에서는 악한 영에 관한 이야기조차 듣기 어렵다. 그래서 귀신 이야기만 하면 불편해하고 두려움과 불안에 떤다. 이는 악한 영과 싸울 능력도, 싸울 무기도 없기 때문이다. 한마디로 악한 영들의 먹잇감으로 잡혀 있는 포로인 셈이다. 그러나 이런 필자의 주장을 들으면 분노를 폭발하며 도끼를 들고 쫓아오려고 할 것이다.

그렇다면 악한 영들과 싸우는 무기는 무엇인가? 악한 영들의 실체는 타락한 천사들이다. 그러므로 그들은 천사와 동급의 영적 능력이 있다. 말하자면 사람들과 싸우는 무기인 총이나 미사일을 가지고서는 안된다는 것이다. 그렇다면 유한한 육체를 가진 인간이 천사와 싸워 이길 힘이 있는가? 인간에게는 그럴 힘이 없다. 그러므로 악한 영과 싸워 이기는 힘은 성령께서 공급해 주셔야 한다. 그렇다면 당신에게 성령의 능력이 있는가? 만약 있다면 귀신의 정체나 잠복, 공격을 알아채고 이들과 싸워 이들을 쫓아내면서, 이들로 인해 병든 정신과 육체를 고치고, 파괴된 가정을 회복시키고, 고통스럽고 불행한 삶의 수렁에서 빠져 나와 평안하고 행복한 삶을 누리고 있어야 할 것이다. 그러나 아직도 귀신의 정체나 공격에 대해 무지하다면, 이들의 공격에 속수무책으로 당하고 있다고 보아야 한다. 그러나 대다수의 크리스천들은 필자의 주장을 받아들이고 싶지 않을 것이다. 그동안 교회에서 들어온 잘못된 가르침이 머리에 박혀 있기 때문이다. 그렇다면 자신의 삶과 영혼의 상태를 찬찬히 살펴보라. 영혼이 건조하고 냉랭하며, 무능하고 무기력한 믿음으로 고단하고 팍팍한 삶을 살고 있지 않은가? 삶의 문제를 해결할 수 있는 기도의 능력이 없고, 정신질환이나 고질병을 앓고 있는 가족을 치유할 수 있는 능력이 없다면 귀신들의 공격에 당하고 있다는 명백한 증거이다. 그러나 대부분의 크리스천들은 필자의 주장을 기이하게 여기며 믿고 싶어 하지 않는다. 그러나 필자의 주장은 성경에 기록된 예수님의 말씀과 전혀 다르지 않다. 성령이 통치하시고 다스리시는 하나님의 나라인 천국이 우리 안에 이루어진다고 하셨으며, 하나님의 나라는 말이 아니라 능력에 있다고 하지 않으셨는가? 그래서 겨자씨만 한 믿음만 있어도 기적을 불러일으키는 기도의 능력을 보여줄 것이라고 말씀하셨다. 그래서 당신 안에 천국이 이루어진 증거가 나타나며, 당신의 기도는 신속한 응답을 보장하고 있는가? 아니라면 왜 그런지 아는가? 당신 안에 하나님의 나라가 임하여서 악한 영과 싸워 승리할 수 있는 기도의 훈련이 되어 있지 않기 때문이다. 그러나 아쉽게도 우리네 교회는 기도훈련에 대해 무지하며, 기도훈련을 할 필요조차 느끼지 못하고 있다. 겨우 한다는 게, 교회에 모여 자신들의 탐욕적인 기도목록을 외치는 시간을 갖고 있을 뿐이다. 그래서 아무런 응답이 내려오지 않는 기도회에 사람들이 오지 않는 것이다.

그렇다면 왜 기도훈련이 필요하냐고? 필자가 말하는 기도훈련은 기존 교회에서 권면하는 대로, 새벽기도회나 작정기도회에 성실하게 나오는 방식이 아니라 성령이 내주하는 기도훈련이다. 성령이 내주하는 성경의 기도방식을 훈련시키는 것이다. 왜 훈련해야 하냐고? 이 기도는 악한 영들의 방해가 극심하기 때문이다. 또한 성경의 방식은 하루 종일 쉬지 않고 기도하는 것이며, 이는 일상의 삶에서 기도하는 습관을 들여서 몸이 자동적으로 반응하는 수준으로 해야 하기 때문이다. 그러나 하루 종일 쉬지 않고 기도하라는 성경의 명령을 들은 척도 하지 않는 이들이, 어떻게 이런 기도를 하겠는가? 그래서 필자는 하나님의 도움이 절실하게 필요한 사람들의 요청을 받아들여 기도훈련을 시키는 것이다. 그냥 호기심에서 시작하거나 영적 능력이나 은사, 기술을 터득해서 자신의 의를 드러내고 싶은 사람들은 이 기도를 지속할 수 없다.

말하자면 이 기도는 자신을 죽이고 자아를 십자가에 못 박아야 가능하기 때문에, 훈련이 되지 않는다면 하루 종일 하나님을 부르는 기도의 습관을 들일 수 없다. 그러나 어떤 이들은 영성학교에서 기도하는 모습을 보고 기이하게 생각하거나 경악해 마지않는다. 그동안 교회에서 이렇게 기도하는 모습을 보지 못했기 때문이다. 그러나 영성학교의 기도훈련은 이미 성경에서 수도 없이 명령한 내용을 따른 것이다. 그 말씀의 명령을 따라 필자가 25년 동안 기도함으로써 성령이 내주하고 드러나는 증거가 나타났다. 또한 그 말씀의 명령에 따라 수많은 양들을 훈련시키고 있으며, 영성학교를 시작하여 적지 않은 기간이 넘어서자, 서서히 필자와 비슷한 영적 능력을 보여 주는 조짐이 나타나는 제자들이 생겨났다. 물론 문제의 해결이나 정신질환과 고질병의 치유, 가정의 회복, 성품이나 인생관의 변화 등의 은혜나 기도응답은 기도훈련의 과정에서 수도 없이 나타나지만, 궁극적인 훈련의 목적이 아니므로 그저 참고하는 정도에 불과하다. 이런 문제나 질병은 앞으로 언제든지 나타날 수 있으므로, 성령과 깊고 친밀하게 기도하는 습관을 들여서 기도의 능력이 나타나지 않는다면 문제해결, 치유, 회복과 같은 기도응답은 어제 내린 눈일 뿐이다.

결론적으로 성령이 내주하는 기도훈련은 기도를 집요하게 방해하는 악한 영과 싸워 이겨야 하고, 자아에 들러붙어 있는 죄성을 철저하게 뜯어내야 하며, 상상할 수 없는 방법으로 속이는 미혹의 영의 속임수를 간파하고 쫓아내야 하기 때문에, 먼저 기도의 훈련을 거쳐 습관이 되었으며 성령의 능력과 증거가 나타나는 베테랑 교관들의 지도와 더불어, 지속적으로 동기를 부여하는 공동체에 소속되어서 훈련받아야 열매를 맺을 수 있다. 그런데 아직도 기도를 열심히 하면 되지 무슨 훈련이 필요하냐고 하는 사람들이, 어떻게 성령과 동행하는 기도의 습관을 들여서 성령의 사람이 될 수 있겠는가?

2.
성경적인 기도는 훈련이 필요하다

기도에 훈련이 필요하다는 이런 얘기는 우리네 교회에서 들을 수 없는 얘기다. 새벽기도회에 나오거나 교회에서 정한 기도회에 참석하는 것은 여유시간이 나거나 결심을 실행할 의지만 있으면 되기 때문이다. 그러므로 따로 기도훈련이 필요할 이유가 없다. 또한 기도자리에 앉아 기도하는 내용도 교회지도자들과 교인 각자의 소원과 욕심을 채우는 것들뿐인데, 그런 기도를 하는 데 무슨 훈련이 필요하겠는가? 그러면서 기이하게도, 예수님을 닮아야 한다고 목청을 높이고 있다. 그렇다면 예수님은 어떤 기도를 했는지 살펴보자.

예수께서 나가사 습관을 따라 감람 산에 가시매 제자들도 따라 갔더니 그 곳에 이르러 그들에게 이르시되 유혹에 빠지지 않게 기도하라 하시고 그들을 떠나 돌 던질 만큼 가서 무릎을 꿇고 기도하여 이르시되 아버지여 만일 아버지의 뜻이거든 이 잔을 내게서 옮기시옵소서 그러나 내 원대로 마시옵고 아버지의 원대로 되기를 원하나이다 하시니 천사가 하늘로부터 예수께 나타나 힘을 더하더라 예수께서 힘쓰고 애써 더욱 간절히 기도하시니 땀

이 땅에 떨어지는 핏방울 같이 되더라(눅22:39~44)

이러므로 너희는 장차 올 이 모든 일을 능히 피하고 인자 앞에
서도록 항상 기도하며 깨어 있으라 하시니라(눅21:36)

예수님은 성경에서 기도의 습관을 들였다고 말한 유일한 인물이다.
물론 다니엘도 하루 3번씩 기도했으며, 성경의 위인들도 하나님과 깊고
친밀한 교제의 기도를 했으므로 죄다 기도습관을 들인 것이 틀림없다.
그러나 성경에서 습관을 들였다고 콕 집어서 말한 인물은 예수님이 유
일하다. 예수님이 누구인가? 전지전능한 하나님이시다. 그러므로 하나
님이 유약한 인간처럼 기도습관을 들일 필요가 있었을까? 맞는 말이지
만, 예수님도 우리와 같은 인간의 몸을 입고 있었을 때는 육체적인 한계
를 누구보다 잘 알고 계셨기에 기도의 습관을 들이셨던 것이다. 예수님
은 거주할 집이 없으셔서, 시간이 나면 한적한 광야에서 쉬시면서 기도
하셨다. 그렇다면 왜 기도의 습관을 들여야 하는가? 예수님이 요청하시
는 기도는 항상 기도하는 것이다. 그래서 종말이 가까울수록 깨어서 항
상 기도하라고 명령하신 것이다. 이는 쉬지 말고 기도하라는 사도 바울
의 말씀과 맥락을 같이한다. 깨어서 항상 쉬지 않고 기도하는 것은 기도
하는 습관을 들이지 않고는 불가능하다.

또 다른 기도습관은 전심으로 기도하는 것이다. 겟세마네 동산에서
예수님이 기도하시는 태도를 보라. 얼마나 힘을 다하고 용을 쓰는지 이
마의 모세혈관이 터져서 땀방울에 섞여 떨어질 정도였다. 그렇다면 평

소에도 이같이 전심으로 기도하는 습관을 들이시지 않았겠는가? 이 같은 기도의 모습을 보여준 이가 바로 야곱이다. 야곱은 얍복강가에서 온 가족의 목숨이 걸린 기도를 했다. 그가 얼마나 처절한 기도를 했는지는, 하나님의 사자의 입에서 나온 말로 알 수 있다. 하나님과 싸워서 이겼다는 말이 그것이다. 그러므로 그가 밤새도록 얼마나 몸부림을 치면서 기도했는지 상상하는 게 어렵지 않을 것이다.

이처럼 성경의 기도방식은 쉬지 않고 전심으로 기도하는 것이다. 그러나 그런 기도를 가르치는 교회는 없다. 새벽기도회에 나가서 자신이 원하는 목록을 한 바퀴 돌리는 데 10분이면 충분하다. 그래서 새벽기도회에 참석하여 기도하는 사람들의 기도시간이 10분을 넘지 않는 것이다. 시간이 남으면 기도목록을 다시 한 바퀴 더 돌리면 된다. 그렇다면 항상 깨어서 쉬지 말고 기도하라는 말씀이, 자신이 소원하는 세속적인 축복의 목록을 반복하라는 뜻이란 말인가? 그래서 성경에서 요구하는 쉬지 말고 기도하라는 명령이 이해가 되지 않는 것이다.

기도는 전지전능하신 하나님과 깊고 친밀하게 교제하는 통로이다. 기도의 내용은 하나님을 부르고, 찬양하고 경배하며, 회개하고 감사하며, 하나님의 뜻을 요청하고 영혼을 구원할 사람들의 목록을 올려 드리며 간청하는 것이다. 그러나 우리네 교인들은, 그런 기도는 형식적으로 몇 마디 언급할 뿐이며, 자신들이 누리고 싶은 탐욕의 목록만을 반복한다. 하나님의 이름을 부르라는 말씀은 성경 곳곳에 널려 있다. 간절히 하나님을 찾으며 그의 얼굴을 구하고 성령의 내주를 간구하라고 명령하고 있다. 그러나 이런 기도는 습관이 필요하며, 습관을 들이기 위해서는 훈련해야 하지 않겠는가? 왜 하나님의 이름을 쉬지 않고 부르는 기도의 습관은 훈련이 필요한지 아는가? 하나님을 부르는 기도는 악한 영들이 공격하기 때문이다. 귀신들은 다른 기도에는 아무 반응을 보이지 않지만, 하나님을 부르는 기도에는 놀라서 도망치거나 공격하기 시작한다. 공격의 양상은 다양하지만, 잡념이나 부정적인 생각을 넣어 주어 기도의 집중을 방해하고, 몸의 곳곳을 아프게 하거나 가렵게 하고, 예전에 앓았던 질병이 도지게 하거나 사건·사고를 일으키거나 가족이나 직장 상사 등을 부추겨서 기도를 못하게 하는 공격이 집요하게 시작된다. 그러므로 악한 영들과 피 터지게 싸우려면 영적 능력을 기르고 내공을 쌓으면서 기도해야 한다. 말하자면 기도의 용사가 되어야 한다. 용사는 싸움을 잘하는 군인이다. 그러므로 훈련되지 않은 군인은 군복을 입었을 뿐이지 민간인과 다름이 없을 것이다. 그래서 성경적인 기도는 훈련이 필요하다.

그러나 아쉽게도 우리네 교회는 형식적이고 희생적인 기도의 행위를 요구할 뿐, 정작 성경적인 기도를 훈련시키지 않는다. 그래서 우리네 주변에 성령의 능력을 보여 주는 교회가 별로 없는 것이다. 성경의 위인들은 예외 없이 놀라운 이적과 기적으로 하나님의 능력을 드러냈다. 그러나 우리네 교회는 형식적인 예배의식과 희생적인 신앙행위만을 반복하고 있을 뿐이다. 귀신들린 사람들을 데려오면 손사래를 치면서 문을 닫아걸고, 정신병자를 데려오면 친절하게 정신병원을 소개시켜 주고 있다. 그러니 이렇게 무능한 교회지도자들이 가르치는 교회의 교인들이 삶의 문제가 생기면 기도자리에 앉겠는가? 그러므로 지금부터라도 성경적인 기도방식을 습관 들이도록 훈련시켜야 한다. 당신이 다니는 교회에서 이런 기도를 훈련시키지 않는다면, 스스로 성경을 뒤져 가며 훈련해야 한다. 왜냐면 천국은 대형교회에서 단체 버스로 가는 곳이 아니라, 개개인의 신앙 성적표로 가는 곳이기 때문이다. 당신이 쉬지 않고 하나님을 부르는 기도의 습관을 들이지 않았다면 천국은 꿈도 꾸지 마시라. 쉬지 않고 기도하는 게 하나님의 명령이기 때문이다. 하나님의 명령을 무시하는 사람이 어떻게 천국의 백성이 되겠는가?

3.
기도는 육체가 원하는 것이 아니다

기도훈련이라는 말은 현대 교인들에게 낯선 말이다. 교회에서 별로 들어 보지 못했기 때문이다. 교회에서 듣게 되는 기도를 열심히 하라는 말은 새벽기도회에 나오라는 말과 동일시되고 있기에, 새벽기도회에 참석하기만 하면 기도를 열심히 하고 있다고 생각한다. 그러므로 기도훈련을 해야 한다는 말을 들으면, 이단 비스무리하게 여기기 일쑤이다. 그동안 현대교회는 자신들이 가르치는 것과 다르면 이단 프레임을 씌워서 배척하곤 했기에 말이다. 어쨌든 현대 교인들은 기도를 열심히 해야 한다는 것을 알고 있지만 이를 실행에 옮기는 이들은 많지 않다. 대부분의 교인들이 하루에 10분도 기도하지 않으며, 대부분의 목사들 역시 하루에 30분도 기도하지 않는 게 현대교회가 마주한 차가운 현실이다. 그 이유는 성경에서 말하는 대로 기도하지 않기 때문이며, 기도하고 싶어도 습관을 들이지 않기 때문에 작심삼일로 끝나기 일쑤이다. 이는 기도훈련의 부재 탓임은 말할 나위가 없다.

쉬지 말고 기도하라 범사에 감사하라 이것이 그리스도 예수 안에서 너희를 향하신 하나님의 뜻이니라(살전5:17~18)

나는 이렇게 기도해서 하나님을 만났다

이러므로 너희는 장차 올 이 모든 일을 능히 피하고 인자 앞에
서도록 항상 기도하며 깨어 있으라 하시니라(눅21:36)

또한 그들이 마음에 하나님 두기를 싫어하매 하나님께서 그들을
그 상실한 마음대로 내버려 두사 합당하지 못한 일을 하게 하셨
으니(롬1:28)

성경은 쉬지 않고 기도하는 것이 하나님의 뜻이라고 콕 집어서 말씀
하고 있다. 예수님도 주여 주여 하면서 하나님 뜻대로 행하지 않는 자들
은 죄다 지옥 불에 던져질 것을 선포하셨다. 그래서 종말의 날이 가까울
수록 깨어서 항상 기도하라고 명령하시기도 했다. 그러나 대부분의 교
인들이 기도하기를 싫어하고, 기도하지 않으면서도 자신이 지옥 불에
던져질 것이라고 생각하지 않는다. 그 이유는 그동안 교회에서 3분짜리
영접기도를 마치고 주일성수를 하고 있는 교인들은 구원이 확정되었다
는 투의 설교를 귀에 못이 박히도록 들어왔기 때문이다. 솔직히 말해서
이런 내용들은 성경에 없다. 성경을 자의적으로 해석하고 아전인수식으
로 받아들여 가르치는 것뿐이다. 그러나 위의 예수님의 말씀은 성경에
명백하게 기록되어 있는데도, 왜 무시하고 없는 것처럼 덮어버리는 것
일까? 그 이유는 사람들이 마음에 하나님을 두기 싫어하기 때문이다. 기
도는 하나님을 만나서 깊고 친밀하게 교제하는 통로이다. 그런데 왜 교
인들이 기도하기를 싫어하고 귀찮아하는가? 바로 하나님을 만나기 싫
어하기 때문이며, 그 이외의 다른 이유가 없다. 입으로는 자신들이 예수
님의 신부라고 말하면서, 신랑을 만나기 싫어하는데 과연 예수님이 신

부라고 인정해 주시겠는가? 그러나 이런 것을 가르쳐 주는 교회나 목사가 없으니, 죄다 영적 맹인이 되어 교회마당을 밟고 있는 중이다. 그렇다면 왜 사람들이 기도하기를 싫어하며, 이에 대한 대책은 무엇인지 살펴보자.

> 그는 허물과 죄로 죽었던 너희를 살리셨도다 그 때에 너희는 그 가운데서 행하여 이 세상 풍조를 따르고 공중의 권세 잡은 자를 따랐으니 곧 지금 불순종의 아들들 가운데서 역사하는 영이라 전에는 우리도 다 그 가운데서 우리 육체의 욕심을 따라 지내며 육체와 마음의 원하는 것을 하여 다른 이들과 같이 본질상 진노의 자녀이었더니(엡2:1~3)

> 육신을 따르는 자는 육신의 일을, 영을 따르는 자는 영의 일을 생각하나니 육신의 생각은 사망이요 영의 생각은 생명과 평안이니라 육신의 생각은 하나님과 원수가 되나니 이는 하나님의 법에 굴복하지 아니할 뿐 아니라 할 수도 없음이라(롬8:5~8)

기도는 육체가 원하는 것이 아니다. 육체가 원하는 것은 쾌락을 추구하는 것이다. 그래서 TV 오락물, 스포츠경기, 영화, 인터넷 게임, 음란물을 즐길 때는 밤이 새도록 피곤한지 모르지만, 기도하라고 하면 5분도 버티지 못하고 좀이 쑤시고 오금이 저리며 잡념 속에서 헤매다가 꾸벅꾸벅 졸기 일쑤이다. 그래서 성경은 육체와 마음이 원하는 것을 따르는 사람의 본성이 바로 진노의 자녀, 즉 마귀의 자녀이며, 육체를 따르

는 자들은 하나님과 원수인 사탄의 자녀가 된다고 선포하고 있는 것이
다. 그렇다면 어떻게 육체를 따르고자 하는 악한 본성에서 벗어날 수 있
는가?

> 무리와 제자들을 불러 이르시되 누구든지 나를 따라오려거든 자
> 기를 부인하고 자기 십자가를 지고 나를 따를 것이니라(막8:34)

> 내가 내 몸을 쳐 복종하게 함은 내가 남에게 전파한 후에 자신이
> 도리어 버림을 당할까 두려워함이로다(고전9:27)

예수님은 제자의 첫째 조건으로 자기부인을 하고 십자가를 질 것을
명령하셨다. 자기부인이란 자신이 원하는 생각과 행동을 부정하고 오
직 하나님의 뜻에 순종하는 것을 말한다. 그래서 자신이 원하는 생각과
계획, 행동을 십자가에 못 박고 오직 하나님의 뜻에 순종하는 것인 고난
의 십자가를 지라고 명령하신 것이다. 이와 동일하게, 사도 바울도 자신
의 몸을 복종시켜야 함은 하나님께서 버리실까 두려워하기 때문이라고
밝혔다. 그러므로 당신도 몸의 소욕과 마음의 생각을 하나님의 뜻에 복
종시켜야 비로소 예수 그리스도의 제자가 되어 천국에 입성하게 될 것
이다. 그렇다면 육체가 기도하기를 싫어하더라도 이를 악물고 복종하
는 훈련을 해야 하지 않겠는가? 세상에서 성공하려고 해도 땀과 피를 쏟
아붓는 훈련이 필요하다. 스포츠 선수, 성악가, 악기연주자만 이를 악물
고 훈련하는 것이 아니다. 육체가 하나님을 만나는 기도에 자동적으로
반응할 때까지 이를 악물고 기도자리에 앉아서 하나님을 부르는 훈련이

필요하다. 그래서 영성학교에서는 성령이 내주하기 위한 기도훈련 사역을 하는 것이다. 훈련되지 않은 교인들은 무능하고 무기력한 믿음으로 아무짝에도 쓸모가 없이 땅에 버려져 밟히다가 지옥 불에 던져질 운명이기 때문이다.

4.
하나님을 만나는 기도는 훈련이 필요하다

성령이 내주한다는 것은 성령과 동행한다, 혹은 성령이 함께하신다는 의미이다. 하나님은 영이시기 때문에 기도를 통해 만날 수 있다. 그래서 하나님과 동행하기를 원하는 사람이라면 누구나 성령과 깊고 친밀한 교제를 나누는 영적 습관을 들여야 한다. 그러나 아쉽게도, 작금의 우리네 교회는 기도훈련이라는 말 자체가 생소하다. 그냥 열심히 기도하면 되는데, 뚱딴지같이 무슨 기도훈련이 필요하냐고 말하곤 한다. 그래서 우리네 교회에서 실시하는 기도의 모습은 어떠한가? 새벽기도회를 비롯한 여러 기도회에 참석해서 교회에서 정한 기도목록을 나열하거나, 자신의 소원 목록을 주구장창 반복하는 것이다.

하나님이 누구신가? 그분은 전지전능하신 분이시다. 그분의 뜻을 기록한 책이 바로 성경이다. 하나님은 성경말씀으로 자신의 존재감을 드러내는 분이시다. 성경은 기적으로 시작해서 기적으로 끝난다고 해도 과언이 아니다. 말하자면 하나님은 사람이 도저히 할 수 없는 일을 기적으로 베푸시는 분이시다. 그래서 말인데, 당신 안에 성령이 들어와 계셔서 당신이 성령과 동행하는 삶을 살고 있다면, 당신의 삶 전체가 기적으로 채워져야 마땅하지 않는가? 당신이 기도하는 것마다 응답이 기적처럼 내려와야 하지 않겠는가?

　그러나 필자의 말에 수긍하지 못하는 사람들이 적지 않다. 그들은 필자에게 꼭 그렇게 해야 하냐고 반문한다. 꼭 기적이 일어나야 하냐고 말이다. 그렇다. 성경이 그렇게 말하고 있기 때문이다. 하나님이 전지전능하신 분이라는 것을 믿고 있다면, 당신의 삶에 전지전능한 하나님의 능력이 나타나야 한다. 그래야 하나님이 당신과 동행한다고 말할 수 있다. 그러나 당신 안에 성령이 계시다고 믿고 있는 것으로 끝난다면, 당신은 헛것을 믿고 있는 것이다.

　그래서 기도훈련을 해야 한다. 당신이 지금까지 교회에서 배워온 기도방식으로는 하나님을 만날 수 없었기 때문이다. 그러나 당신은 여전히 열심히 기도하면 되지, 기도훈련이 왜 필요한지 알지 못하는 표정이다. 그 이유는 딱 2가지이다. 하나는, 기도의 응답은 하나님의 기준에 달려 있지 당신의 기준에 달린 것이 아니기 때문이다. 그래서 당신이 원하는 기도가 아니라 하나님이 기뻐하시는 기도를 해야 한다. 그러나 하나님이 기뻐하시는 기도가 무엇인지 모르기 때문에 훈련을 받아야 한다. 하나님은 당신의 자녀가 쉬지 않고 자신의 이름을 불러주기를 원하시기 때문이다.

　　셋도 아들을 낳고 그 이름을 에노스라 하였으며 그 때에 사람들
　　이 비로소 여호와의 이름을 불렀더라(창4:26)

그가 처음으로 단을 쌓은 곳이라 그가 거기서 여호와의 이름을
불렀더라(창13:4)

인류의 조상 아담이 아벨을 잃고 나서 얻은 셋째 아들이 바로 셋이
다. 그는 여호와로부터 하나님의 아들이라는 칭호를 얻었다. 그런데 그
가 여호와의 이름을 불렀다는 대목에 유의하시라. 그에게 기도하는 법
을 가르쳐 준 사람은 아무도 없었을 것이다. 그러나 그는 여호와의 이름
을 부르기 시작했다. 또한 믿음의 조상 아브라함 역시 누구에게서도 하
나님을 경외하는 법을 배우지 못했다. 그의 아버지는 우상을 섬기는 사
람이었기 때문이다. 그러나 그는 단을 쌓고 여호와의 이름을 부르기 시
작한다. 이렇게 하나님이 기뻐하시는 성경의 위인들은 죄다 하나님의
이름을 부르는 기도를 했다. 그런데 왜 교회에서는 하나님을 부르는 기
도를 하지 않는가? 그 이유는 하나님이 기뻐하시는 기도에 관심이 없고,
다만 자신의 탐욕을 채우는 기도에만 관심이 있기 때문이다. 그래서 당
신이 하나님을 부르는 기도훈련을 해야 한다. 교회에서 가르쳐 주지 않
기 때문이다.

당신이 기도훈련을 해야 하는 또 다른 이유는 혹독하게 기도해야 하기
때문이다. 기도는 하나님께 마음을 드리는 행위이다. 그래서 기도자리
에 앉아 시간을 때우는 것에 만족하는 것이 아니라, 당신의 마음을 드려
야 한다. 그러나 사람들은 자신의 마음을 드리는 기도에 대해 알지 못한
다. 예전에 성령께서 혹독하게 기도하는 모본이 바로 야곱이 얍복강가
에서 기도한 것이라고 말씀하신 적이 있다. 그는 온 가족의 생명을 걸고

천사와 싸우는 기도를 한 것으로 유명하다. 야곱은 사랑하는 가족의 생명을 잃을지 모르는 절박한 상황에서 분명 처절한 기도를 했을 것이다. 그렇게 하는 것이 혹독하게 하는 것이다. 혹독하게 기도하는 또다른 모본이 바로 예수님께서 겟세마네 동산에서 기도하신 모습이다. 그가 얼마나 간절하게 기도하였던지, 이마의 모세혈관이 터져서 땀방울에 섞여 마치 핏방울처럼 보였다. 그러나 이런 기도는 자신이 마음을 먹는다고 되는 것이 아니다. 이런 기도의 모습은 마치 자신을 학대하는 것처럼 보일 정도이다. 그러므로 스스로 이런 기도를 하는 사람은 없다. 그래서 누군가 혹독하게 훈련을 시켜야 한다.

> 내가 전심으로 주께 간구하였사오니 주의 말씀대로 내게 은혜를
> 베푸소서(시119:58)

> 여호와여 내가 전심으로 부르짖었사오니 내게 응답하소서 내가
> 주의 교훈들을 지키리이다(시119:145)

> 여자들과 예수의 어머니 마리아와 예수의 아우들과 더불어 마음
> 을 같이하여 오로지 기도에 힘쓰더라(행1:14)

> 그들이 사도의 가르침을 받아 서로 교제하고 떡을 떼며 오로지
> 기도하기를 힘쓰니라(행2:42)

이 구절들은 하나님의 사람이었던 다윗, 마가요한의 다락방에서 성령

세례를 받은 사도들과 제자들, 그리고 사도들의 전도로 예루살렘교회에 입교한 교인들이 기도하는 모습에 대해 전심으로 혹은 오로지 기도하기에 힘썼다고 말하고 있다. 그들에게는 성령의 능력이 나타났으며, 기도 응답으로 기적과 이적이 일어나고 평생 하나님과 동행하는 삶을 살다가 이 땅을 떠나갔다. 그러나 당신은 아직 아니다. 당신도 전심으로 기도하고 오로지 기도하기에 힘썼다고? 그러나 당신의 기준이 아니라 하나님의 기준에 합격해야 할 것이다. 그래서 당신에게 기도훈련이 필요한 것이다.

제3장

우리네 교회에서 가르치는
기도로는 답이 없다

1.
하나님이 당신의 기도를 외면하시는 이유

우리네 교회에 영성학교와 같은 기도훈련을 하는 곳은 없다. 기도훈련이라는 말 자체가 생소한 데다 영접기도를 하면 성령이 내주하신다고 믿고 있는데, 무슨 또 성령이 필요하냐는 것이 우리네 교회의 반응이다. 그러나 필자는 기적과 이적이 동반되는 성령의 능력이 필요한 사람만을 모집해서 훈련시키고 있다. 그래서 정신질환과 고질병, 세상에서 해결할 수 없는 문제가 있는 사람들을 기도훈련에 동참시키고 있다. 성령이 내주하고 있다면 기적과 이적이 일어나며, 세상의 어떤 문제라도 말끔하게 해결되어야 하지 않겠는가? 말하자면, 필자는 순진한 교인들을 미혹하는 기이한 은사를 보여 주고 영성훈련 프로그램을 들여와서 세간에 소개하는 게 아니다. 세상에서 해결할 수 없는 삶의 문제가 있는 사람들에게 기도훈련을 시켜 성령과 동행하는 영적 습관을 훈련시키는 것이다. 필자의 말대로라면, 이 기도훈련만 잘 이수하면 자신들이 가진 고질병과 삶의 문제가 해결되어야 할 것이다. 만약 그렇지 않다면 필자는 세상을 미혹시키는 이단 교주와 다를 바가 없을 것이다. 그러므로 필자가 훈련하는 성령이 내주하는 기도훈련 사역은 감성을 터치하는 현란한 글재주를 드러내는 칼럼으로 인터넷 카페를 도배하여 사람들을 유혹하는 것에 그칠 수 없다. 말하자면 성령의 능력이 드러나는 기적과 이적이 일어나야 한다. 만약 기적과 이적이 일어나지 않는다면, 필자가 돌팔매질을 당해도 시원치 않을 것이다. 영성학교가 문을 연 지 10년이 지났다. 지금까지 수천 명이 넘는 사람들이 기도훈련을 요청하였고, 삼백여 명이 넘는 이들이 영성학교 공동체에 머무르면서 귀신을 쫓아내고 고질병을 치유하며 영혼구원을 하는 정예용사의 여정으로 담금질을 하는 이들도 적지 않다. 그러나 아쉽게도, 모든 사람에게 기적과 이적이 일어나서 정신질환이 낫고 고질병이 치유되며 삶의 문제가 해결된 것은 아니다. 수많은 사람들에게 기적과 이적이 일어났지만, 안타깝게도 그렇지 않은 사람들도 더러 있다. 그래서 기도훈련에 동참하여 애쓰고 있지만, 하나님이 외면하시는 사람들의 문제를 찬찬히 살펴보겠다.

1) 마음을 다하여 기도하지 않는다

그러나 네가 거기서 네 하나님 여호와를 찾게 되리니 만일 마음을 다하고 뜻을 다하여 그를 찾으면 만나리라(신4:29)

나를 사랑하는 자들이 나의 사랑을 입으며 나를 간절히 찾는 자가 나를 만날 것이니라(잠8:17)

여자들과 예수의 어머니 마리아와 예수의 아우들과 더불어 마음을 같이하여 오로지 기도에 힘쓰더라(행1:14)

하나님을 만나는 기도의 비결은 마음을 다하여 기도하는 것이다. 이 말은 성경에 서로 다른 단어로 표현되어 있는데, 간절히, 혹은 전심으로, 마음을 같이하여 오로지 등의 구절이다. 이렇게 다양한 말로 표현하고 있지만, 뜻은 똑같다. 이렇게 기도한 성경의 위인이 바로 얍복강가에서 천사와 씨름한 야곱, 십자가 처형을 앞두고 겟세마네 동산에서 용을 쓰며 기도하신 예수님이다. 이렇게 절박하게, 혹은 간절하게 기도하는 것이 바로 믿음을 실어서 기도하는 것이다. 그러나 그동안 우리네 교회에서 기도하는 방식은 기도회에 참석하여 시간을 때우는 것이었다. 우리네 교회에 간절하게 기도하는 방식이 전혀 없었던 것은 아니다. 통성으로 기도하거나 금식하면서 기도하는 방식이다. 그러나 하나님은 겉으로 드러나는 형식적인 기도의 모습을 보시는 분이 아니다. 하나님은 기도하는 사람의 마음을 불꽃 같은 눈동자로 지켜보고 계신다. 그래서 오랜 시간 금식을 하거나, 매일같이 꼬박꼬박 새벽기도에 나오거나, 일천일 동안 헌금봉투를 드려가며 기도회에 참석하더라도 간절한 마음을 실어서 전심으로 기도하지 않는 사람들을 외면하신다. 그러므로 단 1분을 기도하더라도 응답해 주실 것을 굳게 믿고 전심으로 기도해야 하며, 기도할 때마다 그렇게 기도해야 한다. 그러나 형식적인 기도회에 참석하면서 적당하게 기도하는 사람들은 하나님의 응답을 경험하지 못할 것이다. 단 한 번을 기도하더라도 절박하게 기도해야 하나님의 마음을 훔칠 수 있기 때문이다.

2) 하나님 뜻대로 기도하지 않는다

거머리에게는 두 딸이 있어 다오 다오 하느니라(잠30:15)

축구선수가 농구선수처럼 공을 손으로 잡아서 골을 넣는다면 퇴장감이 될 것이다. 모든 운동선수는 경기규칙대로 경기해야 하기 때문이다. 이는 기도하는 일에도 마찬가지이다. 기도의 대상은 하나님이시므로, 하나님의 뜻대로 기도하지 않는다면 시간 낭비, 에너지 낭비가 될 것이다. 그러나 아쉽게도 우리네 교회는 기도자리에 앉자마자 자신의 욕망을 채우는 기도목록을 큰소리로 반복하고 있다. 또한 교회에서 정한 기도회에 참석해도 담임목사의 목회성공을 위한 기도목록을 나누어 주고 기도하곤 한다. 그러나 과연 이러한 기도의 내용이 하나님의 뜻인가? 그 뜻을 아는 것은 어렵지 않다. 성경은 하나님께서 쉬지 않고 전심으로 자신을 찾아오는 자를 가장 기뻐하신다는 말씀으로 도배되어 있다. 또한 찬양하고 회개하며 감사하는 기도로 채우라고 명령하고 있다. 하나님이 기뻐하시는 기도의 내용을 말씀하신 주기도문을 살펴보라. 어디에도 작금의 우리네 교회에서 원하는 내용이나 개인의 세속적인 욕망을 채우는 내용을 볼 수 없다. 이렇게 하나님의 뜻대로 기도하지 않기 때문에 아무리 울부짖고 기도하여도 하나님의 응답을 기대할 수 없다. 예전에 성령께서는 필자에게, 무당처럼 달라는 기도를 가장 가증스럽게 여기신다고 말씀하셨다. 예수님도 먹고 사는 문제를 염려하거나 걱정하지 말고, 먼저 하나님의 나라와 의를 구하면 삶의 모든 필요를 넉넉하게 채워 주신다고 약속하시지 않았는가? 그러나 기도를 마치 알라딘의 램프를 문지르는 행위로 아는 사람들을 하나님은 얼마나 가증스럽게 여기시겠는가? 그러므로 탐욕스러운 기도를 하는 사람들이 어떻게 하나님의 응답을 기대할 수 있겠는가?

3) 강철같은 믿음으로 기도하지 않는다

> 믿음이 없이는 하나님을 기쁘시게 하지 못하나니 하나님께 나아가는 자는 반드시 그가 계신 것과 또한 그가 자기를 찾는 자들에게 상 주시는 이심을 믿어야 할지니라(히11:6)

죄란 하나님이 싫어하는 말과 행동, 생각과 성품을 아우르는 말이다. 하나님이 가장 싫어하는 죄가 바로 믿음이 없는 것이다. 그렇다면 기도할 때마다 주실 것을 굳게 믿고 기도해야 하지 않겠는가? 그러나 아무리 기도해도 응답이 없다면 믿음이 사라지고, 대신 의심, 짜증, 불평, 불만 등이 스멀스멀 들어오기 마련이다. 그래서 이런 마음을 받아들이면서 기도한다면 무슨 응답이 내려오겠는가? 이 기도를 시작하자마자 끝까지 의심하지 않고 절대적인 믿음을 유지하며 기도하는 사람들은 대체적으로 몇 개월이 지나기 전에 기적이 일어나고 응답이 내려온다. 그러나 믿음을 싣지 못하는 사람들은 아무리 기도해도 아무 일도 일어나지 않는다. 그래서 오래 기도해도 응답이 없자, 더 의심을 하고 짜증을 부리고 불평을 하고 원망을 하게 된다. 그래서 소수의 사람들만이 기적을 경험하고, 나머지 사람들은 아무리 기도해도 하나님의 응답을 경험하지 못한다.

너희가 기도할 때에 무엇이든지 믿고 구하는 것은 다 받으리라
하시니라(마21:22)

기도를 시작하면 응답이 내려올 것을 믿어야 한다. 일주일이 지나고 1달이 지나도 그 믿음을 굳게 지켜야 한다. 6개월이 지나고 1년이 넘어도 의심하지 않는 사람만이 기적과 이적을 경험하고 문제를 해결 받을 수 있다. 그러나 대부분의 사람들은 몇 개월도 참지 못하고 의심과 불평, 원망과 짜증, 걱정과 염려 등의 죄를 짓는다. 이렇게 믿음이 없어 죄를 지으면서 기도하는 사람들에게, 어떻게 하나님의 응답이 내려오겠는가?

이 3가지 경우가 응답이 없는 사람들의 공통점이다. 이런 사람들은 아무리 오래 기도해도 하나님의 기대에 부응하지 못하기 때문에, 적당한 시간이 지나면 실망스러워하면서 기도자리에서 떠날 것이다. 하나님은 철저한 원칙주의자이시다. 그러므로 오래 기도해도 응답이 없다면, 필시 하나님의 기준에 부족함을 드러냈기 때문일 것이다. 그러므로 이를 악물고 하나님의 기준을 100% 채우려고 노력하든지, 아니면 다시는 기도하지 마시기 바란다. 하나님은 그런 사람의 하나님이 아니기 때문이다.

2.
하나님이 싫어하시는 기도는 그만해라

만취해서 아버지를 찾아와, 유산을 내놓으라고 행패를 부리는 아들이 있다면, 이 아들은 배은망덕한 인간이 틀림없다. 그래서 이런 사람이 있다면 가족들은 혀를 찰 것이고, 주변 사람들은 손가락질을 할 것이다. 그러나 늙고 힘없는 아버지 입장에서 보면 난처하기 이를 데 없다. 문을 잠그자니 또 다른 심술을 부릴 게 틀림없고, 열어 주자니 막장 드라마를 보게 될 것이기 때문이다. 이런 일이 세상의 자녀에게만 있는 게 아니다. 하나님의 자녀에게도 있다. 하나님을 찾아오는 방식이 바로 기도이다. 그런데 하나님이 듣기 싫어하는 기도를 하는 사람이 있다면, 이 사람은 불효막심한 아들과 다를 게 없다. 그렇다면 하나님의 마음을 거스르고 불편하게 하는 기도가 무엇인가?

1) 욕심을 채우는 기도

거머리에게는 두 딸이 있어 다오 다오 하느니라(잠30:15)

거머리는 누구인가? 바로 탐욕으로 가득 찬 사람이다. 성경은 탐욕이 우상숭배라고 말하고 있으므로 이들은 하나님의 백성이 아닌 것이 틀림없다. 그렇다면 귀신에게 사로잡혀 있는 좀비일 것이다. 한번 우리네 교인들이 하는 기도의 내용을 잘 살펴보라. 새벽기도회나 철야기도회에서 하는 기도의 목록은 죄다 담임목사의 목회성공을 추구하는 기도로 시작해서 자신과 가족들의 세속적인 축복을 구하는 기도로 도배되어 있다. 이들은 기도를 자신들의 욕망을 이루는 수단으로 잘못 알고 있다. 그게 하나님의 뜻인가? 하나님이 원하시는 기도의 내용은 예수님이 가르쳐 주신 주기도문에 잘 나와 있다. 주기도문에서 그런 기도를 하라고 요청하는가? 주기도문은 하나님을 부르고 찬양하며 하나님의 뜻이 이루어지는 기도를 요청하고 있다. 그리고 죄의 용서와 함께 악한 영과 싸우는 능력을 공급받게 해 달라는 내용, 악한 영의 손아귀에 빠졌으면 구해 달라는 내용으로 이루어져 있다. 우리가 관심을 갖는 기도의 목록이라면 일용할 양식을 구하라는 게, 그나마 세상적인 목록의 요청이다. 예수님은 먹고사는 일에 아무 걱정과 염려를 하지 말고, 먼저 하나님의 나라와 그의 의를 구하라고 하셨다. 하나님께서 어련히 자신의 자녀들이 먹고사는 문제를 책임져 주시지 않겠느냐고 반문하시면서 말이다. 그러나 우리네 교회는 담임목사와 교인들의 탐욕을 채우는 기도를 주구장창 반복하고 있을 뿐이다. 그러니 이런 기도에 하나님의 응답이 내려오겠는가? 그래서 기도응답이 없는 기도회에서 사람들이 썰물처럼 빠져나가고 있는 것이다.

2) 자기만족의 기도

자기만족의 기도는 자신의 의를 드러내고, 다른 사람들에게 자랑하기 위한 목적으로 기도하는 것을 말한다. 집에서 가까운 교회를 마다하고 먼 곳의 출석 교회에 나와서 기도하는 것도 목회자나 다른 교인들의 시선을 의식해서이다. 교회에서 무거운 직분을 맡은 자들이 그러하다. 그들은 자신이 새벽기도회에 나왔다는 눈도장을 찍기 위해 참석하는 것이다. 또한 성경에도 없는 것을 자의적으로 만든 일천번제기도나 작정기도, 금식기도 등의 희생적인 신앙행위를 동반하는 기도도 자신의 희생행위를 드러내어 하나님을 옥죄는 수단으로 삼는 기도방식이다. 이런 기도행위는 무당들이 하는 기복신앙이 교회 안에 파고들어 온 것이다. 무당들은 목욕재계하고 이른 새벽에 기도하거나 많은 돈을 내어 제물을 차리고 치성을 바쳐서 기도할 것을 주문한다. 백일기도, 천일기도가 여기에서 나왔음은 두말할 나위가 없다. 그래서 집에서 기도하는 것보다 새벽에 교회에 나와서 기도하는 것이 더 믿음을 보이는 것이며, 헌금을 드리면서 기도하는 것이 빈손으로 기도하는 것보다 더 영험하고, 금식하면서 기도하는 것이 밥을 먹으면서 기도하는 것보다 더 신속하게 응답이 내려올 것이라고 철석같이 믿고 있다.

그러나 하나님은 형식적인 신앙행위를 보기 이전에, 깊은 속내와 동기, 목적을 불꽃 같은 눈동자로 살펴보는 분이시다. 그래서 기도가 자신의 희생적인 종교행위를 자랑하고 다른 이들에게 칭찬받고 인정받으려는 행위라면, 하나님 보시기에 가증스러울 뿐이다. 그래서 그런 기도는 하나님의 응답을 기대할 수 없다. 예수님 당시의 바리새인과 서기관들이 그랬다. 그들은 일주일에 2번씩 금식하며 기도했고, 하루에 3번씩 기도했으며, 사람들이 우글우글한 시장에서 큰 소리로 기도하기를 즐겼다. 그러나 예수님은 그들을 향해 독사의 새끼라는 저주를 퍼부으셨다. 독사는 귀신의 또 다른 이름이다. 결국 그들의 기도행위는 희생행위를 앞세워서 자신을 자랑하기 위한 종교행위에 불과했던 것이다.

3) 형식적인 기도

형식적인 기도는 말 그대로 마음이 들어가 있지 않은 기도이다. 대부분의 식사기도가 형식적인 기도이다. 안 하면 찝찝하고, 다른 사람이 보고 있으니까 습관적으로 하고 있다. 시끌벅적한 삼겹살집에서 큰소리로 식사기도를 하는 것은 그야말로 코미디가 따로 없다. 필자는 예전 기도훈련을 하기 전에는 식사기도를 하지 않았는데, 지금은 하고 있다. 그러나 형식적인 기도가 되지 않도록 조심하며 마음을 드리고 있다. 그러나 기도하기 어려운 분위기라면 주저 없이 생략하거나 다른 이들에게 각자 기도를 요청한다. 우리네 교회에서 여는 각종 기도회에 참석하는 것도 형식적인 기도가 되기 십상이다. 새벽기도에 참석하기 위해 일찍 일어나서 오가는 데 많은 시간을 들인다. 그러나 정작 기도하는 시간은 10분에 불과하다는 게 이상하지 않은가? 이 같은 모습은 새벽기도에 참석했는지가 중요하지, 하나님께 마음을 쏟아부어가며 기도하는 게 중요하지 않다는 증거이다. 이런 기도를 평생 하는 교인들이 적지 않다. 이들의 기도는 응답이 없으며 영혼이 건조하고 냉랭하며, 삶에서 하나님이 함께하시는 증거나 변화, 능력이나 열매가 없다. 그 이유는, 하나님은 형식적인 기도행위에 전혀 관심이 없으시기 때문이다.

당신의 기도가 응답이 없으며 하나님이 함께하시는 증거가 없다면 위의 3가지 기도 중 하나였을 것이 분명하다. 기도는 내 영혼과 하나님의 영이 깊고 친밀하게 교제하는 통로이다. 그래서 쉬지 않고 하나님의 이름을 부르는 기도가 필수적이며, 찬양하고 감사하며 회개하는 기도가 뒤따라야 한다. 하나님은 그런 기도를 기뻐하시며 그런 기도에 귀를 기울이시기 때문이다. 그러므로 이제부터는 하나님이 싫어하는 기도를 그만하시라. 어차피 시간 낭비, 돈 낭비, 에너지 낭비에 불과하기 때문이다.

3.
기도하면 응답이 온다는 말은 뻥인가, 사기인가?

성경에는 이해할 수 없는 말들이 적지 않다. 그러나 수많은 목회자들은 자신이 깨닫지도 못하고 체험하지도 못한 말들을 무한반복해서 생산하고 유통시킨다. 그 이유는 그들의 마음속에 사람들을 자신의 교회로 끌어들여 대형교회를 이루고 싶은 욕망이 도사리고 있기 때문이다.

> 너희가 기도할 때에 무엇이든지 믿고 구하는 것은 다 받으리라 하시니라(마21:22)

> 예수께서 이르시되 할 수 있거든이 무슨 말이냐 믿는 자에게는 능치 못할 일이 없느니라 하시니(막9:23)

> 나는 너를 애굽 땅에서 인도하여 낸 여호와 네 하나님이니 네 입을 크게 열라 내가 채우리라(시81:10)

이 말씀들은 설교단상에서 기도응답을 약속하신 하나님의 말씀으로 회자되는 구절들이다. 그래서 목회자는 믿고 구하는 것마다 받을 줄로 알고 구하라고, 입에 거품을 물고 핏대를 세우며 소리를 질러댄다. 그러면 자신의 믿음 없음을 부끄럽게 여기거나 새로운 기대감에 들뜬 이들의 입에서 나온 "아멘" 소리가 교회당이 떠나갈 듯 울려 퍼진다.

"그래서 생활이 펴지셨습니까?"라는 개그맨의 익살스러운 대사가 생각나는 것은 왜일까? 한마디로 그런 일이 거의 일어나지 않기 때문이다. 그래서 목회자는 당황스럽기는 하지만 전혀 내색하지 않고, 믿음이 부족하다면서 희생적인 신앙행위를 더할 것을 촉구한다. 그래서 교인들은 새벽기도를 작정하고, 기도할 때마다 지폐를 빼곡히 넣어 가져오고, 아예 기도원에 짐 싸 들고 올라가 금식을 선포하기도 한다. 그래도 별 소득이 없다면, 아직 때가 안 되어서 그렇다는 말로 위로하기도 한다.

필자가 제기하는 문제는 작금의 우리네 교회의 딜레마이자 당신이 처한 문제이기도 하다. 당신도 열심히 기도하고는 있지만, 응답이 지지부진하기 때문이다. 그래서 어깨에 힘이 빠진 채, 손을 내려뜨리고 한숨만 푹푹 쉬고 있지 않은가? 그래서 설교 때마다 기복신앙의 홍보용 구절로 읊어대는 위의 성경말씀을 다시 적어 보겠다. '무엇이든지 믿고 구하는 것은 다 받으리라.', '믿는 자에게는 능치 못할 일이 없느니라.' 성경이 전지전능한 하나님의 말씀이라면, 이 예수님의 말씀도 동일한 효력을 가지고 있을 것이다. 그렇다면 당신의 기도가 응답이 없는 이유는 믿음이 없기 때문이라는 결론이 나오지 않는가? 물론 덥석 받아들일 수 없겠지만 말이다. "아니, 그게 무슨 말씀이에요? 믿음이 있으니까 주일마다 교회에 나가서 예배도 드리고, 십일조도 드리며 교회봉사도 열심히 하고 있는 거죠. 그리고 기도할 때마다 주실 거라는 믿음을 가지고 부르짖고 있다니까요? 허 참 기가 막혀서….” 그런가? 그러나 그것은 당신의 착각일 뿐이다.

> 그러나 인자가 올 때에 세상에서 믿음을 보겠느냐 하시니라(눅 18:8)

이 예수님의 말씀은 불의한 재판장을 귀찮게 따라다니던 어느 과부의 비유를 마치면서 독백처럼 하신 말씀이다. 이 말씀의 속뜻은 예수님께서 재림의 날에 오실 때, 믿음을 가진 자들이 거의 없을 거라는 예측이다. 그러나 이런 예수님의 생각과는 다르게, 교회에만 나오면 믿음이 있는 거라고 착각하는 사람들이 부지기수이다. 뭐, 착각은 자유다. 그렇다면 당신이 믿음이 있다는 성경적인 증거를 팩트로 보여 주길 바란다.

> 이르시되 너희 믿음이 작은 까닭이니라 진실로 너희에게 이르노니 만일 너희에게 믿음이 겨자씨 한 알 만큼만 있어도 이 산을 명하여 여기서 저기로 옮겨지라 하면 옮겨질 것이요 또 너희가 못할 것이 없으리라(마17:20)

> 믿는 자들에게는 이런 표적이 따르리니 곧 그들이 내 이름으로 귀신을 쫓아내며 새 방언을 말하며 뱀을 집어올리며 무슨 독을 마실지라도 해를 받지 아니하며 병든 사람에게 손을 얹은즉 나으리라 하시더라(막16:17~18)

이 예수님의 말씀에 의하면, 믿음이 없거나 믿음이 부족하기 때문에 기적을 불러일으키는 능력 있는 기도를 하지 못하는 것이다. 이러한 필자의 지적에 당신은 "아하, 그래요? 그래서 담임목사가 요구하는 희생적인 기도의 강도를 더하고 있잖아요?" 라고 말할 지도 모르겠다. 그런가? 그게 성경에서 말하는 하나님의 뜻인가? 웃기지 말라. 교회에서 말하는 해결책은 성경에서 언급된 적이 없다.

> 너희가 내 안에 거하고 내 말이 너희 안에 거하면 무엇이든지 원
> 하는 대로 구하라 그리하면 이루리라(요15:7)

그래서 이참에 필자가 성경에서 요구하는 믿음의 출처를 말씀해 드리겠다. 예수님이 말씀하시는 믿음의 공급원은 성령이다. 즉 성령께서 당신 안에 들어오셔서 성령과 동행하는 삶을 살 때, 진정한 믿음의 삶을 살 수 있다. 그런 삶이 이루어지면, 무엇이든지 구하는 대로 이루어지는 기적이 일어난다. 이제 알았다면 하나님의 뜻과는 거리가 먼, 희생적인 신앙행위를 하는 게 믿음이라는 착각을 버리고, 성령이 내주하는 기도와 말씀의 영적 습관을 들이길 바란다. 믿음은 희생적인 신앙행위를 더한다고 자동적으로 얻어지는 게 아니라, 하나님이 기뻐하는 자녀에게 값없이 주시는 선물이다. 그러므로 하나님이 기뻐하시는 자녀만 되면, 성경에 약속한 놀라운 기적을 일으키는 영적 능력의 소유자가 될 수 있다. 하나님은 겉으로 행해지는 희생적인 신앙행위를 바라시는 게 아니라 당신 자체를 원하신다. 그래서 쉬지 않고 당신을 찾아오는 자녀를 기뻐하시는 것이다.

4.
당신에게서 나오는 방언의 출처를 분별하라

.

예전에 연휴를 맞아 영성학교의 기도훈련을 배우러 두 분이 찾아오셨다. 2박 3일의 여정으로 왔다고 했지만, 하룻밤을 지내고 나서 아침에 훌쩍 떠나 버렸다. 그런 일이 흔한 일이었으므로, 영성학교의 기도훈련이 자신과 맞지 않아서이겠거니 하고 생각하고 있었는데, 다른 사람의 입을 통해서 그들이 일찍 돌아간 이유에 대해 알게 되었다. 기도시간에 방언기도를 하지 말라는 것에 의구심을 품었으며, 방언기도를 하지 못하니 기도한 것처럼 느껴지지 않아서였다고 한다. 덧붙여서 그들은 방언기도가 최상의 기도라고 여기고 있었다고 한다. 그래서 필자의 생각이 깊었다. 그래서 오늘은 그들이 말한 대로, 방언기도가 최상의 기도인지 찬찬히 생각해 보고 싶다.

성경은 성령의 은사의 하나로서 방언을 언급하고 있다. 방언에 대한 최초의 언급은 사도행전에 나온다. 마가요한의 다락방에서 기도한 사도들과 제자들 120여 명에게 성령이 임하시면서 방언을 하게 되었다. 방언이란 외국어이다. 그래서 디아스포라로 흩어졌던 유대인들이 예루살렘에 순례하러 왔다가, 자신이 살고 있는 나라의 언어를 구사하는 유대인들을 기이하게 여긴 사건이 소개되어 있다. 물론 방언의 은사가 성령의 은사라는 것은 맞다. 그러나 방언의 은사를 주신 목적은 무엇인가?

> 방언을 말하는 자는 자기의 덕을 세우고 예언하는 자는 교회의 덕을 세우나니 나는 너희가 다 방언 말하기를 원하나 특별히 예언하기를 원하노라 만일 방언을 말하는 자가 통역하여 교회의 덕을 세우지 아니하면 예언하는 자만 못하니라 그런즉 형제들아 내가 너희에게 나아가서 방언으로 말하고 계시나 지식이나 예언이나 가르치는 것으로 말하지 아니하면 너희에게 무엇이 유익하리요 혹 피리나 거문고와 같이 생명 없는 것이 소리를 낼 때에 그 음의 분별을 나타내지 아니하면 피리 부는 것인지 거문고 타는 것인지 어찌 알게 되리요 만일 나팔이 분명하지 못한 소리를 내면 누가 전투를 준비하리요 이와 같이 너희도 혀로써 알아듣기 쉬운 말을 하지 아니하면 그 말하는 것을 어찌 알리요 이는 허공에다 말하는 것이라 이같이 세상에 소리의 종류가 많으나 뜻 없는 소리는 없나니 그러므로 내가 그 소리의 뜻을 알지 못하면 내가 말하는 자에게 외국인이 되고 말하는 자도 내게 외국인이 되리니 그러므로 너희도 영적인 것을 사모하는 자인즉 교회의 덕을 세우기 위하여 그것이 풍성하기를 구하라 그러므로 방언을 말하는 자는 통역하기를 기도할지니 내가 만일 방언으로 기도하면 나의 영이 기도하거니와 나의 마음은 열매를 맺지 못하리라(고전14:4~14)

나는 이렇게 기도해서 하나님을 만났다

방언의 목적은 자신의 덕을 세우는 것이며, 방언은 하나님의 비밀을 알리는 것이므로 통역이나 예언을 동반하지 않으면 교회에서 아무런 유익이 없다고 말하고 있다. 그러나 우리네 교회에서는 방언기도로써 자신의 영적인 위상을 드러내고 자기만족의 수단으로 삼고 있으니 기이한 일이다. 그래서 방언기도를 하지 못하는 사람들은 기도시간에 위축이 되며, 방언을 가르치는 이들도 있으니 한심스럽기 그지없다. 방언이 성령이 주시는 은사(선물)라면, 어떻게 사람이 교육하고 가르쳐서 방언을 하게 할 수 있겠는가? 그러나 우리네 교회에서는 비성경적인 방언의 기술을 가르치고 있으니 기가 막히는 일이다. 적지 않은 이들이 방언기도를 하는 이유로 오래 기도할 수 있고, 평안한 마음이 들기 때문이라고 한다. 그들은 자신이 원하면 방언을 시작하고, 자신이 끝내고 싶으면 방언을 끝내기도 한다. 이는 방언이 하나님께서 주시는 선물이 아니라, 하나님의 선물을 자의적으로 조종하고 있다는 게 아닌가? 그런 기도가 자신에게 영적 유익이 있는가? 아니면 교회에 유익이 있는가? 이런 기도방식은 성령이 주시는 방언도 아니고, 자기의 의를 드러내며 자기만족에 빠지는 기도일 뿐이다. 필시 자의적으로 지어낸 방언이거나 귀신이 주는 방언임에 틀림없다. 그래서 필자가 기도훈련을 하는 사람들에게 방언기도를 금지하는 것이다. 만약 자신의 방언이 성령이 주시는 방언이었다면, 굳이 영성학교에 와서 성령이 내주하는 기도훈련을 받을 이유가 없을 것이다.

그러므로 자신의 방언이 성령이 주시는 은사라면, 성령의 능력을 보여주는 풍성한 열매를 누구에게나 팩트로 보여 주어야 한다. 그런 성령의 능력이 없다면 그들이 말하는 방언은 자의적으로 지어낸 방언이거나 귀신이 속여 넣어 주는 방언인 것이다. 성령이 주시는 방언은 성령이 내주하는 다른 증거가 분명한 사람들에게서 나타나며, 자신의 의지와 상관없이 나타나거나 새 방언으로 자주 바뀌는 것이 다르다. 그리고 방언도 외국어 방언이 대부분이다. 물론 천사방언(외국어 방언이 아닌 국적을 알 수 없는 방언)이 있다고 주장하는 사람들도 있다. 그렇지만 필자가 주장하는 것은 천사방언이든 외국어 방언이든, 성령의 사람이라는 증거가 드러나는 사람들이 깊이 기도에 몰입되었을 때 나오는 방언이 성령이 주시는 방언이라는 것이다.

이런 필자의 잣대로 보자면, 거의 대부분의 사람들이 하는 방언은 성령이 주시는 방언이 아니라는 결론에 도달한다. 물론 당사자들은 펄쩍 뛰며 필자의 주장에 반발하겠지만, 성경에 그렇게 기록되어 있다. 사도행전에는 오순절날, 마가요한의 다락방에서 120여 명의 사도와 제자들에게 성령의 임재가 강하게 임한 사건이 기록되어 있다. 그들은 방언을 하기 시작했다. 그러나 방언을 하는 것에 그치지 않고, 귀신을 쫓아내며 고질병을 치유하는 등의 기적과 이적을 보여 주면서 복음을 전파했다. 성령의 은사를 주시는 목적은 영혼을 구원하고 하나님의 나라를 확장하는 도구로 사용하라고 주신 것이 아닌가? 그런데 방언은 유창하게 하는데 다른 성령의 능력도 없고, 영혼을 구원하고 하나님의 나라를 확장하는 탁월한 종으로 사용되지도 않는다면, 그들의 방언은 성령의 은사가 아니라 자의적이거나 귀신이 넣어 주는 방언임에 틀림없다.

필자에게 기도코칭을 요청한 사람 중 하루에 7시간 이상 방언기도를 한다는 이도 있었다. 그러나 필자가 방언기도를 금하고 하나님을 간절히 부르는 기도를 하게 하자, 구역질과 트림, 하품 등 귀신이 나가는 현상이 나타나기 시작했다. 그런데 이분은 필자의 기도코칭을 끝까지 이수하지 못하고 중도에 포기했다. 방언기도에 대한 향수를 버리지 못했기 때문이다. 그는 방언기도를 할 때 하나님이 은혜를 많이 주셔서 기분이 좋았다는 말을 여러 번 했다. 그렇다면 그 기분은 누가 좋게 해 주었겠는가? 성령이 아니라 귀신일 것이다. 필자는 귀신을 쫓아내면서 귀신들이 하는 방언을 수도 없이 들어 보았다. 귀신들은 방언을 속여 넣어 주는 데 선수이다. 그러므로 방언을 하는 것만으로 성령의 은사라고 생각하면 오산이다. 많은 이들이 하나님의 뜻을 행하는 것에는 관심이 없고, 다른 이들에게 드높은 신앙심이나 우월한 성령의 은사를 보여 주는 것에만 골몰하고 있으니 악한 영들이 쳐놓은 덫에 걸려드는 것이다. 지금이라도 당신의 방언을 믿지 말고, 성령의 능력과 열매가 있는지 꼼꼼히 살펴보시라.

사랑하는 자들아 영을 다 믿지 말고 오직 영들이 하나님께 속하였나 분별하라 많은 거짓 선지자가 세상에 나왔음이라(요일4:1)

결론적으로 말해, 필자는 사람들의 방언기도가 죄다 성령으로부터 왔다고 인정하지 않는다. 즉, 귀신이 주는 방언도 있고, 오랫동안 입에 밴습관으로 자의적으로 지어낸 방언도 있다고 생각한다. 그러나 사람들은 필자의 주장을 받아들이고 싶지 않을 것이다. 지금까지 성령이 주신 방언이라고 철석같이 믿고 있었는데, 귀신이 주는 방언이라면 소름이 쫙 끼칠 것이다. 혹은 자신의 방언이 입에서 습관화된 자의적인 방언이라는 것 역시 믿고 싶지 않을 것이다. 그러나 중요한 것은, 자신이 그렇게 믿고 있다고 해서 귀신이 주거나 자의적인 방언이 성령이 주시는 선물로 바뀔 수는 없다는 것이다. 수많은 사람들이 집회에서, 혹은 기도하다가 성령이 주시는 방언의 은사를 받았다고 주장한다. 그러나 혀가 꼬이면서 나오는 괴이한 음절을 무한반복하는 것을 죄다 성령이 주시는 방언이라고 할 수 없다. 방언이라고 여기는 현상 외에, 성령이 함께하시는 명확한 증거가 없다면 귀신이 주는 방언이거나 자의적으로 지어낸 방언일 뿐이다. 그러므로 성령의 능력이나 열매가 없다면 속히 방언을 중지하고, 하나님을 전심으로 부르는 기도의 습관을 들여서, 진짜 성령이 함께하시는 생생한 증거를 체험하시기 바란다.

5.
선포기도, 관상기도, 호흡기도는 가짜다

예전에 필자가 어떤 자매에게 축출기도를 하는데, 이 자매가 계속 "귀신이 나갈 것을 선포한다."라고 외치는 것이 아닌가? 그래서 기도가 끝나고 왜 그렇게 기도했냐고 물으니, 치유집회에 가서 선포기도를 배워 왔노라는 대답이 돌아왔다. 이처럼 우리네 교회에 선포기도가 대세이다. 선포기도는 자신이 소원하는 바를 소리 내어 말하는 것이다. 가령 부자가 되고 싶다면, "내가 부자가 되었음을 선포하며 기도합니다." 하는 것이다. 이런 기도로 유명해진 사람이 있는데, 그는 집회 때마다 치유 선포기도를 하라며 목소리를 높인다. 믿고 기도하는 것마다 응답해 주시겠다는 예수님의 말씀을 빼놓지 않고 들이대면서 말이다. 그래서 열정적인 분위기를 띄우고 감정을 고조시키며 집단최면에 걸리게 하여, 죄다 온 힘을 다해 장내가 떠나갈 듯한 소리로 자신의 질병이 나았다고 소리를 질러대게 만든다. 그리고 자신이 치유되었음을 믿으라고 다그친다. 그러면 누군가가 자신의 질병이 나았는지, 아니면 나았다고 믿는 선포행위인지는 모르지만, 자신의 질병이 지금 나았다고 소리를 지른다. 그러면 군중들이 소리를 지르며 기뻐하고, 박수가 쏟아진다. 그리고 그 사람을 앞으로 불러 간증을 하게 한다. 그러면 이미 치유가 기정사실화된 것이다.

예전에 필자도 그런 집회에 간 적이 있다. 열정적인 분위기에 휩싸여서 통성으로 기도하던 중, 나면서부터 한쪽 다리가 짧은 소아마비 소녀가 자신의 다리가 길어져서 이제는 쩔뚝거리지 않고 정상적으로 걸을 수 있게 되었다고 소리를 질렀다. 이런 기적은 성경에서 앉은뱅이가 일어서는 것과 같은 놀라운 기적이 아닌가? 사람들은 놀라고 기뻐하면서 하나님의 은혜에 감사하고 열광적으로 손뼉을 치면서 열정적인 밤을 보냈다. 그러나 나중에 본 그 소녀는 여전히 한쪽 다리를 절면서 걷고 있었다. 그래서 도대체 어찌 된 일이냐고 물어보았다. 그랬더니 그때는 치유될 것을 믿고 기도했더니 정말 기적이 일어나 회복된 것 같아서 그렇게 말했는데, 집에 돌아와서 감정이 걷히고 보니 자신에게 아무 일도 일어나지 않았다는 것을 알게 되었다고 말했다. 그러나 그 집회에 참석한 사람 중에서 나중에 이런 일이 있었다는 것을 몇 명이나 알까? 치유집회에서 선포기도를 하고 나왔다고 간증한 사람들이 과연 집에 돌아가서도 건강한 상태를 유지하고 있는지 확인하고 있는가? 아니다. 집에 돌아와 보니 질병이 그대로 있다는 것을 안 사람들도 그 사실을 알리지 않는다. 부끄럽고 창피하기 때문이다. 그러나 집회에 참석한 사람들은 그 사실을 알지 못하고 선포기도를 해서 수많은 치유가 일어났다고 착각하고 오해한다. 물론 치유가 일어난 사람이 전혀 없지 않았을 것이다. 그중에는 진짜 치유가 일어난 사람도 있을 것이다. 그러나 치유가 일어나지 않은 사람이 훨씬 많다. 그렇다면 그 치유는 어디에서부터 온 것일까? 하나님만 치유의 능력이 있는 것은 아니다. 무당도 병을 고치고 중도 치유를 하며 타종교, 이단교회에서도 치유는 얼마든지 일어난다. 우리네 교회에서 이런 비성경적인 기도가 판을 치고 있으니 기가 막힌 일이다. 이런 기도방식은 미혹의 영이 속이는 것이다.

관상기도는 로마 가톨릭 수도원의 묵상기도가 발전한 형태의 기도로서, 이를 추구하는 이들은 본질의 직관에서 오는 기도라고 주장하고 있다. 이 기도를 주장하는 이들은 기도에 깊이 몰입되면 하나님을 만나서 음성을 듣게 된다고 주장하고 있다. 이 같은 기도법은 힌두교의 뉴에이지 사상에서 유래되었으며 초월명상이나 마인드컨트롤, 불가의 참선과 비슷하다. 마음을 비우고 생각 속에서 떠오르는 내면의 힘을 붙잡으라는 것이다. 그럴듯한 말이지만 영적 세계를 전혀 모르기에 이런 주장을 하는 것이다. 이들은 속이는 영인 미혹의 영에 대해서 전혀 알지 못하고 있다. 필자를 찾아온 어떤 형제는 예전에 초월명상 하는 데를 찾아갔다가 귀신들과 접신하여 오랫동안 고통스러웠다는 고백을 했다. 또한 호흡기도는 호흡훈련을 통해 성령을 들이마시라는 기도방식이다. 사실 호흡과 명상은 이미 이교도의 명상훈련에서 많이 사용했던 방식으로, 미혹의 영을 만나는 위험천만한 기도이다. 그렇다면 왜 이와 같은 특정한 방식의 기도가 비성경적인지 알아보자.

거머리에게는 두 딸이 있어 다오 다오 하느니라(잠30:15)

구하여도 받지 못함은 정욕으로 쓰려고 잘못 구하기 때문이라
(약4:3)

여호와는 악인을 멀리 하시고 의인의 기도를 들으시느니라(잠 15:29)

그러므로 너희 죄를 서로 고백하며 병이 낫기를 위하여 서로 기도하라 의인의 간구는 역사하는 힘이 큼이니라(약5:16)

당신의 기도가 응답이 없는 이유는 속으로 혹은 작은 소리로 기도해서도 아니고, 명상을 통해 내면의 힘을 얻지 못해서도 아니고, 호흡을 통해 성령을 들이마시지 못해서도 아니고, 탐욕으로 구하기 때문이거나 의인으로 인정을 받지 못하고 있기 때문이다. 예수님은 우리의 모든 필요를 잘 알고 계시지만, 그런 것을 구하지 말고 먼저 하나님의 나라와 의를 구할 때 다른 모든 것을 넘치도록 채워 주신다고 약속하셨다. 그런데 당신이 부자가 되기를 선포하거나 병이 낫는다고 선포한다고 해서 응답이 온다면 당신이 성경을 기록한 하나님인가? 그동안 우리네 교인들의 기도가 응답이 없는 이유는 하나님의 뜻을 구하는 기도가 아니라 자신의 소원을 이루고 탐욕을 채우는 기도였기 때문이다. 또한 평소에는 기도하지 않다가 문제가 생기면 다급하게 금식하고 작정하며 새벽기도회에 나가서 울며불며 기도하다가 문제가 해결되면 기도도 자동적으로 끝나는 그런 기도생활이었기 때문이다.

기도는 하나님으로부터 선물을 얻어 내는 수단이 아니라 하나님과 깊고 친밀하게 교제하는 통로이다. 그러나 하나님과 사귈 생각이 없는 교인들이 문제가 생기면 큰소리로 선포한다고 응답이 오겠는가? 그러나 이렇게 비성경적인 기도방식을 가르치는 이들이 우리네 교회에 널려 있으니 기가 막힌 일이다. 이런 선포기도는 미혹의 영이 머리를 타고 앉아 속이는 기도이며 무당들이 하는 기도이다. 믿음은 자신이 노력해서 얻어지는 것이 아니라 위로부터 내려오는 하나님의 선물이다. 그래서 하나님께서 믿음을 인정해 주시면 100% 응답이 내려온다. 그런 사람들이 바로 하나님이 기뻐하시는 의인이며 평소에 쉬지 않는 기도의 습관을 들여서 하나님과 깊고 친밀한 교제를 나누는 사람들이다. 그러나 어찌 된 일인지, 우리네 교회는 미혹의 영에게 사로잡혀 무당이 하는 기도를 따라 하고 있으니 슬프고 답답한 일이다.

제4장

당신이 기도해야 하는 이유

1.
당신이 기도하는 목적이 무엇인가?

크리스천치고 기도하지 않는 사람은 별로 없을 것이다. 그러나 기도응답을 경험하는 것은 쉬운 일이 아니다. 성경은 하나님의 자녀인 우리가 믿고 기도하는 것마다 응답해 주실 것을 약속하고 있지만, 그 약속을 받아 누리는 자녀들은 소수에 불과하다. 사람들이 기도응답을 받지 못하는 가장 큰 원인은 기도의 목적을 상실했기 때문이다. 하나님께 자신의 요구사항을 관철시키는 것으로 기도를 이해한다면, 이는 성경적이 아니다. 기도는 하나님의 영과 내 영혼이 교제하는 통로이다. 그러나 하나님과 나는 동등한 관계가 아니라 창조주와 피조물, 주인과 종의 관계이다. 그러므로 기도는 하나님이 기뻐하시는 뜻을 깨닫는 통로인 셈이다.

하나님이 피조물인 사람에게 원하시는 가장 큰 요구사항은 죄의 척결이다. 죄는 하나님이 가장 싫어하시며, 하나님은 죄인을 가까이하실 수 없는 분이기 때문이다. 성경에서 말하는 죄는 하나님이 싫어하시는 말과 행동, 성품과 생각을 총망라한다. 그러나 사람들은 죄에 대해 둔감하다. 왜냐하면 사람들은 죄를 좋아하고 추구하고 싶은 죄성을 본성으로 지니고 태어났기 때문이다. 이 말인즉슨 죄성은 본능의 영역이기 때문

나는 이렇게 기도해서 하나님을 만났다

에 아무리 노력하고 애써도 없애기 힘들고 어렵다는 것이다.

> 이에 예수께서 제자들에게 이르시되 누구든지 나를 따라오려거
> 든 자기를 부인하고 자기 십자가를 지고 나를 따를 것이니라(마
> 16:24)

> 내가 그리스도와 함께 십자가에 못 박혔나니 그런즉 이제는 내
> 가 사는 것이 아니요 오직 내 안에 그리스도께서 사시는 것이라
> (갈2:20)

예수님께서 제자의 조건으로 가장 먼저 꼽은 것이 바로 자기부인이다. 자기부인이란 자신의 뜻과 생각, 욕심과 소원을 모두 내려놓고 오직 하나님의 뜻에 순종하는 것이다. 그래서 사도 바울은 자신이 예수님과 함께 십자가에서 죽었다고 말하고 있다. 왜냐면 자신의 모든 생각과 성품, 말과 행동은 죄로부터 떼어낼 수 없기 때문이다. 그러나 이는 사도들뿐 아니라 예수님의 제자가 되려는 모든 이들에게 요구하시는 사항이다. 제자가 되지 않으면 천국은 말할 것도 없고, 이 땅에서도 하나님의 도우심을 기대할 수 없다. 그러나 우리네 교회에서는 예배의식 참석이나 희생적인 신앙행위를 요구할 뿐, 자기부인을 철저하게 가르치지 않는다. 이는 우리네 교회가 제자를 양육하는 곳이 아니라 교인을 양성하는 곳이라는 증거이다.

제자양육의 핵심은 무엇인가? 제자란 스승이신 예수 그리스도와 동행

하는 사람이기에, 예수 그리스도의 영이자 성령과 깊고 친밀하게 교제하는 사람으로 양육해야 한다. 이를 위해서 쉬지 않는 기도의 습관을 들여야 함은 물론이다. 그러므로 성령과 동행하는 기도의 습관을 가르치지 않는 교회는 제자를 양육하는 교회가 아닌 셈이다. 그렇다면 성령과 교제하는 기도의 핵심은 무엇인가? 성령께서는 죄를 깨닫게 해 주고 죄와 싸워 이기는 능력을 주시는 분이다. 이 죄의 중심에 자기를 사랑하는 마음이 자리잡고 있다. 자기를 사랑하는 사람은 자기중심적이고 이기적이다. 남을 불쌍히 여기거나 이해하려고 하지 않고 오직 자신의 입장에서만 남을 판단한다. 그래서 조금이라도 자신에게 손해를 입혔다고 생각하면 비난하고 정죄하며 사과를 강요하기 일쑤이다. 그래서 성령이 내주하는 기도를 시작하면, 성령께서 이러한 이기적이고 완악한 마음을 깨닫게 해 주시고 회개하고 돌이키게 하신다. 그러나 여전히 자신이 원하는 요구사항을 주구장창 반복하는 기도를 하는 사람들은 이런 사실을 알 턱이 없다. 그래서 '주세요 주세요'하는 기도를 하는 사람들은 진정한 기도가 무엇인지 모르는 사람들이다.

필자는 성령이 내주하는 기도훈련 사역을 하고 있다. 이 기도는 하나님을 전심으로 부르는 기도이다. 그러나 오래 기도를 해도 지지부진한 이들이 적지 않다. 그 이유는 2가지이다. 하나는 전심으로 기도하지 않기 때문이고, 다른 하나는 자신의 완악한 마음을 고치려 하지 않기 때문이다. 이기적이고 자기중심적이며 고집이 센 사람은 악한 영이 사로잡고 있는 사람이다. 그래서 기도하면서 이런 완악한 마음에 대한 깨달음을 주시면 전심으로 회개하며 고치려고 노력해야 한다. 그러나 이기적이고 남을 불쌍히 여기는 마음이 없다면, 아무리 희생적으로 기도해도 하나님의 응답을 기대하지 않는 것이 좋다. 어차피 하나님으로부터 아무것도 얻어낼 수 없기 때문이다.

> 너희는 이 세대를 본받지 말고 오직 마음을 새롭게 함으로 변화를 받아 하나님의 선하시고 기뻐하시고 온전하신 뜻이 무엇인지 분별하도록 하라(롬12:2)

> 오직 성령의 열매는 사랑과 희락과 화평과 오래 참음과 자비와 양선과 충성과 온유와 절제니 이같은 것을 금지할 법이 없느니라(갈5:22~23)

> 모든 사람과 더불어 화평함과 거룩함을 따르라 이것이 없이는 아무도 주를 보지 못하리라(히12:14)

당신이 기도하면서 성령이 주시는 깨달음이 없고, 완악하며 자기중심적이고 고집스러운 자신의 마음을 회개하고 고치려 하지 않는다면 하나님으로부터 아무것도 기대하지 않는 것이 좋다. 왜냐하면 그러한 마음이 바로 하나님이 가장 싫어하는 죄이기 때문이다.

2.
오늘도 기도할 수 있는 게 기쁘지 아니한가?

충주의 한적한 시골에 들어온 이후부터 신문을 보지 않지만, 세상 돌아가는 모습을 등한시할 수 없어 시간을 조금 내어 인터넷 기사를 검색한다. 기사라는 게 늘 그렇듯이, 사람들이 관심 있는 분야를 집중적으로 취재해서 전면에 올려놓는다. 오늘도 어떤 부모가 딸을 학대해서 그 딸이 집에서 탈출했다는 사건을 접하고 사람들이 분노에 가득 차서 아우성을 질러댔다는 소식이 가장 앞에 있었고, 국회의원들이 자신들의 몫을 더 많이 챙기기 위해 서로 싸우고 있다는 소식과 함께, 앞으로는 제도적인 불황의 늪이 가속될 거라는 내용이 뒤를 이었다. 이런 소식은 어제 오늘의 얘기가 아니다. 그러나 오늘도 어김없이 이런 우울하고 절망적인 이야기로 도배되어 있고, 내일도 어김없이 이런 소식으로 채워질 것이다.

그래서 당신은 어떤 태도로 세상을 살아가고 있는가? 솔직히 말해 보자. 거대한 세상에서 표류하고 있는 개인은 거대한 사회제도와 금융, 자연환경 속에서 한없이 무력한 존재다. 필자가 이런 얘기를 하면 목회자가 즐겨 쓰는 종교적인 수사(修辭)쯤으로 여길지도 모르겠다. 그렇게 생각하든지 아니든지 간에, 당신이 할 수 있는 일이 별로 없다는 필자의 주장에 얼마나 동의하는가? 아직 나이가 새파란 젊은이는 힘과 용기를 내어 세상을 바꾸고자 하는 열망도 있을 것이다. 그러나 오십 고개를 넘어선 이들이라면, 자신이 할 수 있는 일이 별로 없을 거라는 필자의 주장에 마지못해 동의하게 될 것이다. 그 나이쯤 되면, 세상을 바꿀 수 있다고 생각한다는 게 얼마나 교만하고 터무니없는 생각인지도 깨닫게 된다. 필자가 세상사를 자조적으로 여기거나 염세적으로 생각하는 게 아니다. 육십을 한참 넘어선 나이가 되자, 지금까지 살아왔던 세상이 점점 구체적으로 보이기 시작했다.

당신이 선택할 수 있는 게 별로 없다. 지금까지 살아온 모습대로 앞으로도 희망고문식의 삶의 방식을 반복하며 살아가든지, 아니면 자포자기하며 손을 내려뜨리고 몽롱하게 술에 취해 살아가야 할 것이다. 그러나 당신이 크리스천이라면, 이 2가지 방식은 하나님께서 원하는 삶의 방식이 아니라는 걸 알 것이다. 성경은 당신이 아무것도 할 수 없는 흙먼지에서 나왔음을 알려 주고 있으며, 해가 뜨면 자취도 없이 사라지는 안개와 같은 무력한 존재일 뿐이라고 말하고 있다. 그렇다면 당신은 전지전능하신 하나님의 보호하심과 인도하심을 바라고 살아야 한다. 그렇다면 철저히 하나님의 뜻을 깨달아 순종하는 삶을 실행에 옮겨야 할 것이다. 하나님은 자신의 명령에 순종하는 자녀들에게만 존재감을 드러내시고, 전지전능한 능력으로 인도해 주실 것을 약속하셨기 때문이다.

그러나 대부분의 크리스천들은 이 사실을 머리로만 알고 있고, 가슴으로 받아들이지 않기 때문에 하나님과 깊고 친밀한 교제의 삶을 실행에 옮길 생각이 없다. 그러고는 보험에 들듯이 일주일에 1번, 1시간짜리 예배의식에 참석하여 지폐 몇 장을 던져주는 것으로 만족하고 있다. 그리고 나머지 시간을 자신이 원하는 삶의 방식대로 탐욕과 방탕을 추구하며 살아가고 있다. 그러나 소수의 사람들은 자신이 한없이 무력한 먼지임을 절실하게 깨닫고, 하나님의 도우심과 인도하심을 간절하게 바라고 있다. 그렇다면 당신이 무엇을 해야 할 것인가? 사실 당신이 할 수 있는 것은 별로 없다. 수천 번의 예배의식에 참석하고 뼈가 부서지도록 교회 봉사를 했다고 할지라도, 그걸 의롭다고 하나님께 내세울 수 없다. 그렇게 할 수 있는 능력을 하나님이 주시지 않았으면 턱도 없는 노릇이기 때문이다. 십일조로 교회에 드린 돈이 얼마이며 교회신축헌금으로 엄청난 돈을 드렸다고? 그러나 성경은 당신의 돈은 당신의 소유가 아니라 하나님의 것이라고 말하고 있다. 그러니까 하나님의 돈을 가지고 자기 것처럼 사용했다면 하나님 앞에 가증할 뿐이다.

다시 강조해서 말하자면, 당신이 할 수 있는 것은 아무것도 없다. 당신은 무능하고 무력한 먼지이기 때문이다. 당신이 할 수 있는 일을 찾으라면 그것은 오직 하나, 기도하는 것이다. 하나님께 당신의 탐욕을 채우는 무엇을 달라고 구걸하는 기도가 아니라, 자신이 한없이 부족하고 연약한 존재임을 깨닫고 하나님의 백성으로 불러주신 것을 감사하고 찬양하며 그분의 이름을 부르고 그 얼굴을 구하는 기도를 해야 한다. 당신이 이 기도를 할 때만, 비로소 당신의 정체성이 드러나고 존재 이유가 분명해지는 것이다.

그러므로 당신이 기도할 수 있다는 게 축복이다. 기도할 때만 당신이 하나님의 백성임을 증명할 수 있으며, 기도를 통해 악한 영이 지배하는 세상에서 평안하고 형통하게 살 수 있는 길이 열리기 때문이다. 그러나 당신이 기도하지 않는다면 하나님과 사귐이 없다는 증거이며, 의무적으로 기도하고 마지못해서 기도하고 있다면 아직도 당신의 무지와 무능함을 깨닫지 못하고 있는 것이다. 그런 사람들에게 필자는 할 말이 별로 없다. 세상살이가 얼마나 힘들고 어려운지 깨닫는다면, 기도할 수 있다는 게 얼마나 행운인지 알게 될 것이다. 그러나 여전히 자신의 힘이나 능력으로 살 수 있다고 생각한다면 기도할 필요가 없다. 철저하게 자신의 무능과 무기력함을 깨닫는 자들만이 죽기 살기로 기도할 수 있기 때문이다.

많은 크리스천들이 규칙적으로 기도를 하지 않고 있다. 이들은 하나님과 아무런 상관이 없는 사람들이므로, 천국에 들어갈 자격이 없으며 고단하고 팍팍한 삶을 스스로 선택한 것과 진배없다. 기도하고 있다고 생각하는 사람들조차도, 쉬지 않는 기도로써 성령과 깊고 친밀한 교제를 나누지 않는다면 무늬만 크리스천인 사람들과 다르지 않다. 그래서 신앙의 연륜이 묵직하고 교회직분이 높은 이들도 삶에 힘이 없고 기도에 능력이 없는 것이다. 오늘 아침, 당신이 졸린 눈을 비비고 일어나 기도자리에 앉아 하나님을 전심으로 부르고 있다면 당신은 행운아다. 기도할 수 있다는 것은 가슴 설레게 기쁘고 즐거운 일이다. 기도하고 있는 당신에게, 평안하고 형통한 삶은 물론 천국의 상급이 보장되어 있기 때문이다. 그러므로 기도하는 시간이 되면 즐거워하기 바란다.

3.
기도의 습관이 천국으로 이끈다

크리스천치고 기도를 하지 않는 사람은 없을 것이다. 그러나 날마다 규칙적으로 기도하는 사람은 드물다. 그리고 규칙적으로 기도하지 않는 것에 대해 심각하게 우려하는 사람도 드물다. 나름대로 가끔씩 기도하고 있으며, 시간이 허락되면 열심히 기도할 생각을 가지고 있기 때문에 그다지 큰 문제가 아니라고 생각하고 있다. 이들은 기도를 열심히 하지 않는 것이 천국 가는 것과 별로 상관이 없으며, 이 땅에서 하나님의 축복을 받아 형통하게 사는 것과도 밀접한 관계가 없을 거라고 여긴다. 그렇게 생각하는 이유는, 기도가 교회에서 강조하는 희생적인 신앙행위의 목록에서 멀찌감치 떨어져 있기 때문이다. 이미 영접기도를 하였으며 주일성수를 잘하고 있다면 천국 가는 것은 문제가 없고, 교회봉사를 열심히 하고 있기 때문에 기도가 조금 부족하더라도 하나님이 이해해 주실 거라고 믿고 있는 듯하다. 사실 기도는 모든 크리스천들에게 뜨거운 감자이다. 그래서 목회자들도 기도를 강조하기는 하지만, 워낙 바쁘게 사는 교인들의 처지를 모르쇠 하고 들볶으면 그들이 싫어할 게 분명하기 때문에 설교의 후렴구로 집어넣는 것에 그치고 있다. 그러나 기도를 강조하지 않는 이면에는 열심히 기도해도 응답을 경험하지 못하는 상황이 깔려 있다. 이것이 우리네 교인들이 안고 있는 딜레마이다.

또한 기도하라는 목회자의 권면도 성경에서 말하는 명령이 아니라, 새벽기도나 작정기도 등 기도에 대한 우리네 교회의 관행을 이어 붙이는 것에 불과하다. 왜 목회자들이 목숨을 걸고 기도하라고 강조하지 않냐면, 실상 그들조차도 기도의 중요성을 실감하지 못하며, 응답을 경험하는 일 또한 드물기 때문이다. 그래서 바쁜 교인들에게 꼭두새벽에 일어나 교회에 와서 새벽기도를 하라고 강요하기도 쉽지 않은 일이기에 구렁이 담 넘어가듯 넘어가고 있다.

그러나 기도에 대한 하나님의 뜻은 분명하다. 예수님은 깨어서 항상 기도하라고 하셨고, 사도 바울은 쉬지 말고 기도하라고 하였으며, 사무엘은 기도를 쉬는 게 죄라고까지 말했다. 또한 기도의 내용도 작금의 우리네 교회가 관행처럼 하는, 자신의 욕망을 채우는 '주세요 주세요'의 기도가 아니라, 하나님의 나라와 의를 구하는 기도이고 하나님을 간절히 찾고 그 얼굴을 구하는 기도이다. 그러므로 우리네 교인들은 기도의 내용과 기도의 자세 모두 하나님의 뜻에 어긋나게 신앙생활을 하고 있는 셈이다. 그러면서 자신들이 얼마나 위태로운지 모르고 있다.

예수님은 성령으로 다시 태어나지 않으면 천국에 들어갈 수 없다고 단호하게 말씀하셨다. 이것은 성령의 사람이 되어야 한다는 뜻이며, 기도의 사람으로 살아가야 한다는 의미이다. 그렇다면 지금의 기도의 태도를 가지고는 천국에 들어갈 사람이 아무도 없을 것이 분명하다. 그래서 교회는 열심히 다니지만, 성령이 내주하는 증거나 열매가 없고 기도의 응답도 경험하며 살지 못하는 것이다. 그러나 문제는 여기에만 있지 않다. 적지 않은 크리스천들이 한때는 기도를 열심히 하며 살았지만, 지금은 기도를 하지 않고 있다는 것이다. 그 이유는 여러 가지일 것이다. 그러나 가장 큰 이유는 일상의 삶에서 기도하는 습관을 들이지 않았기 때문이다.

> 예수께서 나가사 습관을 따라 감람 산에 가시매 제자들도 따라 갔더니(눅22:39)

> 새벽 아직도 밝기 전에 예수께서 일어나 나가 한적한 곳으로 가사 거기서 기도하시더니(막1:35)

> 예수는 물러가사 한적한 곳에서 기도하시니라(눅5:16)

기도의 습관을 들이신 대표적인 분이 바로 예수님이시다. 예수님은 기도의 습관을 들여서 틈만 나면 사람들을 피해 한적한 곳에 가서 기도하셨다. 예수님은 거처할 장소가 없어 광야에서 쉬기도 하시고 기도도 하셨다. 그리고 예수님 주변에는 항상 수많은 사람들이 따라다녔기에, 혼자 있을 시간을 내기도 힘들고 조용한 장소를 찾기도 어려우셨을 것이다. 그런데 기도할 곳이 없어 기도를 못한다거나 기도할 시간이 없어 기도하지 못한다고 변명을 하는 게 말이 되겠는가? 규칙적으로 기도하는 습관을 들이지 못한 이유는 의지가 약한 탓만은 아니다. 많은 이들이 새벽기도회에 나가고 있지만, 특정장소에서 기도하는 습관은 좋은 습관이 아니다. 특정장소를 고집한다면 쉬지 않고 기도하는 습관을 들일 수 없기 때문이다. 방해받지 않는 장소이면서 가장 많은 시간을 보내는 곳이 바로 집이다. 그러므로 집에서 기도하는 습관을 들여야 한다. 그러나 우리네 교회에서는 교회중심의 신앙생활을 강조하기 때문에 기도조차도 교회에 나와서 해야 한다고 가르치고 있다. 이런 나쁜 가르침 때문에 쉬지 않고 기도하는 습관을 들이지 못하고 있다. 또한 기도하는 내용도 성경적이 아니기 때문에 하나님과 동행하는 삶을 누리지 못하고 있다. 기도는 하나님으로부터 무엇을 뜯어내는 수단이 아니라, 그분과 깊고 친밀하게 교제하는 통로이다. 그러므로 하나님이 가장 기뻐하시는 기도는 무시로 하나님의 이름을 부르고 간절히 찾는 기도이다. 그런 기도를 일상의 삶에서 쉬지 않고 하는 습관을 들이는 것이 성경적인 기도이다.

　이처럼 많은 이들이 기도의 습관을 들이지 못하는 이유는 성경적인 기도를 하지 않기 때문이다. 하나님이 기뻐하시는 기도를 했다면, 놀라운 능력과 기도응답은 물론 평안과 기쁨이 넘쳐나는 은혜를 경험하기 때문에 다시는 놓치고 싶지 않을 것이다. 그러나 자기만족과 자기 의를 드러내는 기도습관뿐이라면, 기도가 아니라 고단하고 팍팍한 노동일 수밖에 없다. 그래서 시간이 지나면 슬그머니 꼬리를 내리는 것이다. 한때는 능력 있는 기도로써 하나님의 은혜를 경험하고 성령충만한 기쁨을 누렸던 사람들이 기도를 쉬고 있는 이유는, 성령과 깊고 친밀한 기도의 습관을 들이지 않았기 때문이다. 기도를 쉬는 것은 영혼이 죽어 있다는 증거이다. 영혼이 죽어 있기 때문에 기쁨과 평안을 잃고 고단하고 팍팍하게 살아가는 것이다. 이들의 종착역은 지옥의 불길이다. 그렇기에 세상에서 가장 불쌍한 사람이 신앙생활을 열심히 하고 기도도 열정적으로 했지만, 하나님으로부터 버림받은 사람일 것이다. 그 사람이 바로 성령과 교제하는 기도의 습관을 들이지 못한 사람이다. 그 사람이 당신이 아니기를 바랄 뿐이다.

나는 이렇게 기도해서 하나님을 만났다

4.
기도하는 게 힘들다는 이들만 보라

대부분의 우리네 교인들은 규칙적으로 기도하지 않는다. 필자의 진단이 의문스럽다면, 새벽기도회에 나가 보라. 교인의 몇 퍼센트가 나와서 기도하는가? 물론 교회에 나가지 않고 집이나 다른 장소에서 기도할 수도 있다. 그러나 그런 사람들은 모래밭에서 바늘을 찾는 격으로 희귀하다. 왜냐면 우리네 교회에서 가르치는 기도는 죄다 새벽기도회에 나와서 기도하는 것이 기본이고, 교회에서 시행하는 기도회에 참석하여 기도하는 것이기 때문이다. 그러므로 새벽기도회에 나오는 이들이 기도하는 이들이라고 보면 틀림없을 것이다. 그렇다면 이런 사람들이 얼마나 될까? 장로나 몇몇 교회 중직자, 그리고 새벽잠이 없는 늙수그레한 권사 등이 자리를 차지하고 있을 것이다. 그러나 교회가 늙어감에 따라 이 숫자도 확연하게 줄어들었다. 왜 그런지 아는가? 기도해도 응답이 없기 때문이다. 그렇다면 왜 응답이 없는지 아는가? 그들의 기도는 자신의 유익을 구하고 삶의 문제를 해결해 달라는 요청일 뿐, 하나님의 얼굴을 구하고 그 뜻을 구하는 기도가 아니었기 때문이다. 그래서 희생의 강도를 더해서 작정기도를 하고 금식기도를 한다고 할지라도 달라지는 게 없는 것이다.

그러나 영성학교는 성령과 깊고 친밀하게 기도하는 것을 훈련시키는 곳이다. 즉 영성학교에서 가르치고 훈련시키는 기도는 성령을 안에 모시고 교제하는 기도이다. 하나님은 우리와 하루 종일 같이 지내고 싶어 하신다. 그러나 자신을 뜨겁게 사랑하는 사람, 간절히 사모하는 사람과 같이 있고 싶어 하신다. 그래서 쉬지 말고 기도하라, 전심으로 기도하라, 항상 깨어서 기도하라고 명령하신 것이다. 그래서 하나님을 뜨겁게 사랑하는 마음을 읽으셨을 때, 우리 안에 들어오셔서 교제하시며 통치하셔서 하나님의 나라를 이루기를 원하시는 것이다. 그래서 영성학교는 쉬지 않고 전심으로 하나님의 이름을 부르면서, 성령께서 우리 안에 오시기를 간절히 사모하며 기도하는 것을 훈련하고 있다. 그래서 필자는 아침에 1시간 이상, 잠자리에 들기 전 1시간 이상, 그리고 낮에도 틈만 나면 기도해야 한다고 말하고 있다. 그래서 이 기도를 실천하려면, 적어도 하루에 3시간 이상 기도해야 한다. 그것도 설렁설렁 기도하는 것이 아니라 몸에 힘을 주면서 간절하게 기도해야 한다. 그래서 수많은 사람들이 이 기도를 시작했다가 중도에 포기하고 떠나버렸다. 굳이 이렇게 기도해야 하나님이 오시냐면서, 불평과 원망 가득 찬 눈초리로 필자를 쳐다보곤 뒤도 돌아보지 않고 떠나갔다. 물론 하나님은 우리의 마음을 불꽃 같은 눈동자로 살펴보는 분이시다. 그래서 하루에 몇 시간을 기도했는지, 어떤 자세로 기도했는지를 보시는 분은 아니다. 그러나 쉬지 않고 기도하고, 전심으로 기도하는 마음을 보이지 않는다면 절대로 들어오시는 분도 아니다. 그래서 영성학교에서 요구하는 기도에 순종하려면 내 삶이나 내 생활은 없다고 보아야 할 것이다. 생계비를 버는 경제활동, 최소한도로 가정을 챙기고 자녀들을 돌보는 것을 제외하고는 하루 종일 기도하고 말씀을 읽어야 할 것이다. 직장을 다니거나 자영업을 하는 사람들에게도 자신의 직업에 성실하게 임하되 그 이상은 하지 말라고 요구한다. 그러나 이런 필자의 요구는 사회에서 말하는 기준과 다르다. 직장생활이나 자영업을 해 보신 분들은 잘 아시겠지만, 최선을 다해서 그 일에 목숨을 걸어도 쉽지 않은 판에 겨우 성실하게 하는 정도만 한다면, 직장에서 해고되거나 사업이 망하게 될 것이 불 보듯 뻔한 일이 아니겠는가? 그래서 말인데, 최선을 다해서 일하면 하는 일이 잘 되며 먹고 사는 게 전혀 걱정 없게 되는가? 멀리 볼 것도 없다. 우리네 조상들과 부모 세대를 보라. 조선시대에는 굶어 죽는 이들이 허다하였고, 서구 문명이 들어오기 시작했던 구한말 시대에도 사정이 다르지 않았다. 그렇다면 우리네 조상들이 열심히 일하지 않아서인가? 아니다. 아무리 뼈 빠지게 일해도 충분히 먹고 살 수 있는 환경이 아니었기 때문이다. 우리네 부모들도 가난한 삶에서 벗어나 보고자 평생 열심히 일해서 자녀들을 가르치지 않았던가? 그런 환경과 상황에서는 열심히 일하는 것은 기본이고, 열심히 일하지 않으면 입에 풀칠하기도 힘들었기 때문이다. 열심히 최선을 다해서 일한다고 해서 넉넉하고 형통한 삶이 보장되지 않는다. 그래서 우리가 기도에 목숨을 걸어야 하는 것이다.

그러므로 염려하여 이르기를 무엇을 먹을까 무엇을 마실까 무엇을 입을까 하지 말라 이는 다 이방인들이 구하는 것이라 너희 하늘 아버지께서 이 모든 것이 너희에게 있어야 할 줄을 아시느니라 그런즉 너희는 먼저 그의 나라와 그의 의를 구하라 그리하면 이 모든 것을 너희에게 더하시리라 그러므로 내일 일을 위하여

염려하지 말라 내일 일은 내일이 염려할 것이요 한 날의 괴로움은 그 날로 족하니라(마6:31~34)

또 네 소와 양이 번성하며 네 은금이 증식되며 네 소유가 다 풍부하게 될 때에 네 마음이 교만하여 네 하나님 여호와를 잊어버릴까 염려하노라 여호와는 너를 애굽 땅 종 되었던 집에서 이끌어 내시고 너를 인도하여 그 광대하고 위험한 광야 곧 불뱀과 전갈이 있고 물이 없는 간조한 땅을 지나게 하셨으며 또 너를 위하여 단단한 반석에서 물을 내셨으며 네 조상들도 알지 못하던 만나를 광야에서 네게 먹이셨나니 이는 다 너를 낮추시며 너를 시험하사 마침내 네게 복을 주려 하심이었느니라 그러나 네가 마음에 이르기를 내 능력과 내 손의 힘으로 내가 이 재물을 얻었다 말할 것이라 네 하나님 여호와를 기억하라 그가 네게 재물 얻을 능력을 주셨음이라 이같이 하심은 네 조상들에게 맹세하신 언약을 오늘과 같이 이루려 하심이니라(신8:13~18)

이 말씀들을 보라. 전지전능한 하나님께서 당신이 사랑하는 자녀들에게 재물 얻을 능력을 주셔서 그들의 삶을 풍족하게 해 주시고 넉넉하게 살게 해 주신다고 약속하시지 않았는가? 이 말씀이 진리이신 하나님의 약속이라고 믿는가? 그렇다면 하나님의 사랑을 입는 자녀가 되고자 무진 애를 써야 하지 않겠는가?

나를 사랑하는 자들이 나의 사랑을 입으며 나를 간절히 찾는 자

가 나를 만날 것이니라(잠8:17)

　당신이 하나님을 사랑한다면 당연히 하나님의 사랑을 받는 자녀가 될 것이며, 이를 위해 당신은 하루 종일 간절히 하나님을 찾는 기도의 습관을 들여야 할 것이다. 예전에 성령께서 필자에게 이렇게 말씀하셨다. "기도하는 게 힘들지만, 네 힘으로 사는 것은 더 힘들다." 이 말씀을 곱씹어 보시기 바란다.

5.
천국은 좁은 문이다

당신이 3분짜리 영접기도를 마치고 교회를 오가며 주일성수를 하는 것으로 구원이 확정되었다고 믿는 것은 자유다. 그러나 신앙의 연륜이 오래되고 드높은 교회직분을 가지고 있어도 무능하고 무기력한 신앙생활을 하는 이들이 부지기수이다. 아니, 거의 대부분의 크리스천들은 성경에서 약속한 성령의 능력을 체험하지 못하고 살아간다. 그러나 크게 문제 삼지 않는 분위기이다. 왜냐면 주변을 둘러보아도 대부분 자신과 별반 다름없기 때문이다. 그래서 자신이 틀렸다고 생각하고 고심을 하기보다, 주변에 자신과 비슷한 교인들을 바라보며 안도의 한숨을 쉬고 있다. 어차피 강단에서 쏟아지는 설교들은 지금의 신앙생활이 별문제가 없다는 내용들이며, 성경을 정독해서 읽지 않으니 무엇이 틀렸는지 알수도 없다. 그러므로 적당하게 교회를 오가면서, 돈 버는 일에 매진하고 잘 먹고 즐기며 살면 된다. 그게 대부분의 크리스천들이 가지고 있는 신앙방식일 것이다.

이렇게 성경에서 예수님이 말씀하신 신앙방식과 자신의 신앙방식은 하늘과 땅 차이지만, 아무도 의심하지 않고 이의를 제기하지 않는다. 왜 그런지 아는가? 악한 영들이 종교지도자들과 목회자들의 머리를 타고 앉아 자신의 생각을 넣어 주어 감쪽같이 속이고 있기 때문이다. 평신도라 할지라도 성령 안에서 기도하고 성경을 정독하며 깨달으면 악한 영이 속이는 것들을 알아챌 수 있겠지만, 아무도 그렇게 하지 않는 게 우리가 마주한 암울한 실상이다. 그렇지만 인터넷을 돌아다니다 보면, 작금의 우리네 교회의 문제를 조목조목 짚어가며, 이대로는 천국이 턱도 없을 것이라고 경고하는 이들이 전혀 없는 것도 아니다. 그러나 이들의 경고는 찻잔 속의 폭풍일 뿐이다. 간혹 이들의 말에 귀를 기울이며 이대로는 천국에 들어갈 수 없다고 화들짝 놀라는 이들도 있지만, 정작 어떻게 해야 천국에 들어가는 자격을 얻는지 구체적이고 명확하게 가르치고 훈련시키는 곳이 거의 없다. 그래서 아무리 올바른 처방전을 제시해 주는 곳을 찾아다녀도, 말뿐인 성찬으로 끝나는 곳이 대부분이다.

필자가 이처럼 푸념을 늘어놓는 이유가 무엇인지 아는가? 필자가 사역하는 영성학교는 이 문제를 해결하기 위해 세워진 기관이기 때문이다. 이곳은 다른 교회나 기도원처럼 예배의식을 반복하거나 말 잘하는 강사를 불러들여 떠들썩한 집회를 여는 곳이 아니다. 그렇다고 귀신을 쫓아내거나 고질병을 치유한다고 깜짝쇼를 하는 곳은 더더욱 아니다. 이곳은 성령이 내주하는 기도훈련과 더불어 하나님의 성품을 닮게 하는 코칭을 하는 곳이다. 그동안 우리네 교회나 기독교를 내세우는 기관에서 성령이 내주하는 기도훈련을 시키는 곳은 없었다. 그래서 인터넷에 필자의 카페가 소개되자 수많은 사람들이 관심을 갖고 기웃거렸으며, 충주의 시골에까지 찾아와서 기도훈련을 시작한 사람도 적지 않았다.

그러나 결론부터 말하자면, 훈련의 열매를 맛보지 못하고 중도에 포기하고 돌아가는 이들도 많았으며, 지금도 제대로 할지 자신이 없어서 구경만 하는 이들도 적지 않다. 개중에는 단단히 결심하고 찾아와서 열정적으로 임하는 이들도 있다. 그러나 막상 시작해 보니, 생각은 간절하지만 행동이 따라 주지 않는 이들도 허다하다. 그래서 이래저래 필자의 마음이 착잡한 것도 사실이다.

> 좁은 문으로 들어가라 멸망으로 인도하는 문은 크고 그 길이 넓어 그리로 들어가는 자가 많고 생명으로 인도하는 문은 좁고 길이 협착하여 찾는 자가 적음이라(마7:13~14)

> 어떤 사람이 여짜오되 주여 구원을 받는 자가 적으니이까 그들에게 이르시되 좁은 문으로 들어가기를 힘쓰라 내가 너희에게 이르노니 들어가기를 구하여도 못하는 자가 많으리라(눅13:23~24)

> 천국은 마치 밭에 감추인 보화와 같으니 사람이 이를 발견한 후 숨겨 두고 기뻐하며 돌아가서 자기의 소유를 다 팔아 그 밭을 사느니라 또 천국은 마치 좋은 진주를 구하는 장사와 같으니 극히 값진 진주 하나를 발견하매 가서 자기의 소유를 다 팔아 그 진주를 사느니라(마13:44~46)

그 이유는 무엇일까? 그 이유는 천국 가는 것을 너무 쉽게 생각하기 때문이다. 예수님은 성경 곳곳에서 천국이 무척이나 좁은 문이며, 그곳에 들어가는 사람들은 극히 소수일 것이라고 말씀하고 계시다. 그러나 작금의 우리네 교인들은 예수님의 말씀을 우습게 알며 멸시하기 일쑤이다. 예수님은 자신의 모든 것을 다 바치는 사람이라야 천국에 들어갈 것이라고 말씀하고 계시지만, 사람들은 주일에 1시간짜리 예배의식에 참석해 헌금 바구니에 지폐 몇 장을 넣으면서 천국의 자격을 기정사실화하고 있다. 이렇게 쉽게 천국에 들어갈 수 있다고 생각한다면, 이는 예수님을 거짓말쟁이로 만드는 가증스러운 생각이다.

> 또 무리에게 이르시되 아무든지 나를 따라오려거든 자기를 부인하고 날마다 제 십자가를 지고 나를 따를 것이니라 누구든지 제 목숨을 구원하고자 하면 잃을 것이요 누구든지 나를 위하여 제 목숨을 잃으면 구원하리라(눅9:23~24)

예수님은 천국에 가려면 자신의 계획, 소원, 소망, 목표, 선호하는 것 등을 죄다 쓰레기통에 버리고, 목숨까지도 바치는 각오로 오직 하나님의 뜻만을 좇아 살아야 한다고 말씀하고 계시다. 그러나 작금의 우리네 교회에는 이러한 예수님의 말씀을 귀담아듣는 자들이 아무도 없다. 그래서 주일예배를 마치고 삼삼오오 모여 먹고 마시고 웃으며, 자신들은 천국에 들어가는 데 문제가 없을 거라고 자신하고 있으니 기가 막힌 노릇이다.

> 쉬지 말고 기도하라(살전5:17)

이러므로 너희는 장차 올 이 모든 일을 능히 피하고 인자 앞에 서도록 항상 기도하며 깨어 있으라 하시니라(눅21:36)

모든 기도와 간구를 하되 항상 성령 안에서 기도하고 이를 위하여 깨어 구하기를 항상 힘쓰며 여러 성도를 위하여 구하라(엡 6:18)

당신이 성령 안에서 항상 기도하며, 늘 깨어서 쉬지 않는 기도의 습관을 들이지 않는다면 천국에 들어갈 확률은 단 1%도 없다. 성령께서 언젠가, 하루에 1시간도 기도하지 않는 자들이 나를 어떻게 만나겠느냐며 반문하신 적이 있다. 그러므로 틈만 나면 골방에 들어가 땅으로 난 문을 닫고 하늘로 난 문을 열지 않는다면, 당신의 얼굴을 천국에서 볼일이 결코 없을 것이다.

나는 이렇게 기도해서 하나님을 만났다

제5장

쉬지 말고 전심으로 하나님을 부르라

1.
하나님을 부르는 게 무슨 기도냐고?

   맞다. 그간 우리네 교회의 기도방식에 의하면 하나님을 부르는 건 기도가 아니다. 그래서 필자가 이 기도훈련을 시작했을 때, 식구와 친척을 포함한 많은 사람들로부터 의구심을 샀고 심지어는 조롱과 멸시를 받기도 했다. 왜냐하면 수십 년간 신앙생활을 하면서 이런 기도를 하는 사람을 본 적도 없고, 이런 기도를 가르치는 교회를 본 적도 없었기 때문이다. 대부분의 사람들은 자신들이 가지고 있는 지식과 경험을 토대로 판단한다. 그러므로 자신이 평생 경험하지 못한 것에 대해서는 부정적인 시선을 가지게 마련이다. 특히 신앙에 관련된 것은 두말할 나위가 없다. 그런 연유로 평생 듣지도, 보지도 못한 기도방식에 대해 부정적인 생각을 가지는 것은 당연한 일이다.

   필자가 이 기도를 시작하게 된 이유는 그동안 교회에서 배워왔던 기도로 아무런 응답을 경험하지 못했기 때문이다. 필자는 평신도 20여 년 동안 기도를 포함해서, 교회에서 가르쳐 주는 신앙방식을 열정적으로 따라 했지만 아무런 능력을 경험하지 못했다. 그래서 사업에 실패하고 걷잡을 수 없이 떠내려가다가, 다시 회심하고 나서 그동안 교회에서 배운 신앙방식을 죄다 쓰레기통에 집어넣었던 것이다. 그러고는 성경을 샅샅이 훑어 내려가기 시작했다.

아시다시피, 하나님을 만나는 신앙방식은 기도와 말씀이다. 그러므로 필자는 이 2가지 방식을 통해 진짜 하나님을 만나고 싶었다. 교회에서 가르치는 기도의 방식은 내용이 아니라 형식이다. 기도하는 장소와 시간을 정해 놓거나 기도하는 기간을 작정하거나 헌금을 가져오거나 금식하면서 기도하는 등의 형식만을 가르친다. 그러나 이것은 성경에서 말하는 기도방식이 아니다. 성경은 새벽에만 기도하라고 하지 않고 하루 종일 쉬지 않고 기도하라고 명령하고 있으며, 교회나 기도원 등의 특정 장소에서 기도하라고 하지 않고 어디서나 기도하라고 가르치고 있으며, 특히 방해받지 않고 기도하는 장소인 골방을 선호하고 있다. 우리네 교회에서의 기도방식은 성경에서 가르치는 방식이 아니라는 것을 그때 비로소 알게 되었다. 항상 쉬지 않고 기도하려면 시간과 장소에 상관없이 기도해야 하기 때문이다.

필자는 무엇을 기도해야 하는지에 대해서도 성경을 샅샅이 뒤지며 찾았다. 우리는 기도하자마자 당연히 하나님이 들으신다고 믿고 있다. 그 생각이 옳다면 필자의 20여 년의 기도는 왜 응답이 없었을까? 라는 생각에, 기도자리에 앉으면 죄다 하나님이 들으시는지에 대해서도 의심을 가지고 성경을 살펴보았다. 그랬더니 희한한 말씀들이 눈에 들어오기 시작했다. 그 내용은 하나님의 이름을 부르라는 권면이었다. 성경을 살펴보면 하나님의 이름을 부르라, 그를 간절히 찾으라, 하나님의 얼굴을 구하고 찾으라는 말씀이 수도 없이 나온다. 아니, 우리가 기도자리에 앉자마자 하나님이 기도를 들으신다면, 굳이 하나님을 찾고 부르라고 할 리가 무에 있겠는가? 이미 우리 안에 오셔서 기도를 듣고 계시는데, 왜 하나님의 이름을 부르라고 권면하시겠는가? 그 말씀은 하나님이 우리 안에 계시지 않다는 반증이 아닌가? 안 계시기 때문에 하나님을 간절히 불러서 우리 안에 모셔 들여야 하는 것일 거다. 그러나 우리네 교회는 3분짜리 영접기도를 하면 성령이 쏜살처럼 들어오신다고 가르치고 있으니, 필자의 주장에 콧방귀도 뀌지 않을 것이다.

어쨌든 그간 20여 년의 평신도 시절 필자의 삶에 성령이 계시다고 인정할 수 없었기에, 필자는 하나님을 부르는 기도를 시작했다. 그것도 성경말씀대로, 틈만 나면 쉬지 않고 전심으로 하나님을 부르기 시작했다. 그러나 성경에 기록된 방식대로 기도를 하는 게 전부가 아니다. 여러분이 알고 싶어 하는 것은 하나님을 부르는 기도를 통해서 하나님을 만나고 동행하는 삶을 살고 있냐는 증거일 것이다. 필자가 하나님을 부르는 기도를 시작해서 25년의 세월이 지났다. 그러므로 여러분도 이 기도의 증거를 찾아낼 수 있다.

하나님을 만나고 동행하는 성경의 증거는 무엇인가? 하나님의 말씀을 들어서 그 뜻을 깨닫고 성령의 인도하심을 받아 사는 것일 게다. 하나님의 말씀을 듣는 통로는 깨달음과 영음, 환상과 꿈이다. 필자는 이 4가지를 통해서 하나님과 교제를 하고 있다. 그렇다면 하나님과 동행하는 증거가 무엇인가? 그것은 놀라운 기적과 이적으로 귀신을 쫓아내고 고질병을 치유하며, 영혼들을 사탄의 권세에서 하나님의 나라로 인도하는 증인의 삶을 사는 것이다. 하나님과 동행하는 사람들의 영혼은 평안하고 기쁨이 넘치며, 삶은 자유롭고 형통하다. 하는 일마다 풍성한 열매를 맺으며, 성품이 거룩하게 변화되고 가정이나 직장에서도 따뜻하고 정겨운 관계를 유지하고 있다. 자신에게 있던 고질병이나 정신질환이 치유되는 것은 당연한 일이고, 놀라운 영적 능력으로 기도하는 것마다 신속한 응답을 경험한다. 이러한 현상과 능력, 변화와 열매가 성령과 동행하는 사람들의 증거이다. 그렇다면 필자에게 이런 증거가 있냐고? 필자가 그렇다고 말해도 여러분은 믿기 어려울 것이다. 진위를 확인하고 싶다면 영성학교에 와서 사람들의 팔을 붙들고 확인해 보시기 바란다.

이 모든 것이 25년 전 필자가 시작한 하나님을 부르는 기도를 통해서 이루어졌다. 그러므로 하나님의 부르는 기도가 성경적이고, 이 기도를 통해 하나님과 동행하는 삶을 살 수 있음은 당연한 일이다. 그러므로 그동안 당신이 교회에서 배우고 해온 기도가 아무런 응답도 능력도 없었다면, 그 기도는 하나님이 듣지 않으신 기도였다는 증거이다. 그러므로 지금이라도 성경으로 돌아와서, 하나님을 전심으로 찾고 혹독하게 성령의 임재를 간구하길 바란다. 하나님은 자신을 찾는 자녀의 울부짖음을 결코 외면하시는 분이 아니기 때문이다.

2.
기도에 미치는 게 성경의 방식이다

예수님이 말씀하신 기도의 방식은 깨어서 항상 기도하는 것이었고, 사도 바울은 쉬지 말고 기도하라는 유명한 말씀을 남겼다. 사무엘은 기도를 쉬는 게 죄라고 말할 정도였다. 그러나 그런 기도방식을 실천하는 교회는 없다. 새벽예배에 나와 10~20분 기도하는 것을 목표로 삼은 게 우리네 교회의 민낯이다. 새벽기도에 얼굴을 보이는 이들도 어쩔 수 없이 나와야 하는 교회 중직자들과 아침잠이 없는 권사들이 대부분이다. 대부분의 교인들은 새벽기도는 꿈도 꾸지 못한다. 그래서 교회에서는 특새(특별새벽기도회)를 만들어, 그동안 새벽기도를 못한 죄책감에서 해방시켜 주는 면죄부를 주고 있다. 교묘한 방법으로 헌금을 뜯어내는 이들은 일천번제기도라는 기상천외한 기도방식을 만들어서 기도할 때마다 헌금봉투를 가져오라고 강요하고 있다. 예전에는 기도원에 올라가서 금식을 선포하며 기도하는 것도 유행인 적이 있었지만, 지금은 한물간 모습이다. 사람들이 기도하지 않기 때문이다. 왜 그런지 아는가? 기도의 효과가 없었기 때문이다. 하나님은 믿고 기도하는 것마다 쏜살같이 응답을 내려주실 것처럼 성경에 약속하셨지만, 실제로 그런 행운을 거머쥔 이들을 우리 주변에서 보기 힘들다. 그래서 기도는 신앙의 중노동이 되어버렸다. 그러잖아도 교회에 오기 싫어하는 이들에게 중노동을 강요하는 것이 점점 어려워지고 있다. 그래서 교회에서는 오직 주일성 수를 일관되게 외치는 것으로 가닥을 잡고, 별 효과가 없는 기도회는 슬 그머니 꼬리를 내리고 있는 실정이다.

왜 우리네 교회에서 성경의 약속과 신앙의 괴리감이 점점 벌어지고 있 는가? 그 이유를 아는 것이 어렵지 않다. 성경대로 가르치고 행하지 않 기 때문이다. 필자가 지금 말하려고 하는 기도의 방식도 그렇다. 성경의 기도방식은 간단하다. 쉬지 않고 기도하는 것이다. 그러나 이런 기도방 식을 가르치는 교회는 없다. 처음부터 뜨악해서 시도할 엄두조차 내지 않는다. 믿음은 자신의 생각과 지식, 경험을 내려놓고, 오직 전지전능한 하나님을 믿고 그분의 말씀을 믿는 것 아닌가? 그런데 믿음이 없다 보니 하나님의 명령을 시도할 생각조차 없다.

알다시피 믿음의 조상은 아브라함이다. 그는 100세에 낳은 아들을 죽 여 번제로 드리라는 하나님의 명령에 마음의 미동조차 없었다. 그러고 는 지체 없이 아들과 번제 드릴 재목을 싣고 이틀 길을 걸어 모리아산으 로 갔다. 이틀 길을 가는 동안 그의 마음의 상태가 어떠했는지 짐작이 가지만 성경에는 아무런 말도 없다. 그는 어처구니없는 하나님의 명령 에 전혀 자신의 생각을 드러내지 않고 그대로 순종한다. 그래서 아브라 함은 하나님으로부터 친구라는 명예로운 칭호를 얻고, 믿음의 조상으로 우리에게 알려진 인물이 된 것이다. 어디 아브라함뿐인가? 사도들도 예 수님의 말 한마디에 모든 것을 내팽개치고 따라나섰다. 가족과 사업장,

부모와 고향을 미련 없이 버려두고 예수님을 따라나섰다. 당신 같으면 그렇게 하겠는가? 아마 정신이 나가지 않은 이상 하지 못했을 것이다. 그렇다. 아브라함이나 사도들은 하나같이 정신이 나간 사람들이었다. 그들이 합리적이고 이성적으로 생각했다면, 하나님의 명령과 예수님의 권면을 받아들이지 않았을 것이다. 말하자면 그들은 하나님께 미친 사람들이었다.

성경에서 명령한 기도방식은 쉬지 않고 기도하라는 것이다. 그러나 우리네 교회에서는 아무도 그런 기도를 시도할 생각이 없다. 왜 그런지 아는가? 자신의 생각으로 도저히 할 수 없다고 여기기 때문이다. 필자가 25년 전에 기도를 시작할 때도 그런 생각이 들었다. 대학시절부터 열정적으로 행한 신앙생활의 결과가 끔찍한 실패임을 받아들이고, 다시 10여 년을 하염없이 떠내려가고 나서, 하나님께 마지막으로 한 번만 더 기회를 달라고 애걸복걸하면서 다시 마음을 고쳐 잡았다. 그러고는 그동안 교회에서 배운 신앙방식을 쓰레기통에 처넣고 성경을 이 잡듯이 뒤졌다. 그때 발견한 것이 바로 하나님을 전심으로 쉬지 않고 부르는 기도방식이었다. 전심으로 하나님을 부르는 것은 이해가 되었지만, 쉬지 않고 기도하는 것은 도저히 납득이 되지 않았다. 그러나 성경에 납득이 되지 않는 일들이 어디 한두 개인가? 당시 필자는 찬밥 뜨거운 밥 가릴 처지가 되지 않았다. 그래서 무작정 시도하기로 했다. 필자의 생각으로는 쉬지 않는 기도의 빈도를 가늠할 수 없었지만, 그냥 할 수 있는 대로 최선을 다해 보기로 했다. 그래서 아침과 밤에 방해받지 않는 기도시간을 내는 것은 물론이고, 낮에도 틈만 나면 하나님을 불렀다. 그렇게 10여 년이 지나서 성령으로부터 구체적인 사역의 지시와 훈련을 받게 되었고, 다시 3년이 지나자 사역이 열려 충주에서 영성학교를 시작하게 되었다.

필자가 적지 않은 세월 동안 기도하면서 쉬지 않고 기도하라는 의미를 알게 된 것은 물론이다. 쉬지 않고 기도하는 것은 말 그대로, 혼자 있을 때면 으레 기도하는 것을 말한다. 필자의 경험에 의하면, 약 2~3년 정도 기도를 하다 보면 기도습관이 붙어서 쉬지 않는 기도를 할 수 있게 된다. 기도습관을 들이기 위해서는 입에서 단내 나는 기도의 훈련 과정을 거쳐야 한다. 그러나 처음부터 쉬지 않는 기도를 할 생각이 없는 사람들은 기도의 능력에 대해서도 경험할 수 없을 것이다.

성경에서 쉬지 않는 기도를 요구하는 이유는 악한 영들과의 치열한 영적 전투를 이겨내는 데 필수적이기 때문이다. 악한 영들은 24시간 어느 때든지 우리의 머리를 타고 들어와 자신들의 생각을 넣어 주어 조종하는 공격을 하고 있다. 그러므로 성령이 우리 안에 들어와서 동행하지 않는다면 이들과 싸워 이길 수 없다. 그렇기에 쉬지 않고 항상 하나님을 부르는 기도습관이 필요하다. 그렇지만 필자의 기도방식이 성경적인지 아닌지는 필자의 글만을 읽어 보고 알 수 없는 일일 것이다. 그러므로 성령의 능력이 일어나는지 영성학교 카페의 후기를 찬찬히 읽어 보거나, 영성학교에 와서 훈련에 참여하고 있는 분들의 증언을 들어 보시기 바란다.

결론적으로, 쉬지 않는 기도의 습관을 들이려면 기도에 미쳐야 한다. 제정신을 가지고는 할 수 없다. 기도에 미쳐야 한다. 예수님도 습관을 따라 기도하셨으며, 사도 바울도 끊임없이 기도했다. 그분들이 쉬지 않고 기도하는 습관의 능력을 알고 계셨기에, 성경에 기록하고 우리에게 권면하시는 것이다. 그러나 여전히 하나님의 명령을 진지하게 받아들이지 않고, 자신의 생각으로 걸러내는 인본적인 사람은 하나님의 응답을 기대하지 마시라. 믿음이 없는 사람들에게, 하나님은 자신의 존재감을 드러내는 법이 없으시기 때문이다.

나는 이렇게 기도해서 하나님을 만났다

3.
기도를 타협하지 말라

대다수의 크리스천들이 규칙적인 기도를 하지 않는다. 삶의 우선순위에서 밀려 있기 때문이다. 그러나 주일날 교회에서 드리는 1시간짜리 예배는 빠지지 않는다. 그 이유는 소위 주일성수가 삶의 우선순위의 리더보드에 있기 때문이다. 그렇다면 한번 생각해 보라. 주일에 드리는 1시간짜리 예배의식에 참석하라는 것이 예수님의 명령인가? 아니면 쉬지말고 기도하라는 것이 예수님의 명령인가? 후자가 예수님의 명령이다. 우리네 교회에서는 주일성수를 하지 않으면 지옥으로 떨어질 것같이 호들갑을 떨지만, 실상은 성경에 없는 말이다. 그런데 성경에 수도 없이 나오는 예수님의 명령은 순종하지 않고 성경에는 없지만, 교회에서 관용적으로 시행하는 것을 목숨 걸고 지켜야 하는 우리네 교회의 현실이 기이하기만 하다. 그렇다고 필자가 예배의식이 필요 없다고 말하는 것은 아니다. 성경에 있는 예수님의 명령을 지키는 것보다 교회의 관행을 더 우위에 두는 우리네 교회의 모습이 기이하다고 말하는 것뿐이다.

그렇다면 왜 크리스천들이 규칙적인 기도를 하지 않는 것일까? 그것은 교회에서 기도를 잘못 가르치기 때문이다. 우리네 교회는 종교행사와 신앙행위를 죄다 교회에 와서 하라고 가르치고 있다. 그래서 새벽기도회를 비롯한 각종 기도회를 만들어 교회에 와서 기도하라고 가르치고 있다. 그러나 교회가 집 바로 옆에 붙어 있는 사람이 아니라면, 교회에 가서 기도하기 위해 시간을 들이고 외모에도 신경 써야 한다. 또한 새벽기도회는 오전 4시 30분에서 5시 사이에 열린다. 그러면 4시에서 5시 사이에 일어나야 하는데, 이렇게 일찍 일어나는 사람은 드물다. 그래서 대부분의 사람들은 새벽기도회에 가는 것을 꿈도 꾸지 못한다. 또한 각종 기도회도 주중에 시간을 내서 참석해야 한다. 직장에 다니거나 자영업을 하는 대부분의 사람들은 주중에 시간 내는 것도 어려운 일이다. 그래서 규칙적인 기도의 습관을 들이지 못하고 있다. 그러나 성경은 시간과 장소에 상관없이 기도하라고 말씀하고 있다. 예수님은 습관을 들여 조용한 광야를 찾아가 기도하셨다. 이른 새벽에도 기도하셨고 밤을 새워가며 기도하셨다. 베드로는 하루 3번 정해 놓고 기도했는데, 이는 하루 종일 기도하는 것을 뜻한다. 또한 사도 바울은 쉬지 말고 기도하라고 권면하고 있다. 그렇다면 교회에서만 기도하라는 것이 가능한 말인가? 그러므로 자신이 어디에 있든 기도할 수 있도록 해야 한다. 그렇다면 가장 좋은 곳이 바로 가정이다. 대부분의 사람들이 가정에서 가장 많은 시간을 보내고, 그다음이 직장이나 사업장일 것이다. 그렇다면 틈나는 대로 그곳에서 기도하는 습관을 들이면 된다. 그런데 교회 새벽기도회에 나와서 기도하는 습관을 들인다면 쉬지 않고 기도하는 것은 물 건너갔다고 보아야 한다.

실상 새벽기도회에서 기도하는 사람들도 기도시간이 10~20분을 넘기지 못한다. 왜냐면 빨리 돌아가서 출근준비를 하거나 직장, 학교에 가는 식구들을 위해 아침식사를 준비해야 하기 때문이다. 그래서 새벽 일찍 일어나는 것도 힘든데, 기도하는 시간보다 교회를 가기 위해 준비하고 교회를 왕래하는 시간이 더 많이 걸린다. 참 희한한 일이다. 이렇게 껍데기를 치장하느라고 알맹이가 없어도 상관하지 않는 게 우리네 교회의 새벽기도회 모습이다. 그뿐만이 아니다. 사람들이 돈을 벌고 쾌락을 즐기는 데 바빠서 기도할 시간을 못 내고 있다. 아침기도는 무엇보다도 중요하다. 잠자는 동안에 귀신들이 들어와 잠복하고 악한 영향을 끼치기 때문이다. 그래서 아침에 일어나자마자 혹시라도 악한 영의 공격으로 부정적인 마음이 들어차 있다면 즉시 예수 피를 외치며 축출기도를 해야 한다. 그런데 아침에 일어나자마자 출근하기 바쁜 사람들이 대부분이다. 이들이 아침 일찍 일어나 기도하고 나서 출근준비를 하지 못하는 이유는 밤늦게 잠자리에 들기 때문이고, 밤늦게 자는 이유는 친구들과의 모임이나 인터넷, 영화 등 세상 즐거움에 빠져서이다. 이렇게 기도할 시간을 내지 못하는 사람들은 하나님보다 세상을 사랑하고 세상풍조를 따르는 사람인 셈이다. 성경은 돈을 사랑하는 것이 일만 악의 뿌리이며, 세상을 사랑하는 것이 하나님과 원수 되는 것이라고 말하고 있다. 따라서 당신이 아침에 규칙적으로 기도하지 않는 것은 돈과 세상을 사랑하는 증거인 셈이다. 이렇게 하나님보다 세상과 돈을 사랑하면서, 어떻게 천국의 자격을 확신하며 하나님의 도우심으로 이 땅에서의 축복을 기대할 수 있는가? 당신의 무식이 하늘을 찌를 듯하다.

너희는 이웃을 믿지 말며 친구를 의지하지 말며 네 품에 누운 여인에게라도 네 입의 문을 지킬지어다 아들이 아버지를 멸시하며 딸이 어머니를 대적하며 며느리가 시어머니를 대적하리니 사람의 원수가 곧 자기의 집안 사람이리로다(미7:5~6)

필자가 기도훈련을 하면서 늘 깨닫는 것인데, 기도시간을 내면 낼수록 식구들의 방해공작이 집요하다. 아내가 기도하면 남편은 불평불만을 늘어놓기 일쑤이고 자녀들도 엄마의 기도가 늘 못마땅하다. 친구들도 시간을 내지 않는다고 원망하며, 직장동료나 친한 이웃들도 사람이 변했다고 이상한 눈초리로 바라본다. 그뿐만이 아니다. 직장에서도 이방인 취급을 해서 불이익을 받기 십상이고, 자영업을 하는 사람들은 수입의 감소를 감내해야 할 것이다. 이렇게 기도하는 일에 삶의 최우선순위를 두는 사람들은 식구들과 지인들로부터 십자포화를 맞을 각오를 단단히 해야 한다.

내가 세상에 화평을 주려고 온 줄로 아느냐 내가 너희에게 이르노니 아니라 도리어 분쟁하게 하려 함이로라 이 후부터 한 집에 다섯 사람이 있어 분쟁하되 셋이 둘과, 둘이 셋과 하리니 아버지가 아들과, 아들이 아버지와, 어머니가 딸과, 딸이 어머니와, 시어머니가 며느리와, 며느리가 시어머니와 분쟁하리라 하시니라 (눅12:51~53)

기도를 삶의 최우선순위에 두고 기도하려고 하는 사람은 세상과 타협하는 것을 경계하고, 기도를 방해하는 가족들과 원수 될 것을 각오해야 한다. 이웃을 네 몸처럼 사랑하라는 예수님께서 왜 이런 말씀을 하셨을까? 하나님의 자녀가 하나님과 교제하는 것보다 더 중요한 일은 없다. 이를 막는 사람들이 비록 사랑하는 가족이라 할지라도, 하나님보다 더 우선순위에 두어서는 안 되기 때문이다. 하나님보다 더 사랑하는 것이 죄다 우상이라는 것을 잊지 말아야 기도의 습관을 들일 수 있다. 기도의 사람이 곧 성령의 사람이 될 것이며, 성령의 사람에게 천국의 자격이 주어짐은 두말할 나위가 없다.

4.
어떻게 기도할 것인가?

우리는 교회에서 기도를 열심히 해야 한다는 권면을 수도 없이 듣는다. 설교의 마무리나 인생문제의 해결책에도 언제나 기도가 빠지지 않는다. 말하자면 기도가 만병통치약인 셈이다. 그래서 교회마다 수많은 기도회를 열고 있다. 새벽기도회를 비롯해서 저녁기도회, 금요기도회 등등 종류도 많다. 그렇지만 안타깝게도, 어떻게 기도해야 하는지를 제대로 가르쳐 주는 교회는 별로 없다. 그냥 열심히 기도하면 된다는 식이다. 말하자면, 교사가 학생에게 열심히 공부하라는 말만 반복하고, 정작 공부하는 방법을 자세히 가르쳐 주지 않는 경우와 흡사하다. 이 같은 현상은 목회자 자신도 기도방식에 대해 무지하기 때문이 아닌가? 자신도 교회나 신학교에서 배운 게 별로 없어 가르쳐 줄 게 없다는 반증이다. 결론부터 말하자면 하나님의 뜻과 상관없는 기도는 시간 낭비다. 그래서 수많은 기도가 하늘나라에 도달하지 못하고 공중에서 사라지는 것이다.

1) 하나님이 들으시는 기도의 자세

기도는 하나님과의 깊고 친밀한 교제이다. 기도는 하나님으로부터 무언가를 얻어내려고 떼를 쓰는 행위가 아니다. 막무가내로 밀어붙인다고 주어지지도 않을 테지만 말이다. 그러므로 기도를 시작하면 하나님의 이름을 부르고 찬양하며 감사하는 것으로 채워야 한다. 사실 하나님이 기뻐하시고 감동하시면 이미 기도응답이 온 것과 진배없다. 하나님께서 들으시는 기도가 되었다면 더 이상의 기도가 필요 없다. 필자가 하나님이 들으시는 기도를 강조하는 데에는 특별한 사연이 있다. 필자는 아내와 함께 기도 중에 하나님의 사자의 방문을 받았다. 그때로부터 아내에게 예언의 은사가 주어졌다. 하나님의 사자라는 것을 알게 된 것은 자신이 하나님의 사자라고 신분을 밝혔기 때문이다. 처음에는 영음이 아니라 아내의 입을 통해 말소리로 하나님의 뜻을 전달하셨다. 그 이후로 항상 성령으로부터 영음을 듣게 되었는데, 그러다 또다시 하나님의 사자라고 신분을 밝힌 영음이 들려왔다. 그 내용인즉슨, 우리 부부의 기도가 하나님께 상달되었다는 것을 알려 주러 왔다는 것이었다. 그 말을 2번 반복하고 떠나셨다. 필자의 영적 체험에 대해 교회 주변의 부정적이고 마뜩잖은 시선이 적지 않게 존재하며 자칫하면 오해받거나 공격받을 수도 있다는 것을 알면서도 굳이 밝히는 이유는, 성경에 기록된 약속의 말씀이 절대불변의 진리이며 지금도 변함없이 성령의 능력이 임한다는 것을 알리고 싶어서이다. 그래서 하나님을 감동시키는 기도를 원하는 크리스천들에게 필자가 체험한 기도방식을 참고하게 하려는 것이다.

2) 기도란 생각이 아니다

이 무슨 말인가? 기도란 생각이 아니라고? 많은 사람들이 기도를 시작하면 잡념 때문에 기도집중이 되지 않는다고 불평을 토로한다. 그래서 기도훈련이 필요하고 영적 지도자의 조언이 중요하다. 필자도 처음 기도할 때 수많은 잡념에 시달렸다. 특히 침묵기도는 잡념과의 싸움이라고 해도 과언이 아니다. 잡념이 들면 이내 졸음이 쏟아지고 졸다가 보면 기도가 끝나는 수순을 밟는다. 기도에 몰입할 수 없는 이유는 기도가 고도의 정신집중을 요하는 행위라는 것을 간과하기 때문이다. 만약 고3 수학시간에 어려운 미적분 문제를 풀고 있는데 정신집중을 하지 않는다면, 문제 풀이를 이해할 수 없는 것과 같다. 그래도 수업시간은 눈으로 교과서를 보고 귀로 교사의 말소리라도 듣지 않는가? 그렇지만 기도는 그런 것조차 없다. 오로지 정신력으로 시작해서 정신력으로 끝나는 행위이다. 그러므로 정신을 집중하는 훈련이 되지 않는다면 기도에 몰입할 수도, 기도의 열매를 얻을 수도 없다. 그래서 차선책으로 선택한 것이 방언기도이며 통성기도가 아닌가? 입으로 소리 내어 기도한다면 잡념이 드는 것을 어느 정도 방지할 수 있기 때문이다. 그렇지만 방언기도는 기도의 내용을 알 수 없어 하나님과 친밀한 교제를 나누는 데는 한계가 있고, 통성기도 역시 소리 내어 기도하고 있더라도 얼마든지 잡념이 들 수 있다. 게다가 통성기도는 일상의 삶에서 끊임없이 기도하는 방식으로 사용하기 어렵다. 사람들이 침묵기도를 어려워하고 있는 이유는 침묵기도의 방식에 대해 무지하기 때문이다. 필자가 행하는 침묵기도는 생각으로 기도하는 것이 아니라, 소리만 내지 않을 뿐 소리 내어 기도하는 것과 진배없다. 절대로 생각의 흐름에 내맡겨 기도하는 것이 아니다. 소리가 나지 않도록 성대를 누르며 힘을 주어 기도하기에 목청에서 숨소리가 강하게 새어 나오는 '쉬~잇'하는 소리가 끊임없이 나온다. 온몸에 힘을 주고 기도에 집중하면서 연신 거센 숨소리를 내고 있는데 어떻게 잡념이 들고 졸

수 있겠는가? 그래서 훈련이 되지 않으면 기도가 어렵고 침묵기도는 시도하기조차 힘들다. 처음에는 짧게 하나님의 이름을 부르고 찬양하고 감사하는 내용으로 끊임없이 반복해서 기도하는 것으로 채워야 한다. 하나님의 이름을 부르고 찬양하며 감사하는 짧은 기도를 반복하는 데에는 잡념이 들어올 틈새가 없다.

3) 기도를 방해하는 악한 영들의 공격

기도를 하지 않던 사람이 어느 날 기도를 시작하면 기도를 못하게 하는 일들이 갑자기 생긴다. 직장인이라면 갑자기 과도한 업무가 주어지거나 직장상사가 방해하고, 전업주부라면 집안일들이나 자녀, 남편이 방해하며, 자영업자이면 사업상의 문제로 인해 기도할 수 없는 환경이 느닷없이 생겨나곤 한다. 필자도 처음에는 우연의 일치라고 생각했는데, 많은 사람들을 상담하면서 이런 현상은 악한 영의 계략이라는 결론을 내리게 되었다. 평소에 너그러웠던 남편이 기도하러 교회에 간다고 하면 교회까지 쫓아와 못하게 하는 사건, 잔업이 거의 없는 직장에 새로 부임한 직장상사가 자정까지 붙잡아 놓고 업무와 회식을 강요하는 일들은 우연이라고만 보기에 어렵다. 악한 영은 우리네 인간보다 영적인 능력이 상당하다. 필자가 체험한 사탄은 면전에서 필자의 생각을 읽어 내는 개인기를 보여 주었다. 이런 악한 영들이 가장 두려워하는 것이 다름 아닌 하나님이다. 하나님이 개입한다면 100% 도망쳐야 하기 때문이다. 그래서 하나님이 개입하는 기도를 못하게 하는 방법이 자신의 목적을 이루는 최상의 방법인 셈이기에 필사적으로 기도를 방해하는 것이다. 그러므로 진지하게 기도를 시작하면 기도를 방해하는 악한 영들의 강력한 공격을 받게 된다. 악한 영의 공격 전략을 잘 알고 있다면 지혜롭게 그리고 끈기 있게 대처해 나가겠지만, 이에 대해 무지하다면 기도를 중도에 포기하고 만다. 기도 중에 드는 잡념도 악한 영의 영향력이 적지 않다. 때로는 무서움이 들게 하여 기도를 못하게 하는 방법도 심심찮게 구사한다. 그렇지만 그런 잡념이나 두려움이 들어올 때 강력하게 사탄을 쫓아내는 기도를 시작하면, 언제 그랬냐는 듯이 순식간에 사라지는 현상도 경험할 수 있다. 오랫동안 합리적이고 과학적인 현상을 진리로만 받아들이는 학교 교육을 받은 탓에 교회에 와서도 귀신과 사탄의 존재나 그들의 공격을 의심하거나 불신하는 경우가 적지 않다. 이런 상태에서 벗어나는 것은 오랜 기도와 말씀의 훈련을 통해 영적 체험을 쌓아야 가능하다.

4) 간절히 기도하라

기도에 빼놓을 수 없는 필수적인 조건이 무엇일까? 그것은 바로 간절함이다. 간절함은 믿음을 보여 주는 척도이다. 간절함이 없는 기도라면 단팥이 빠진 붕어빵이다. 성경은 금식기도의 효과에 대해 언급하고 있다. 그렇다면 다른 기도의 방법보다 금식기도가 더 효과가 있다는 말일까? 그건 아니다. 하나님은 외모를 보시는 분이 아니라 내면의 동기나 속내를 불꽃 같은 눈동자로 지켜보시는 분이다. 그러므로 금식기도의 방법이 다른 기도보다 더 효과적일 수가 없다. 그렇다면 왜 성경은 금식기도의 효력을 강조했을까? 그것은 금식기도가 간절함을 고스란히 보여 주기 때문이다. 간절함이 없다면 고픈 배를 참고 견디며 기도할 수 없다. 이러한 원칙은 다른 기도방식에도 동일하게 적용된다. 금식기도뿐만 아니라 다른 기도에도 간절함이 들어 있다면 마찬가지이다. 묵상기도이든 통성기도이든 간절함이 빠져있다면 기도가 아니라 독백일 뿐이다. 그렇지만 안타깝게도 우리 주변에서는 간절함이 사라진 기도를 아주 흔하게 볼 수 있다.

> 나를 사랑하는 자들이 나의 사랑을 입으며 나를 간절히 찾는 자가 나를 만날 것이니라(잠 8:17)

이 성경구절에서 하나님은 자신을 간절히 찾는 자가 만날 것이라고 말씀하시고 있다. 간절함은 하나님의 마음을 움직이는 특효약이기 때문이다. 헤롯왕이 야고보를 칼로 죽이고 베드로마저 감옥에 가두고 다음 날 처형하려는 위태로운 상황에서, 깊은 밤에 천사가 나타나 기적적으로 사슬을 벗겨주고 옥문을 열어준 사건도 교회가 그를 위하여 간절히 기도한 덕분이다(행12:5). 기도를 하면 잡념이 쏟아지고 졸려서 오래 못하는 이들이 적지 않다. 그 이유는 간절히 기도하지 않기 때문이다. 필자는 모든 기도를 간절히 하려고 애썼다. 그래서 온몸에 힘을 주고 간절히 기도하려고 애쓴 탓에 오랜 시간이 지나자 자연스레 간절히 기도하는 습관을 들이게 되었다. 필자는 침묵기도를 즐겨 하는데, 이때 숨을 한꺼번에 들이쉬고 천천히 내쉬면서 간절하게 하려고 애쓴다. 몸에 힘이 들어가는 것은 기본이다. 그렇게 기도하면 1시간만 기도해도 에너지가 많이 소비된다. 성령이 충만해지고 성령의 인도하심에 따라 기도가 빨려 들어가야 비로소 몸에 힘이 서서히 빠져 평안한 상태에서 기도할 수가 있다. 그렇지만 그전에는 언제나 몸에 힘을 주어 간절히 기도한다. 침묵기도라고 해도 소리 내어 기도하지 않을 뿐이지 통성으로 기도하는 모습과 진배없다. 그래서 목소리 대신 입에서 공기가 새어나가는 소리인 '쉬~잇'하는 소리가 연신 나온다. 통성으로 기도한다면 간절하게 기도하는 게 더 쉽겠지만 언제 어디서나 기도할 수 없는 단점이 있다. 어쨌든 통성으로 하든지 침묵으로 하든지 모든 기도를 간절히 하는 습관을 들여야 하나님의 마음을 움직일 수 있다.

5) 무시(無時)로 기도하라

무시라는 말은 무상시(無常時)의 준말로, 일정한 때가 없다는 뜻이다. 즉 시도 때도 없이 기도하는 것이 무시로 기도하는 모습이다. 필자가 처음 기도훈련을 시작하면서 성경에 기록된 기도방식을 샅샅이 뒤졌을 때 발견한 말씀이 바울의 쉬지 말고 기도하라는 것이었다. 그렇지만 쉬지 않고 기도하는 게 어떻게 기도하는 것인지 깨닫지 못했다. 그러나 그리 오래지 않아 그 뜻이 무엇인지 깨닫게 되었다. 그것은 바로 시도 때도 없이 기도하는 모습이다. 정신없이 바쁜 현대인들은 기도할 시간도 없는데 어떻게 이들에게 기도훈련을 시킬지 고민하고 있을 때, 성령이 영음으로 들려준 기도의 방식이 바로 무시로 기도하라는 것이었다. 이 말을 곱씹어 보다가 바울도 자신이 고안한 방식이 아니라 성령이 알려주셨다는 생각에 이르게 되었다.

앞서 여러 번 언급했듯이, 하루를 성령이 인도하시는 삶으로 채우려면 하루에 최소한 2번, 매번 1시간 이상의 깊은 기도가 필요하다. 아침 새벽에 일어나 밤늦게 퇴근해 겨우 씻고 잠자리에 드는 일을 반복해야 하는 현대인들이 기도할 시간이 없다는 게 일견 이해가 간다. 농경생활을 하던 시대의 사람들은 지금보다 여유로운 삶을 살았으며 상대적으로 즐기는 문화가 별로 없었기에 기도에 집중하는 환경이 가능했지만, 현대인들은 돈을 벌고 쓰는 일로 너무 바쁘게 살아가기에 기도할 시간을 내기가 어려운 것도 사실이다. 물론 우선순위를 조정하면 불가능한 일도 아니지만, 이 역시 만만한 일이 아니다. 그러므로 차선책으로 조언하는 기도방식이 무시로 기도하는 것이다. 필자가 처음 기도훈련을 시작하면서 쉬지 말고 기도하라는 말씀을 실천으로 옮겼을 때가 생각난다. 너무 막막했기에, 정말 바울은 하루 종일 기도하면서 살았을까 하는 의구심도 들었다. 그렇지만 일단 시도해 보기로 했다. 집이나 사무실에서는 조용한 공간이 허락되므로 어려움이 없었지만, 아내와 장사를 하러 나가면 기도할 장소도, 시간도 만만치 않았다. 사람을 만나거나 물건 팔 때를 제외하고 시간이 나면 자동차를 한적한 곳에 주차하고 수영용 귀속마개를 끼고 소음을 차단한 뒤 기도를 시도했다. 무더운 여름에는 푹푹 찌는 자동차 안에서 기도하는 게 어려워 공원이나 주택가의 시원한 그늘을 찾곤 했다. 정신을 온전하게 집중하지 않아도 되는, 운전할 때나 운동할 때도 기도가 가능하다. 자동차에 깔판과 좌식의자를 싣고 다니며 이를 활용하기도 했다. 주말에는 풍광이 좋은 야외를 찾았다. 산골의 동네 어귀마다 지어 놓은 정자에 깔판을 깔고 좌식의자에 앉아 기도하면 최상의 기도환경이 된다. 기차를 타는 일이 생기면 수영용 귀속마개에 수면용 안대까지 착용하고 기도를 했다. 침묵으로 기도하니까 사람들은 피곤해서 잠을 자는 줄 생각했다. 무시로 기도하는 것은 방해받지 않고 기도를 하는 것과 다르므로 시간이나 장소 관계상 깊은 기도가 쉽지 않다. 설령 오래 기도할 수 있더라도 낮에, 그것도 소음이 심한 곳에서 기도에 몰입하는 것은 어느 정도 훈련과 습관이 된 필자도 쉬운 일이 아니었다. 그래서 무시로 기도할 때는 주로 하나님의 이름을 부르고 찬양하고 감사하는 기도로 채우고 있다. 이러한 기도는 내용이 단순하고, 반복해서 아무리 기도해도 지루하지 않아 너무 좋다. 또한 무시로 기도하는 것은 일상의 삶에서 성령충만을 유지해 주므로, 정규적인 기도시간에 쉽게 몰입할 수 있게 해준다. 어쨌든 무시로 기도하는 것은 항상 성령과 동행하는 삶을 살며, 성령충만을 지속적으로 유지할 수 있는 비결이다.

5.
샘솟는 기도를 하라

사도행전에 등장하는 가말리엘은 사도들이 체포되어 산헤드린에 끌려갔을 때, 중재를 통해 사도들을 풀려나게 한 유대교의 유명한 율법교사이다. 그가 산헤드린 공회에서 한 말은 아주 이성적이고 합리적이다. 말하자면 그는 당대에 최고의 지혜와 지식을 갖고 있었으며, 율법교사로서 라반이라는 호칭을 얻은 당대 최고의 칭송을 받았던 인물이다. 탈무드에서는 그가 죽자, 토라(율법)에 대한 존중은 끝나고 순결과 명성도 죽었다는 표현으로 그의 죽음을 기릴 정도였다. 그러나 아쉬운 것은, 그가 예루살렘에 퍼진 예수님에 대한 놀라운 소문을 들어서 알게 되었을 터이지만, 율법의 주인이신 예수님을 믿지 못했다는 사실이다. 최고의 율법교사로서 명성이 자자했던 그이지만, 하나님의 아들이자 그리스도이신 예수님을 알아보지 못했다니 기이한 일이다. 그 이유는 무엇일까? 성경의 지식이 아무리 해박하더라도, 성령의 깨달음이 없다면 하나님을 만날 수 없기 때문이다. 한편 일자무식으로서 갈릴리의 하찮은 어부 출신인 베드로는 대제사장들과 서기관들을 무색하게 만든 통찰력 있는 설교로써 그들로 하여금 깊은 무력감에 빠지게 만들었다. 그 이유는 그가 성령과 동행하는 사람이었기 때문이다.

그렇다면 우리네 교회로 다시 돌아가 보자. 우리네 교회처럼 성경공부를 열심히 하는 나라도 없다. 모든 예배의 중심은 성경을 공부하는 설교시간으로 채워져 있다. 어디 그뿐인가? 교회 직분자를 세우려면 교회의 교육 프로그램을 이수해야 한다. 교회의 교육 프로그램의 목적은 성경공부를 하는 것이다. 또한 외부에서 각종 교육 프로그램을 들여와서 교인들의 참여를 독려하고 있다. 또한 열정적인 교인들은 시간만 나면 인터넷이나 라디오, TV 설교방송을 통해 자신이 선호하는 목회자의 설교를 열심히 듣고 있다. 그래서 신앙의 연륜이 오래된 교인들은 웬만한 성경 사건이나 성경 인물에 대해 훤하다. 그렇다면 당시 신약성경도 없었으며 별 볼 일 없는 율법 지식을 가졌던 베드로에 비해서 우리네 교인들이 훨씬 많은 성경 지식을 가지고 있을 것이다. 그러나 이 시대의 유명한 대형교회의 담임목사라도 베드로와 견줄 수 있는 영적 능력이 있는가? 우리네 교회는 이 시대가 말씀이 완성된 시대라고 말하며, 성경말씀을 열심히 읽고 연구하며 유명 목회자의 설교를 하루 종일 듣는다면, 하나님이 기뻐하는 최고의 믿음을 가진 사람이라고 여긴다. 그래서 우리네 교회는 하나님이 함께하시는 증거와 변화, 능력과 열매가 있는가? 아쉽게도 우리네 교회는 세상 사람으로부터 조롱과 멸시를 받고 있으며, 교인들의 삶의 문제를 해결해줄 수 없는 무능하고 무기력한 모습을 보이고 있을 뿐이다. 그러면서 손바닥으로 하늘을 가리고, 자신들은 천국에 들어가는 믿음이 있다고 철석같이 믿고 있다. 그러나 귀신들린 사람을 교회에 데려가면 손사래를 치면서 문을 닫아걸고, 정신질환자나 고질병 환자를 데려가면 자신들이 잘 아는 전문의를 소개해 주고 있는 실정이다. 성경을 펼쳐보라. 예수님과 사도들이 나타나면 수많은 사람들이 구름떼처럼 몰려들었다. 그 이유가 무엇인가? 예수님과 사도들은 귀신들린 사람에게서 귀신을 쫓아내 주고 불구를 온전케 하며 각종 고질병을 고쳐 주면서, 전지전능한 하나님의 능력을 보여 주며 천국 복음을 전하고 영혼을 구원하는 사역을 했기 때문이다. 그러나 우리네 교회에서는 어깨띠를 두르고 시장 복판이나 번화한 네거리에서 커피포트를 들고 어쭙잖은 선물을 들려주며 교회로 오라고 읍소하고 있다. 예수 믿고 천국에 가며 세상의 축복을 받으라고 소리치면서 말이다. 그러나 사람들은 전도하는 사람들과 눈이라도 마주칠까 봐, 애써 외면하고 바쁜 걸음으로 멀리 돌아가고 있다. 이렇게 불쌍하고 서글픈 모습이 우리네 교회의 현주소이다. 초대교회의 사도들과 제자들보다 훨씬 많은 성경 지식을 쌓아두고, 시도 때도 없이 하나님이 기뻐하시는 예배의식을 드리고 있는 우리네 교회가 어쩌다 이렇게 불쌍하고 서글픈 모습이 된 걸까? 그 이유는 하나님과 깊고 친밀하게 교제하지 않기 때문이다. 하나님을 만나는 통로는 기도와 말씀이다. 그러나 그 기도는 자신의 탐욕을 채우는 기도가 아니라, 하나님을 전심으로 찾고 성령을 간절하게 부르는 기도이다. 말씀도 성경 지식을 머리에 쌓아 두는 게 아니라, 성령이 주시는 깨달음으로 가슴에 새겨지는 말씀이다. 이렇게 하나님과 깊고 친밀하게 교제하려면 쉬지 않는 기도의 습관을 들여 성령과 동행하는 삶을 살아야 한다. 그러나 안타깝게도, 우리네 교회는 하나님과 교제하는 기도를 가르치지도 시행하지도 않고 있다. 겨우 한다는 게, 새벽기도회에 나가서 10~20분간 세속적인 소원을 외치는 게 전부다. 이는 하나님을 자신들의 탐욕을 채워주는 부자 아버지로 착각하고 있기 때문이다. 그래서 아무런 기도응답도 없고 삶의 문제해결도 없자, 교인들은 기도의 자리에서 하나둘 사라지고 있는 실정이다.

> 믿음이 없이는 하나님을 기쁘시게 하지 못하나니 하나님께 나아
> 가는 자는 반드시 그가 계신 것과 또한 그가 자기를 찾는 자들에
> 게 상 주시는 이심을 믿어야 할지니라(히11:6)

> 만일 마음을 다하고 뜻을 다하여 그를 찾으면 만나리라(신4:29)

> 쉬지 말고 기도하라 범사에 감사하라 이것이 그리스도 예수 안
> 에서 너희를 향하신 하나님의 뜻이니라(살전5:17~18)

> 이러므로 너희는 장차 올 이 모든 일을 능히 피하고 인자 앞에
> 서도록 항상 기도하며 깨어 있으라 하시니라(눅21:36)

하나님이 인정하시는 믿음은 3분짜리 영접기도를 하고, 교회의 관행으로 만든 예배의식에 참석하는 것이 아니라, 하나님이 살아계신 것을 믿고 끊임없이 하나님을 찾아오는 것이다. 하나님을 만나는 비결은 끊임없이 전심으로 하나님을 간절히 찾고 부르는 것이다. 그게 바로 하나님의 뜻이며 예수님의 명령이다. 즉 하루 종일 틈만 나면 샘솟는 기도를 하는 것이다. 이런 기도를 가르치지 않고, 종교적인 예배의식을 반복하며 형식적이고 희생적인 신앙행위를 강요하는 우리네 교회에 어떻게 성령이 들어오시겠는가? 답답하고 안타까운 일이다.

　　　　　　　　나는 이렇게 기도해서 하나님을 만났다

6.
쉬지 않는 기도를 위한 꿀팁

영성학교에서는 쉬지 않고 기도하는 수준을 구체적으로 가르치고 훈련에 옮기고 있다. 쉬지 않는 기도가 성경에서 말하는 기도의 명령이기도 하지만 성령과 동행하는 필수적인 기도방식이기 때문이다. 또한 성령께서 필자에게 '내가 네 안에 네가 내 안에 있는 기도가 바로 쉬지 않는 기도'라고 말씀하셨다. 내가 네 안에, 네가 내 안에 있다는 것은, 예수 그리스도의 영이자 성령이 내주하시며 통치하시는 하나님의 나라가 이루어졌다는 뜻이기도 하다. 필자가 원하는 쉬지 않는 기도의 수준은 공부나 일 등에 정신을 집중할 때를 제외하고는 언제나 하나님 생각으로 돌아와서 하나님을 부르는 기도를 하고 있는 것이다. 말하자면 무엇인가에 정신을 집중할 때를 제외하고는 언제나 하나님 생각으로 돌아와야 한다는 것이다. 이런 기도를 하려면 머릿속이 하나님 생각으로 가득 차 있어야 한다.

그러나 아쉽게도 우리네 교회는 3분짜리 영접기도 행위로, 성령이 자신 안에 들어오셨다는 것을 믿으라고 가르치고 있으니 한심스럽기 짝이 없다. 예수 그리스도의 영이자 성령이 자신 안에 거주하시고 통치하신다면, 평안과 자유함의 삶을 누리며 놀라운 성령의 능력이 드러나서 귀신을 쫓아내며, 귀신이 일으킨 고질병을 치유하면서 영혼을 구원하는 사역을 통해 증명해야 할 것이다. 그러나 우리네 교회에서는 이런 하나님의 통치방식은 초대교회에 한정된 것이라는 세대주의 학자들의 주장을 받아들여서 가르치고 있다. 그러나 영성학교는 초대교회에서 일어난 증거만을 인정하고 있다. 만약 세대주의 학자들의 주장이 맞다면, 그동안 영성학교에서 일어난 각종 기적과 이적을 무엇으로 설명해야 할 것인가? 물론 그들은 눈을 가리고 귀를 닫고 못 본 척하고 못 들은 척하겠지만, 영성학교에 찾아와서 기도훈련을 받는 사람들은 필자의 훈련방식을 올곧게 따라 해야 할 것이다. 그동안 적지 않은 이들이 영성학교를 교회공동체로 삼아서 기도훈련에 동참하고 있다. 그동안 수많은 기적과 이적이 나타난 것은 사실이지만, 성령의 사람이라고 말할 수 있는 사람들은 소수에 불과하다. 그래서 몇 가지 꿀팁을 말씀드리고 싶다.

1) 자발적으로 기도하라

성경의 위인들은 죄다 자발적으로 하나님을 찾고 불렀다. 자발적이라는 것은 스스로 한다는 뜻이다. 필자도 자발적으로 하나님을 부르는 기도를 했고, 필자의 아내도 자발적으로 이 기도를 따라 했다. 그러나 영성학교에서 기도훈련을 하는 사람들은 필자의 권유에 따라 기도훈련을 시작했다. 그러다 보니 수동적이고 의무적인 태도로 하는 이들이 적지 않다. 이런 태도로는 쉬지 않는 기도를 할 수 없다. 영성학교에는 부모를 따라온 아이들과 청소년들이 적지 않다. 그들 역시 영성학교의 훈련방식대로 집에서나 학교에서 기도해야 한다. 그러나 자발적으로 순종하는 자녀들은 별로 없다. 자발적으로 기도를 하고 있는 자녀라면, 놀라운 기적이 일어나서 그들의 학업과 인생의 진로를 인도받고 있을 것이다. 대학에 진학하는 과정을 통해 놀라운 기적을 경험한 자녀들이 그랬다. 부모님과 영성학교의 훈련방침에 순종하여 자발적으로 기도하려고 애쓴 청소년들은 죄다 기적적으로 원하는 대학에 입학했다. 물론 의무적으로나 억지로 기도한 자녀들도 하나님의 인도하심이 전혀 없었던 것은 아니지만, 누가 보더라도 놀라운 기적이라고 말할 수 있는 수준은 아니었다. 그러므로 자녀들의 인생이 형통하기를 바란다면, 자녀들이 기도훈련에 자발적으로 임할 수 있게 하라. 이것은 고액학원에 보내고 과외선생을 붙여 주는 것보다 훨씬 탁월한 방법이다. 아이들이야 자발적으로 기도하는 것이 어렵다고 해도, 어른들은 자신이 선택하고 결정해서 이 기도를 하는 게 아닌가? 그런데 필자나 코치들이 훈련시키는 만큼만 한다면 쉬지 않는 기도는 불가능하다. 하나님은 기도하는 태도나 기도한 시간을 체크하시는 게 아니라, 기도하는 사람들이 얼마나 하나님을 사모하고 갈급한 마음으로 자신을 찾아오는지를 불꽃 같은 눈동자로 지켜보고 계시기 때문이다. 물론 자발적인 마음이 들지 않는 분들도 적지 않을 것이다. 하나님을 찾고 싶지 않은 마음은 하나님을 마음에 두기 싫어하는 극악무도한 죄악이다. 우리의 마음은 죄로 인해 오염되었고 부패되었기 때문에 하나님을 부르고 찾는 기도를 하고 싶어 하지 않는다. 그러므로 자발적으로 하나님을 찾고 싶지 않더라도, 예수 피를 외치면서 죄악 된 생각과 싸워야 한다. 쉬지 않고 하나님을 부르는 기도는 우리의 주인이신 하나님의 명령으로, 모든 하나님의 종이 마땅히 해야 할 기도이다. 그러므로 사모하는 마음으로 하루 종일 하나님을 부르는 기도를 하려고 애쓰는 사람들에게만 성령께서 찾아오시는 것이다. 그러나 마지못해서 의무적으로 기도하는 사람들이라면 평생 하나님을 만날 수 없을 것이다.

2) 집중해서 기도하려고 애써라

기도는 하나님의 영과 내 영혼이 교제하는 통로이다. 그러므로 기도는 마음과 생각을 통해 하나님께 전달되는 것이다. 그러나 기도하는 내용에 정신을 집중하지 않는다면 형식적이고 희생적인 기도행위에 불과하다. 대부분 방언기도를 하는 이들이 그렇다. 자신이 무슨 내용을 기도하고 있는지도 모르고 기도행위를 하고 있는 것이다. 이런 기도는 성령이 인도하는 기도가 아니라 악한 영이 속이는 기도이다. 그래서 평생 방언기도를 하는 사람들이 무능하고 무기력하게 사는 것이다. 따라서 기도할 때는 반드시 기도하는 내용에 집중해야 한다. 하나님을 부르면 하나님이 내 앞에 오시는 것을 상상하면서 찾아오시도록 기도하는 것이고, 감사기도는 감사하는 내용을 조목조목 떠올리며 감사해야 한다. 회개기도도 마찬가지다. 자신이 지은 죄를 조목조목 나열하면서 전심으로 회개해야 한다. 하나님을 찬양하거나 경배하는 기도 역시 기계적으로 주문을 외듯이 기도하면 안 된다. 하나님이 하신 일을 떠올리며 마음을 다해서 찬양하고 경배해야 한다.

이 2가지가 쉬지 않는 기도를 하기 위한 중요한 팁이다. 하루 종일 정신을 집중해서 하나님의 이름을 부르며 전심으로 성령이 내주하는 기도에 올인하는 삶을 살기로 결심하고 실행에 옮기는 사람이라면 누구나 성령께서 찾아오셔서 거주하신다. 아직 그런 수준이 아니라면, 더욱 그런 기도를 하려고 무진 애를 쓰고 죽기 살기로 기도해야 할 것이다.

7.
하나님을 만나는 성경적인 방식

'코끼리를 냉장고에 넣는 방법'이라는 유머를 알고 계실 것이다. 냉장고 문을 열어 코끼리를 넣고 문을 닫으면 된다. 이번에는 하나님을 만나는 법을 소개하겠다. 하나님을 찾아 만나면 된다. 겉으로 보기에는 쉬운 방법 같아도 우리 대부분은 하나님을 만나지 못하고 있다. 당신은 "아니요. 만나고 있어요."라고 말할지도 모른다. 만나고 있다면 말이 아니라 하나님이 함께하시는 놀라운 증거와 풍성한 열매를 보여 주시라. 그게 없다면 아직 만난 게 아니다. 만나지 못하는 이유는 여러 가지겠지만, 믿음이 없어서일 것이다. 물론 믿음이 없다면 왜 매주 주일예배에 참석하겠냐고 반문하고 싶을 것이다. 그리고 자신이 생각해 보아도 하나님의 존재를 믿고 예수 그리스도가 하나님의 아들이신 것을 믿고 있는 게 분명하다. 그런데 '믿음이 없다니, 그게 무슨 망언인가?'라고 의아해할 사람도 많을 것이다. 그런 분위기를 눈치 못 채고, 한 발짝 더 나가 당신은 믿음이 없어 천국에 들어가지 못한다는 말까지 한다면 도끼를 들고 쫓아오지 않겠는가?

그렇다면 자신은 날마다 하나님을 찾고 있는지 반문해 보라. 날마다 하나님을 부르며 그분을 찾고 있는지 말이다. '믿음이 없이는 하나님을 기쁘시게 하지 못하나니 하나님께 나아가는 자는 반드시 그가 계신 것과 또한 그가 자기를 찾는 자들에게 상 주시는 이심을 믿어야 할지니라'(히11:6) 이처럼 히브리서 기자는 하나님을 찾지 않는 자는 하나님이 계신 것과 그분을 찾는 자들에게 보상해 주신다는 믿음이 없는 자라고 단호하게 말하고 있다. 당신이 아무리 믿음이 있다고 목청을 높이더라도 하나님을 찾는 기도가 없다면, 믿음이 없는 것이다.

그렇다면 하나님을 만나지 못하는 이유를 생각해 보자. 하나님을 만나는 성경적인 방식은 무엇인가? 주일예배에 꼬박꼬박 참석하는 것일까? 아니면 새벽예배에 나가는 것일까? 그것도 나름 방법이 될 수 있겠지만, 예배의식에 참석한다고 자동적으로 하나님을 만날 수 있는 것은 아니다. 하나님은 시공을 초월해 계시는 영이시기 때문에 어디든 계시며, 자신을 부르면 우리 마음속으로 오시는 분이다. 그러므로 시간과 장소가 중요하지 않다. 그렇다면 하나님을 어떻게 만날 수 있는가? 간절히 찾으면 만날 수 있다. '만일 마음을 다하고 뜻을 다하여 그를 찾으면 만나리라'(신4:29), '너희가 온 마음으로 나를 구하면 나를 찾을 것이요 나를 만나리라'(렘29:13), '나를 간절히 찾는 자가 나를 만날 것이니라'(잠8:17), '구하라 그러면 너희에게 주실 것이요 찾으라 그러면 찾아낼 것이요 문을 두드리라 그러면 너희에게 열릴 것이니 … 너희 하늘 아버지께서 구하는 자에게 성령을 주시지 않겠느냐 하시니라'(눅11:9~13) 우리가 하나님을 만나지 못하는 이유는 하나님을 간절히 찾지 않기 때문이요, 하나님을 찾지 않는 이유는 믿음이 없기 때문이다.

나는 이렇게 기도해서 하나님을 만났다

천국에 들어가는 기준은 자신의 생각이나 교회의 관행이 아니라 성경에 기록된 하나님의 말씀이다. 천국에 들어갈 믿음이 있다고 여기는 것도 마찬가지다. 그런 믿음이 있다면 날마다 하나님을 찾고 있어야 한다. 그렇다면 왜 하나님을 찾지 못하는가? 솔직히 말해 보자. 하나님을 찾고 싶은 마음이 일어나지 않기 때문이 아닌가? 수십 년간 해온 신앙의 관행을 때려치우기는 불안하고, 또 죄책감이 들어서 그렇게는 못하겠고, 하나님을 찾자니 하기 싫은 것이다. 그래서 주일에 1시간짜리 예배의식에 참석하는 것으로 자신과 타협한 것 아닌가? 그랬거나 어쨌거나, 천국에 들어갈 자격이 없다면 모든 신앙행위는 쓰레기일 뿐이다. 솔직히 말해서 그런 희미하고 모호한 믿음은 없는 거나 마찬가지다. 천국의 자격을 얻지 못하기 때문이다. 믿음이 없다는 필자의 말이 여전히 귀에 거슬리고 믿어지지 않는다면 성경말씀을 곱씹어 보자. 예수님은 겨자씨만 한 믿음만 있다면 산을 옮기는 능력을 행할 수 있다고 하셨고, 믿는 자에게는 귀신을 쫓아내고 악한 영과 싸워 이기며, 무슨 독을 마셔도 해를 받지 않고, 기도로 병든 자를 낫게 하는 놀라운 능력을 보여줄 수 있다고 말씀하셨다(눅16:15~18). 그뿐만이 아니다. 결정적으로, 믿는 자에게는 못할 일이 없다고까지 하셨다(막9:23). 예수님의 말씀에 의하면, 그런 능력을 보여 주지 못하는 당신은 믿음이 전혀 없는 것이다.

초대교회 성도들과 제자들은 그런 능력을 보여 주면서 자신의 믿음을 입증해 보였다. 하나님은 예나 지금이나 동일한 분이시다. 지금도 그런 믿음만 있으면 초대교회의 역사가 나타난다. 그렇다면 하나님을 찾아야 한다. 간절히 전심으로 찾고 찾아야 한다. 최소한 아침저녁으로 각각 1

시간 이상 하루에 2시간 이상 방해받지 않는 기도시간이 필요하고 낮에도 틈을 내어 기도해야 한다. 말하자면 쉬지 않고 하나님을 찾고 부르는 습관이 들어야 한다. 그래서 예수님은 항상 기도하라고 하셨으며, 사도 바울도 쉬지 말고 기도하라고 했고, 사무엘은 기도를 쉬는 죄를 범치 않게 해달라고 한 것이다. 이러한 기도습관이 없기 때문에 하나님을 만나지 못하고 동행하지 못한다. 예수님은 성령으로 다시 태어나지 못하면 천국은 꿈도 꾸지 말라고 하셨다(요3:5). 이렇듯 천국은 교회에서 일반적으로 말하듯이, 교회에 등록을 하고 일주일에 1번 예배의식에 참석한다고 가는 곳이 아니다. 예수님이 천국은 좁은 문이며 그리로 들어가는 자가 소수라고 하셨는데, 우리네 교회의 목사들이 우긴다고 되겠는가? 끝으로 '세례 요한의 때부터 지금까지 천국은 침노를 당하나니 침노하는 자는 빼앗느니라'(마11:2)고 하신 예수님의 말씀을 생각해 보자. '침노하다'는 헬라어 βιάζεται(비아제타이)는 무력으로 빼앗는다는 말이다. 천국에 가려면 세상과 악한 영, 그리고 자신과 날마다 격렬한 싸움을 벌여 승리해야 한다. 그런데 형식적으로 예배의식에 참석한다고 천국 문이 자동문처럼 절로 열리겠는가? 천지가 없어지더라도 하나님의 말씀은 일점일획이라도 결코 없어지지 않는다(마5:18)는 말씀을 명심하시라.

나는 이렇게 기도해서 하나님을 만났다

8.
성령과 깊고 친밀하게 사귀는
기도를 위한 꿀팁

영성학교에서는 그동안 수백 명의 사람들에게서 귀신이 쫓겨나가고 정신질환과 고질병이 치유되며 가정과 삶이 회복되는 기적이 일어났다. 그러나 아직도 다른 사람에게 잠복한 귀신을 쫓아내고 귀신들이 일으킨 고질병을 치유하면서 제자를 양육하는 영적 수준에 이른 이들은 소수에 불과하다. 그리고 요즘 들어 영성학교에 오지 않고 인터넷방송이나 유튜브 동영상으로 혼자서 훈련하시는 분들이 많이 늘었다. 그래서 오늘은 성령과 깊고 친밀하게 교제하는 기도를 위한 꿀팁을 말씀드리고 싶다.

1) 이루어질 것을 상상하면서 기도하라

기도는 집중력이 포인트다. 그러므로 송곳 같은 집중력을 오랫동안 지속하는 기도를 하는 사람들이 기도의 능력과 응답을 경험하게 된다. 그래서 방해받지 않는 시간과 장소에서 규칙적으로 기도하는 습관을 들이는 것이 기본 중의 기본이다. 그러나 이 기도를 방해하는 놈들이 집요하게 공격해 오기 때문에, 성령이 내주하는 기도는 기도의 집중을 방해하는 미혹의 영과 치열한 전쟁을 벌여야 한다. 귀신들은 주로 무서운 생각, 잡념을 넣어 주거나 졸리게 하여 기도의 집중을 방해하는 전략을 구사한다. 그러므로 기도를 시작하면 고도의 집중력을 유지하려고 무진 애를 써야 한다. 성령이 내주하는 기도는 하나님을 부르는 것과 기도를 방해하는 악한 영과 싸우는 기도가 양대 산맥이다. 그래서 하나님을 부를 때는 하나님께서 자신에게 오시는 것을 상상하면서 기도하는 게 집중력을 유지하는 데 효과적이다. 잡념을 넣어주거나 졸리게 하여 기도를 방해하는 악한 영과 싸울 때는 예수 이름과 예수 피를 외치면서 축출기도를 해야 한다. 이때도 예수님이 십자가에서 돌아가신 장면을 머릿속에 떠올리고 피가 뚝뚝 떨어지는 상상을 하면서 축출기도를 하면 집중력을 유지하는 데 도움이 된다. 감사할 때도 구체적으로 감사할 내용을 떠올리며 기도하고, 찬양할 때도 막연하게 하는 것보다 구체적인 내용으로 하나님을 찬양한다면 집중력이 배가된다. 이 팁은 아주 중요하므로 기도할 때 사용하시기 바란다.

2) 방해받지 않는 장소에서 집중적으로 기도하는 시간을 늘리라

하루 종일 기도하더라도 집중적으로 기도하지 않으면 기도의 내공이 쌓이지 않는다. 영성학교에서는 아침과 밤에 방해받지 않는 장소에서 집중적으로 기도하는 습관을 들이는 것을 철칙으로 가르치고 있다. 이 기도가 바로 예수님이 말씀하신 골방기도이며 요즘 버전으로 말하면 집콕기도이다. 필자도 13여 년 동안 생업을 해가며 하루 종일 전심으로 기도하는 습관을 들여 기도했다. 낮에는 장사하러 다녀야 했기 때문에 운전할 때나 누군가를 기다릴 때, 운동할 때나 산책할 때도 속으로 하나님을 불렀다. 하루 종일 하나님에 대한 생각이 머리에서 떠나지 않게 했다. 그러나 이런 기도는 방해받지 않는 시간에 집중적으로 기도하는 데 도움이 되지만, 집중적으로 기도하는 시간이 절대적으로 부족하다면 낮에 일상의 삶에서 하나님을 부르는 기도로는 기도의 내공이 쌓이지 않는다. 그러므로 아침과 밤에 집이나 자동차 등 방해받지 않는 장소에서 집중적으로 기도하는 시간과 빈도를 늘여야 한다. 낮에도 점심시간을 이용해서라도 집중적인 기도를 한다면 기도의 내공이 눈에 띄게 쌓인다. 하나님은 기도하는 시간이나 배에 얼마나 힘을 주고 기도하는지를 측정하시는 분이 아니라, 당신의 마음이 어디에 있는지를 불꽃 같은 눈동자로 지켜보고 계신다. 그러므로 당신이 단기간에 기도의 내공이 쌓이기를 원한다면 집중적으로 기도하는 일에 삶의 최우선순위를 두고 최대한 많은 시간을 집중적으로 기도하는 일에 바쳐야 한다.

3) 일상의 삶에서도 하나님을 부르는 소리가 입에서 떠나지 않게 하라

직장인이거나 자영업에 종사하는 이들의 경우, 일하고 있을 때는 집중적으로 기도할 수 없다. 그렇다고 기도를 아예 놓아버리면 기도자리에 앉아서도 소위 기도줄이 잡히지 않는다. 즉 집중하는 데 애를 먹게 되고 오랜 시간이 걸리게 된다. 이는 오랫동안 하나님에 대한 생각이 머리에서 사라졌기 때문이다. 그러므로 집중적으로 기도하는 시간을 내지 못하더라도 일상생활 속에서 틈만 나면 속으로 하나님을 부르는 기도의 습관을 들여서 하나님에 대한 생각이 사라지지 않도록 해야 한다. 말하자면 아침과 밤에 방해받지 않는 장소에서 집중적으로 기도하는 시간을 오래 갖는 것과 더불어 낮에도 틈만 나면 입으로 하나님을 부르는 기도의 습관을 들여야 한다. 말하자면 송곳 같은 집중도가 물이 끓는 온도인 100도라면 낮에도 70~80도를 유지해야 기도시간에 송곳 같은 집중도에 도달하는 시간이 짧아지고, 보다 오랫동안 집중할 수 있다. 그러나 낮에 거의 하나님에 대한 생각을 잊고 살다가 집에 돌아와서 기도하려면 기도의 집중이 힘들고 오래 걸리게 될 수밖에 없다. 성령께서는 하루 종일 우리와 함께하고 싶다고 말씀하셨다. 그러나 대부분의 크리스천들은 기도를 종교적인 의무, 혹은 하나님의 도움으로 욕망을 채우고 소원을 이루는 수단으로 생각하기 때문에, 아무리 기도해도 기도의 내공이 쌓이지 않고 기도응답도 경험하지 못하는 것이다.

4) 머리에 쓰레기를 쌓아두지 말라

당신의 머리가 오직 하나님에 대한 생각으로 가득 차 있다면 기도를 시작하자마자 금세 몰입되는 기도를 할 수 있다. 그러나 영화, 소설, 친구와의 잡담, 취미, TV, 직장, 자녀, 배우자, 돈, 코로나바이러스 등 하나님과 상관없는 생각으로 가득 차 있다면 기도에 집중하기 어려운 것이 당연하다. 게다가 걱정, 염려, 불안, 분노, 짜증, 두려움, 낙담, 슬픔 등 부정적인 생각이 가득 차 있다면 기도자리에 앉는 것조차 쉽지 않을 것이다. 그러므로 하나님에 대한 생각이 아니라면 날마다 쓸데없는 생각들을 정리하고 버릴 것은 버려야 한다. 그러나 육체를 지닌 사람들은 육체와 마음이 원하는 생각을 좇게 되어 있다. 악한 영은 언제나 하나님의 일이 아니라 사람의 일을 좇도록 머리를 타고 앉아 생각을 넣어 주어 속이고 있다. 그러므로 기도를 방해하는 어떤 생각이라도 즉시 축출기도로 내어 쫓고 머리를 비우는 습관이 기도의 달인이 되는 데 절대적인 조건이다.

9.
주기도문, 성경적으로 기도하는 법

　대부분의 크리스천들이 규칙적으로 기도하지 않지만, 갈급한 마음으로 기도하는 법을 찾는 이들도 더러 있다. 이런 이들의 마음을 알아채고 세간에는 '기도하는 법'에 대한 책들도 적지 않고, 기도를 가르치는 교회나 기관들도 있다. 그래서 서점에 가면 성막기도나 관상기도 등의 특정한 기도방식을 가르치는 책들도 눈에 띈다. 그러나 가장 탁월한 기도법은 예수님이 가르치신 기도방식이 아닐까? 그러나 대부분의 크리스천들은 예수님이 가르치신 기도를 잘 알고 있지만, 그 기도를 따라 할 생각이 없다. 자신을 예수님의 제자로 자처하면서, 하나님의 뜻대로 기도하지 않는다면 우스꽝스러운 일이 아닌가?

> 그러므로 너희는 이렇게 기도하라 하늘에 계신 우리 아버지여 이름이 거룩히 여김을 받으시오며 나라가 임하시오며 뜻이 하늘에서 이루어진 것 같이 땅에서도 이루어지이다 오늘 우리에게 일용할 양식을 주시옵고 우리가 우리에게 죄 지은 자를 사하여 준 것 같이 우리 죄를 사하여 주시옵고 우리를 시험에 들게 하지 마시옵고 다만 악에서 구하시옵소서(마6:9~13)

하늘에 계신 우리 아버지여 이름이 거룩히 여김을 받으시오며

예수님이 가르치신 기도문의 맨 처음에 나오는 것이 '하늘에 계신 우리 아버지여' 즉, 하나님을 부르는 기도이다. 그러나 대부분의 사람들은 이러한 기도를 식전행사쯤으로 여긴다. 그래서 형식적으로 말하거나 생략하는 사람들도 많다. 하나님을 부르라는 내용은 성경에 수도 없이 나온다. '나를 찾고 찾아라, 힘을 다하여 영혼을 다하여 뜻을 다하여 나를 찾아라, 내 얼굴을 구하라.' 등의 권면이 허다하다. 그러나 사람들은 그런 기도를 할 생각이 없이, 오직 자신이 원하는 기도목록을 들이대기 일쑤이다. 또한 '하나님의 이름이 거룩히 여김을 받으신다.'는 것은 하나님을 경배하고 찬양하는 기도를 말한다. 기도는 세상을 지으시고 우리의 주인이신 하나님을 경배하고 찬양하는 것이다. 그러나 당신은 기도할 때 하나님을 찬양하는 기도를 얼마나 하고 있는가?

나라가 임하시오며 뜻이 하늘에서 이루어진 것 같이 땅에서도 이루어지이다

이번에는 '나라가 임하시오며'를 살펴보자. 나라는 하나님의 나라, 즉 천국을 말한다. 천국이 어디에 있는가? 성경에서 말하는 천국은 우주의 한쪽에 있는 것이 아니라 사람의 마음에 있다(눅17:21). 그 이유는, 천국은 특정한 장소가 아니라 하나님이 다스리는 곳이기 때문이다. 그러므로 하나님이 당신의 마음에 오셔서 통치하시고 다스리시면 천국이 임한 것이다. 그렇다면 하나님의 이름을 부르면서 자신을 다스리고 통치해 달라는 기도를 간절히 해야 할 것이다. 하나님이 당신을 다스리는 목적이 무엇인가? 하나님의 뜻이 이루어지기 위한 것이 아닌가? 그러나 대부분의 사람들은 기도를 시작하기 무섭게 자신이 원하는 기도목록을 주구장창 외치기 시작한다. 교회의 중보기도 모임에서도 판에 박은 듯한 기도목록과 교인 수를 불리는 것, 교육관이나 수련원 등의 교회부동산을 사들이는 것 등의 탐욕스러운 기도내용으로 일관하고 있다. 그게 하나님의 뜻인가? 교회를 불리고 교인 수를 늘리는 게 하나님의 뜻이 아니라, 하나님의 나라와 그의 의를 위해 목숨을 바치는 제자를 길러내는 것이 하나님의 뜻이다. 그래서 예수님은 '그러므로 염려하여 이르기를 무엇을 먹을까 무엇을 마실까 무엇을 입을까 하지 말라 이는 다 이방인들이 구하는 것이라 너희 하늘 아버지께서 이 모든 것이 너희에게 있어야 할 줄을 아시느니라 그런즉 너희는 먼저 그의 나라와 그의 의를 구하라 그리하면 이 모든 것을 너희에게 더하시리라'(마6:31~33) 말씀하셨다. 그러나 자신들의 탐욕과 쾌락을 얻기 위해, 세속적인 축복만을 구하는 기도를 반복하는 작금의 우리네 교인들에게 하나님이 관심이나 두시겠는가?

오늘 우리에게 일용할 양식을 주시옵고

예수님이 말씀하시는 일용할 양식이 무엇이겠는가? 우리의 생계를 위해 필요한 수입원이라고 생각하기 십상이다. 필자도 그렇게 생각한 적이 있었다. 그러나 예수님은 그렇게 말씀하신 적이 없으시다.

그러므로 염려하여 이르기를 무엇을 먹을까 무엇을 마실까 무엇

을 입을까 하지 말라 이는 다 이방인들이 구하는 것이라 너희 하
늘 아버지께서 이 모든 것이 너희에게 있어야 할 줄을 아시느니
라 그런즉 너희는 먼저 그의 나라와 그의 의를 구하라 그리하면
이 모든 것을 너희에게 더하시리라(마6:31~33)

이 구절에서 예수님은 먹고 사는 생계비에 대해 구하지 말라고 하신다.
그런 것은 하늘 아버지께서 다 알고 계신다고 말이다. 대신 하나님이 원하
시는 나라와 하나님의 의를 구하라고 하신다. 그러므로 먹고 사는 필요를
구할 필요가 없다. 그러나 아쉽게도 우리네 교회는 기도자리에 앉으면, 죄
다 세상에서 살아가는 데 있어야 할 자신의 필요와 유익을 구하고 있으니
기가 막히다. 그렇다면 예수님이 원하시는 일용할 양식은 무엇인가?

예수께서 이르시되 내가 진실로 진실로 너희에게 이르노니 인자
의 살을 먹지 아니하고 인자의 피를 마시지 아니하면 너희 속에
생명이 없느니라 내 살을 먹고 내 피를 마시는 자는 영생을 가졌
고 마지막 날에 내가 그를 다시 살리니 내 살은 참된 양식이요
내 피는 참된 음료로다 내 살을 먹고 내 피를 마시는 자는 내 안
에 거하고 나도 그의 안에 거하나니 살아 계신 아버지께서 나를
보내시매 내가 아버지로 말미암아 사는 것 같이 나를 먹는 그 사
람도 나로 말미암아 살리라(요6:53~57)

예수님이 말씀하신 매일 우리에게 필요한 양식은 육체의 생존에 필요한
양식이 아니라 영의 양식이다. 영의 양식은 바로 말씀과 십자가에서 흘리신

보혈이다. 그러나 말씀을 지식으로 머리에 쌓아두는 것이 아니라 깨달음으로 가슴에 새겨야 한다. 또한 날마다 예수 피의 공로로 죄를 씻어 정결하게 해야 한다. 이는 성령께서 가슴에 새겨 주시고 능력을 주셔야 가능하며, 날마다 성령과 교제하는 기도의 습관을 통해 새겨지게 된다.

우리가 우리에게 죄지은 자를 사하여 준 것 같이 우리 죄를 사하여 주시옵고

사람은 누구나 예외 없이 죄인이다. 그래서 날마다 죄의 용서를 요청해야 한다. 그러나 자신의 죄를 깨닫지 못하는 사람이 어떻게 죄를 내어놓고 회개하며 용서를 구하겠는가? 예수님이 십자가에서 보혈을 흘려 주셔서 우리의 죄가 용서받는 길이 열렸지만, 보혈의 공로를 의지하여 용서를 요청하는 사람만이 씻음을 받는 것이지, 죄를 깨닫지도 못하고 회개할 생각도 없는 사람에게 자동적으로 용서가 임하는 것은 아니다. 착각하지 마시라.

우리를 시험에 들게 하지 마시옵고 다만 악에서 구하시옵소서

시험에 든다는 것은 죄의 유혹에 빠지는 것이다. 성경은 시험하는 자가 사탄이라고 말하고 있다. 그래서 죄와 싸우고 죄를 부추기는 악한 영과 싸우는 능력을 갖추는 것이 시험에 들지 않는 비결이다. 악한 영은 우리가 죄를 좋아하고 추구하는 죄성을 가진 것을 잘 알고 죄의 덫을 놓고 기다리고 있다. 그래서 죄의 덫을 밟으면 불행에 빠지게 하여 생명과 영혼을 사냥하여 지옥으로 끌고 가는 것이다. 그러므로 죄의 덫에 빠진 사

람들은 구해 달라는 기도를 해야 하며, 날마다 죄와 싸워 이길 수 있는
영적 능력과 성령의 도우심을 구해야 한다.

주기도문은 지구 최상의 기도이며, 하나님이 가장 기뻐하시는 기도이
다. 그래서 필자는 날마다 주기도문을 한 구절 한 구절 곱씹으면서 기도
하고 있다. 왜냐하면 하나님이 가장 원하시는 기도이기 때문이다. 그러
므로 하나님께 응답받는 기도를 원한다면, 먼저 하나님이 원하시는 기
도를 하라. 그러면 하나님이 기뻐하시는 의인이 되어, 기도하는 것마다
응답이 내려오는 것을 날마다 체험하게 될 것이다.

제6장

회개기도와 중보기도

1.
날마다 회개하지 않으면
천국은 꿈도 꾸지 말라

평생 교회를 다녔지만 '날마다 회개하지 않으면 천국은 꿈도 꾸지 말라' 이런 제목의 설교를 들어본 적이 없을 것이다. 그도 그럴 것이, 우리네 교회는 영접기도를 하고 주일성수를 하는 교인들은 죄다 구원이 확정되었으니 안심하라며 등을 토닥여 주고 있기 때문이다. 그러나 천국과 지옥을 결정하는 잣대는 교단 교리나 목사의 말이 아니라, 성경에 기록된 하나님의 말씀이다. 그렇다면 왜 오랫동안 교회마당을 밟고 있는 교인들도 날마다 회개하지 않으면 천국에 들어갈 수 없을까?

만물보다 거짓되고 심히 부패한 것은 마음이라 누가 능히 이를
알리요마는(렘17:9)

기록된 바 의인은 없나니 하나도 없으며(롬3:10)

모든 사람이 죄를 범하였으매 하나님의 영광에 이르지 못하더니
(롬3:23)

나는 이렇게 기도해서 하나님을 만났다

성경은 사람의 마음이 죄로 오염되고 부패되어 있기에, 어떤 사람도 죄에서 자유롭지 못하며 의인이 없다고 선포하고 있다. 그러나 당신은 성경이 뭐라 해도 자신은 이에 해당사항이 없다고 확신하고 있을 것이다. 예수님께서 자신의 죄를 대신해 십자가에서 보혈을 흘려 주셨으며, 보혈을 의지하여 회개하고 예수님을 구주로 영접하였으며 주일성수를 하고 있다는 것을 근거로 대면서 말이다. 물론 틀린 말은 아니다. 그러나 문제는 당신이 과거에 한 일회적인 회개기도가 현재까지 유효하지 않다는 것을 알지 못한다는 것이다. 말하자면 죄를 지었으면 교도소에 들어가서 죗값을 치르고 나오면 된다. 그러나 출소한 뒤에 또 다시 죄를 지으면 그 죗값을 물어서 재판을 받고 교도소에 들어가는 게 당연하지 않은가? 과거에 죗값을 치렀다고 해서 다시 짓는 죄까지 용서가 되는 것이 아니지 않은가? 그런데 현대교회는 과거에 회개기도한 것을 두고두고 우려먹으며 죄를 용서받았다고 하니 기가 막히지 않은가? 더욱 심각한 것은 말도 안 되는 이런 말을 "아멘"하고 받아들이며 은혜받았다고 하는 교인들의 반응이다. 이는 미혹의 영이 교회지도자와 교인들을 속이는 데 성공했기 때문이다. 그러나 이보다도 더욱 심각한 것은 죄에 대한 교인들의 생각이다. 대부분의 교인들은 현행법을 위반한 것, 비도덕적인 행위, 성경에서 자신이 죄라고 인정하는 것만을 죄라고 생각한다. 그렇다면 성경에서 말하는 죄란 무엇인지 살펴보도록 하자.

> 전에는 우리도 다 그 가운데서 우리 육체의 욕심을 따라 지내며
> 육체와 마음의 원하는 것을 하여 다른 이들과 같이 본질상 진노
> 의 자녀이었더니(엡2:3)

육신을 따르는 자는 육신의 일을, 영을 따르는 자는 영의 일을
생각하나니 육신의 생각은 사망이요 영의 생각은 생명과 평안이
니라 육신의 생각은 하나님과 원수가 되나니 이는 하나님의 법
에 굴복하지 아니할 뿐 아니라 할 수도 없음이라 육신에 있는 자
들은 하나님을 기쁘시게 할 수 없느니라(롬8:5~8)

당신이 생각하는 죄와 성경에서 말하는 죄의 정의는 판이하게 다르
다. 성경에서 말하는 죄는 육체와 마음이 원하는 대로 생각하고 말하고
행동하며 살아가는 것이다. 당신은 성경에서 말하는 죄에 대해 자유로
운가? 대부분의 교인들이 교회마당을 밟으면서 소원하는 것이 무엇인
가? 하나님의 뜻인가, 아니면 자신과 자신의 가족들이 세상에서 잘되고
성공하며 부유하게 사는 것인가? 굳이 물어보지 않아도 된다. 기도회에
서 나열하는 기도목록을 보면 어렵지 않게 알 수 있다. 목사들은 중대형
교회의 담임목사가 되는 목회성공을 원하며, 교인들은 세속적인 부와
성공을 얻고 싶어 한다. 그렇다면 육체와 마음이 원하는 것을 추구하며
살아가는 뼛속까지 죄인이 아닌가? 그러나 그게 죄라고 가르치는 목사
도 없고 인정하는 교인도 별로 없다. 그래서 교회마당을 밟으면서도 죄
를 밥 먹듯이 짓고 있지만 회개할 생각도 없고 죄와 싸울 생각도 없으니,
어떻게 천국에 들어갈 수 있겠는가? 그렇다면 무엇을 해야 구원을 얻을
수 있을까?

이 백성은 내가 나를 위하여 지었나니 나를 찬송하게 하려 함이
니라(사43:21)

나는 이렇게 기도해서 하나님을 만났다

당신이 살아 있는 제물이 되어 하나님을 기쁘시게 하는 삶을 살면서 찬양하고 경배하며 감사하며 사는 것, 이것이 하나님께서 당신을 지으신 목적이다. 그러나 사람은 태어날 때부터 죄로 오염이 되어 자신이 주인이 돼서 육체와 마음이 원하는 대로 살고 싶어 하기에 본질상 진노의 자녀로 지옥에 들어갈 수밖에 없는 운명이다.

> 이에 예수께서 제자들에게 이르시되 누구든지 나를 따라오려거든 자기를 부인하고 자기 십자가를 지고 나를 따를 것이니라 누구든지 제 목숨을 구원하고자 하면 잃을 것이요 누구든지 나를 위하여 제 목숨을 잃으면 찾으리라(마16:24~25)

> 우리가 육신으로 행하나 육신에 따라 싸우지 아니하노니 우리의 싸우는 무기는 육신에 속한 것이 아니요 오직 어떤 견고한 진도 무너뜨리는 하나님의 능력이라 모든 이론을 무너뜨리며 하나님 아는 것을 대적하여 높아진 것을 다 무너뜨리고 모든 생각을 사로잡아 그리스도에게 복종하게 하니 너희의 복종이 온전하게 될 때에 모든 복종하지 않는 것을 벌하려고 준비하는 중에 있노라 (고후10:3~6)

그래서 예수님은 육체와 마음이 원하는 대로 살고 싶어 하는 자아를 십자가에 못 박는 자기부인이 제자의 첫째 조건임을 말씀하셨다. 그리고 날마다 하나님을 아는 것에 대적하여 높아진 것들을 다 무너뜨리고 싸워서 예수 그리스도께 복종케 해야 한다. 그렇게 하려고 애쓰고 노력

할지라도 연약하고 부족한 육신을 가진 우리는 죄에 넘어지는 일이 빈번할 것이다. 그래서 날마다 육체와 마음이 원하는 대로 살고 싶어 하는 죄를 내어놓고 철저하게 회개하는 기도를 쉬지 말아야 한다. 그러나 여전히 영접기도와 주일성수, 교회봉사를 자기 의로 삼으면서 교회마당을 밟는다면, 당신의 얼굴을 천국에서 보는 일이 결코 없을 것이다.

나는 이렇게 기도해서 하나님을 만났다

2.
무엇을 회개할지 모르겠다고?

성령은 거룩한 하나님이시기 때문에 죄를 미워하시며 죄인을 가까이 하실 수 없다. 그러나 아담의 후예로 태어날 때부터 죄로 오염된 사람들은 죄를 좋아하고, 죄를 추구하며 살고 싶어 한다. 그래서 성경은 모든 사람들이 예외 없이 죄인이라고 선포하고 있으며, 모든 사람들은 자신들의 죄의 문제를 해결할 수 없으므로 지옥의 불구덩이가 예약되어 있다. 그래서 예수님이 이 땅에 오실 수밖에 없었던 것이다.

그래서 당신은 예수를 믿고, 예수님이 십자가에서 흘리신 보혈의 공로를 의지해 회개하여 죄가 용서함을 받고 깨끗함을 입어 하나님과 화목하게 되어 천국백성이 되었다고 철석같이 믿고 있을 것이다. 물론 틀린 말은 아니다. 그러나 문제는 회개하고 나서 또 밥 먹듯이 짓는 죄에 대해서도 회개하여 깨끗함을 받고 있는가 하는 것이다. 아니라면 당신은 과거에 회개하여 죄 사함을 받은 것에 상관없이 죗값을 치르게 될 것이다. 예전에 성령께서 아담이 백 가지 죄를 지어서 사망에 이른 게 아니라, 선악과를 따 먹은 단 한 가지 죄를 지어서 사망에 이르게 되었다고 말씀하신 적이 있다. 아담도 한 가지 죄를 지어 사망의 죗값을 치렀는데, 당신은 말할 것도 없지 않겠는가?

　　그러나 문제는 현대교회에서 죄에 대해 가르치지 않아서, 대부분의 교인들이 자신의 죄를 심각하게 생각하지 않거나, 과거에 이미 회개했기 때문에 현재의 죄와 심지어 미래의 죄가 자신의 구원에 별다른 영향을 미치지 않는다고 착각하고 있다는 것이다. 그렇다면 계시록의 소아시아에 있는 7개의 초대교회 중 5개 교회에게, 예수님께서 회개하지 않으면 교회를 버리시겠다고 하실 턱이 있었겠는가? 그들은 목숨을 걸고 예수를 믿었으며, 그간의 죄를 철저하게 회개하여 성령을 받은 증거들이 적지 않았을 것이다. 수많은 순교자의 희생으로 세워진 초대교회도 세월이 흐르면서 마음이 무뎌져 죄를 심상하게 여겨 예수님으로부터 혹독한 경고의 말씀을 듣게 되었는데, 한국교회는 상관없다고 말하고 있는 게 얼마나 뜨악한 일인가?

　　　항상 기뻐하라 쉬지 말고 기도하라 범사에 감사하라 이것이 그
　　　리스도 예수 안에서 너희를 향하신 하나님의 뜻이니라(살전
　　　5:16~18)

　　　예수께서 이르시되 네 마음을 다하고 목숨을 다하고 뜻을 다하
　　　여 주 너의 하나님을 사랑하라 하셨으니 이것이 크고 첫째 되는
　　　계명이요(마22:37~38)

　　　나의 계명을 지키는 자라야 나를 사랑하는 자니 나를 사랑하는

자는 내 아버지께 사랑을 받을 것이요 나도 그를 사랑하여 그에
게 나를 나타내리라(요14:21)

하나님을 사랑하는 것은 이것이니 우리가 그의 계명들을 지키는
것이라 그의 계명들은 무거운 것이 아니로다(요일5:3)

그를 아노라 하고 그의 계명을 지키지 아니하는 자는 거짓말하
는 자요 진리가 그 속에 있지 아니하되(요일2:4)

성경에서 말하는 죄란 하나님의 뜻에 불순종한 모든 것들이다. 그중
에서 가장 큰 죄는 하나님을 사랑하지 않는 죄이다. 하나님을 사랑하는
자는 계명을 지키는 자라고 콕 집어서 말하고 있다. 그래서 당신은 성경
에서 명령한 하나님의 뜻과 계명을 올곧게 순종하고 있는가? 아니라면
당신은 가장 큰 계명인 하나님을 사랑하지 않으면서 하나님을 사랑한다
고 거짓말하는 자이다. 거짓말하는 사람은 진리이신 예수 그리스도의
영이자 성령께서 안에 계시지 않는 사람인 셈이다.

나더러 주여 주여 하는 자마다 다 천국에 들어갈 것이 아니요 다
만 하늘에 계신 내 아버지의 뜻대로 행하는 자라야 들어가리라
그 날에 많은 사람이 나더러 이르되 주여 주여 우리가 주의 이름
으로 선지자 노릇 하며 주의 이름으로 귀신을 쫓아내며 주의 이
름으로 많은 권능을 행하지 아니하였나이까 하리니 그 때에 내
가 그들에게 밝히 말하되 내가 너희를 도무지 알지 못하니 불법

을 행하는 자들아 내게서 떠나가라 하리라(마7:21~23)

예수님은 하나님의 뜻에 순종하지 않는 자들 모두 지옥의 불구덩이에 던져진다고 선포하고 계시다. 이에 대해 당신은 어떻게 성경에서 명령하는 수많은 하나님의 뜻에 순종할 수 있냐며 항변하고 싶을 것이다. 그래서 당신이 성경의 수많은 하나님의 뜻에 순종할 수 있는 유일한 방법은, 성령께서 당신 안에 들어오셔서 당신의 죄를 깨닫게 해 주시고 날마다 철저하게 회개할 수 있게 해 주시며, 죄와 싸워 이기는 능력을 주시는 것이다. 그러나 여전히 자신의 죄를 심상하게 여기거나, 죄를 알고 있지만 회개할 생각도 없이 교회마당을 밟고 있다면 당신의 얼굴을 천국에서 볼 일이 결코 없을 것이다.

3.
회개는 어떻게 하는가?

회개란 자신의 죄를 낱낱이 꺼내 놓고 마음을 쏟아부으며 지난날의 잘못과 과오를 토로하고 예수 그리스도의 보혈 공로를 의지하면서 용서를 구하는 것이다. 이를 모르는 크리스천은 거의 없다. 그러나 하나님께서 당신의 회개를 들어주셨다면 죄를 용서하시고 깨끗하게 씻어 주셨을 것이므로 천국의 삶을 누리고 있어야 하지 않겠는가? 그러나 그런 삶을 사는 크리스천들이 거의 없다는 게 우리가 마주한 차가운 현실이다. 기도의 습관이 없이 교회마당을 밟는 교인들이 널려 있는 우리네 교회에서 자신의 죄를 솔직하게 꺼내 놓고 통렬한 회개로써 하나님의 마음을 감동시키는 이들을 찾기가 쉽지 않다. 그렇지만 회개 없이 죄 씻음은 없고, 죄를 씻지 못한다면 천국은 언감생심이기에, 하나님을 감동시키는 회개 기도에 대해서 곱씹어 보고 싶다.

1) 자신의 죄를 통렬하게 깨달으라

회개는 죄를 뉘우치고 마음을 고쳐먹는 것이다. 그러므로 자신의 죄가 무엇인지 알았다면 통렬하게 뉘우치는 마음이 있어야 한다. 죄란 하나님이 싫어하시는 성품과 생각, 말과 행동을 총망라하는 단어이다. 그러나 대부분의 교인들은 현행법을 위반한 것, 비윤리적인 죄, 성경을 읽을 때 마음이 찔리는 죄 등을 죄라고 여기고 있다. 이는 교회에서 죄를 철저하게 가르치지 않으며 설교의 주제로 거의 등장하지 않기 때문이다. 그러므로 자신의 죄를 깨달으려면 성령이 내주하는 기도의 습관을 들여서 성경을 읽을 때 성령께서 죄를 깨닫게 해 주셔야 한다. 그래서 자신의 죄가 마음을 무겁게 찍어 누르고 하나님과 사람 보기에 부끄러워서 얼굴을 들 수 없어야 한다. 그 정도가 아니라면 입만 달싹이는 형식적인 회개로 그치게 될 것이고, 차후에 그런 상황이 오면 죄를 반복적으로 짓게 될 것이다. 즉 회개는 했지만, 회개의 열매를 맺지 못하게 된다. 회개의 열매란 죄를 미워하고 죄와 싸워서 점점 이겨 나가 결국 죄에서 자유롭게 되는 상태를 말한다. 물론 육체의 연약함으로 인해서 때때로 죄에 걸려 넘어지기는 하지만 이전보다 훨씬 죄를 잘 이기게 된다.

2) 예수 그리스도의 보혈을 의지하여 철저하게 회개하라

자신의 죄를 통렬하게 깨달았다면 예수 그리스도의 보혈을 의지하여 철저하게 회개해야 한다. 이때 중요한 것은 입만 달싹거리는 형식적인 회개가 아니라 마음 깊숙한 곳까지 철저하게 토설하는 태도가 중요하다. 그래서 필자의 예를 들어 보겠다. 필자의 경우, 죄를 지었다고 깨닫게 되면 마음이 어두워지고 만사가 귀찮아지며 기도가 집중이 되지 않고 겉돌게 된다. 물론 무슨 죄인지 모르지 않는다. 필자가 두려워하는 것은 하나님이 지켜보고 계신다는 것을 소홀히 여기거나 죄를 심상히 여겨서 성령을 근심케 하여 떠나

시게 하는 어리석음이다. 그래서 마음이 죄로 인해 어두워지면 다른 기도를 하지 않고 오직 죄를 토설하며 철저하게 회개하는 기도만 한다. 보통 때도 몸에 힘을 주고 기도하지만, 이때는 더욱 격렬하게 힘을 주어 가며 마음을 쏟는 기도를 한다. 이때는 1시간 이상 철저하게 기도해야 하며, 마음이 밝아지며 평안이 찾아올 때까지 기도를 멈추지 않는다. 지금은 1시간 좀 넘게 기도하면 마음이 밝아지지만, 예전에는 2~3시간 이상이라도 철저하게 회개하곤 했다. 시간이 중요한 것이 아니라 성령께서 회개를 받아 주시고 평안을 주실 때까지 기도하는 것이다.

3) 죄가 생각날 때마다 즉시 회개하고, 평소에도 자주 넘어지는 죄를 회개하는 습관을 들여라

어떤 목사들은 믿고 기도하는 것은 받은 줄로 믿으라는 성경의 말씀을 인용해서 한 번 회개기도를 하면 하나님께서 용서해 주셨다고 믿으라며, 반복적으로 회개하는 것은 믿음이 없는 것이라고 가르치고 있다. 그러나 이는 잘못된 생각이다. 믿음은 자기확신이 아니라 하나님이 주시는 선물이다. 하나님께서 회개를 받아 주시고 용서해 주셨다면 죄책감에서 자유로워지고 평안함이 들어차야 한다. 그러나 자기확신의 믿음이나 형식적인 회개는 하나님께서 받으시지 않는다. 성경 곳곳에서 통렬한 마음이 없이 하는 기도는 하나님이 듣지 않으신다고 말씀하고 있다. 그러므로 철저하게 회개를 했더라도 계속 죄가 생각나면, 죄가 더 이상 생각나지 않고 마음이 평안해질 때까지 거듭 회개해야 한다. 그런 상태가 바로 하나님이 회개를 받아 주신 상태라고 보면 된다. 또한 죄를 짓더라도 스스로 인지하지 못하는 죄도 적지 않다. 그러므로 평소에 자신이 자주 걸려 넘어지는 죄나 연약한 육체로 인해 지을 수밖에 없는 죄에 대해 민감하게 여기며, 기도할 때마다 이런 죄를 내놓고 기도하는 습관이 필요하다. 성경에서 죄라고 콕 집어서 말해도 교인들이 죄라는 사실을 인지하지 못하는 이유는 성경을 읽는 습관도 없고, 성령이 주시는 깨달음도 없기에 죄에 대해 무지하거나 무감각해져 있기 때문이다. 그러므로 평소에 기도와 말씀으로 하나님과 깊고 친밀하게 교제하는 영적 습관을 들여야 한다.

> 이기는 자는 이와 같이 흰 옷을 입을 것이요 내가 그 이름을 생명책에서 결코 지우지 아니하고 그 이름을 내 아버지 앞과 그의 천사들 앞에서 시인하리라(계3:5)

> 이기는 그에게는 내가 내 보좌에 함께 앉게 하여 주기를 내가 이기고 아버지 보좌에 함께 앉은 것과 같이 하리라(계3:21)

하나님은 거룩하신 분이기 때문에 죄를 미워하시며 죄인을 가까이하실 수 없다. 그러므로 우리가 천국에 들어가려면 죄와 싸워 이기는 자가 되어야 한다. 계시록의 '이기는 자'는 죄와 싸워 이기고, 죄를 부추기는 악한 영들과 싸워 이기는 자를 말한다. 그러므로 자신의 죄를 철저하게 회개하는 습관을 들여, 이기는 자가 되어 천국백성이 되기를 바라 마지 않는다.

4.
가족을 살리려면 중보기도의 능력을 갖추라

우리네 교회에서 기도의 불길이 많이 사그라졌지만, 여전히 기도는 크리스천들의 주요한 의무이자 희망의 불씨이다. 사람들이 기도의 자리에서 사라진 이유는 기도응답이 오지 않기 때문이다. 그래서 날이 갈수록 우리네 교회에 희망의 불씨가 사그라지고 있다. 그 원인은 기도훈련을 시키지 않은 교회지도자들 때문일 것이다. 기도는 하나님과 깊고 친밀하게 교제하는 통로인데, 자신의 욕심을 채우는 수단으로 가르쳤기 때문이다. 그러나 우리네 교회지도자들은 무능하고 무기력한 믿음의 문제를 깨닫지 못하고, 교인들에게 예배의식 참석과 각종 희생적인 신앙행위만을 독려하고 있다. 그렇지만 그들은 교인들에게 기도응답이 오지 않고 각종 삶의 문제가 해결되지 않아도 크게 문제 삼지 않는 눈치이다. 자신들의 교회만 그런 상황이 아니라, 어느 교회나 사정이 마찬가지이기 때문이다. 그러나 필자는 사정이 다르다. 영성학교의 공간이 포화상태를 넘어섰기에, 정신질환이나 고질병, 세상에서 해결할 수 없는 삶의 문제가 있는 사람들만 받아들이기로 원칙을 세웠다. 이런 자신감은 어디서 연유하는 것일까? 필자의 교만인가, 아니면 하나님의 놀라운 능력인가? 영성학교가 시작된 지 몇 개월에 불과하다면 검증하기에는 시간이 부족할 것이다. 그러나 영성학교가 문을 연 지 10년이 넘어섰기에, 과연 필자의 공언이 자만심에서 비롯된 건지, 아니면 성령의 능력에서 비롯된 건지 어렵지 않게 확인할 수 있을 것이다.

지금까지 영성학교에서 수많은 기적이 일어나 정신질환이나 고질병이 낫고 삶의 문제가 해결되었지만, 오랜 시간이 지나도 기도가 지지부진한 사람들도 있다. 그 가운데는 치열하게 기도훈련에 임하지 않는 사람들, 또는 문제, 질환 등으로 기도훈련에 치열하게 임할 수 없는 사람들도 있다. 이런 경우는 가족들의 능력 있는 중보기도가 필요하다. 그래서 가족들의 능력 있는 중보기도의 필요성을 보여 주는 사례를 소개하고자 한다.

오래전 부모의 손에 이끌려 영성학교를 찾아온 여고생이 있었다. 그 소녀는 행동이 나무늘보처럼 굼뜨고 의사소통이 전혀 되지 않았다. 정신병원에 가도 상담이 되지 않으므로 어떤 처방도 무효한 상황이었다. 그런데 소녀의 부모는 정신병원에 데려가는 것을 마다하고 하나님의 능력으로 해결해 보고자 애쓰다가, 어찌어찌해서 영성학교까지 찾아오게 되었다. 그러나 이 소녀는 인지능력이 현저하게 떨어지므로 기도훈련을 시킬 수가 없었다. 그래서 필자가 축출기도를 하고, 집에서 부모가 억지로라도 기도훈련을 시키도록 했다. 그렇게 적지 않은 시간이 흘러갔다. 그동안 차도가 전혀 없는 것은 아니었지만, 우리가 원하는 것은 기적처럼 정상으로 돌아오는 것이었다. 그런데 어느 날 갑자기 원상태로 돌아오는 기적이 일어났다. 이 믿지 못할 광경을 본 우리들은 몹시 놀라고 기

나는 이렇게 기도해서 하나님을 만났다

뻐서 소리를 질렀다. 그러나 기적은 3일을 넘지 못했다. 자고 아침에 일어나니 예전의 상태로 돌아갔다는 것이었다. 그리고 또 답답한 시간이 흘러갔다. 그러다 예전의 기적이 또다시 일어났다. 정상으로 돌아온 것이다. 그래서 우리는 예전의 일을 상기하면서, 정상적인 인지상태로 돌아왔으니까 기도훈련을 제대로 시켜야겠다고 생각했다. 그러나 이번에도 3~4일을 넘기지 못하고 예전의 상태로 돌아갔다. 그러나 이런 기이한 사건을 지켜보면서 많은 것을 깨달을 수 있었다. 정상으로 돌아온 상태를 면밀하게 관찰해 보니, 놀라운 것을 발견할 수 있었다. 그 소녀는 아주 까칠한 성품으로 부모의 말을 잘 듣지 않았고 자주 짜증을 내는 것이었다. 부모의 말에 의하면, 원래는 온순한 아이였다고 한다. 그러나 어찌 된 일인지 이 소녀의 성품이 사납게 변해 있었다. 귀신이 오래 잠복해 있으면서 반항적이고 화를 자주 내는 성품으로 변했는지는 모르겠지만, 이렇게 사납고 악한 성품으로는 하나님의 기적을 기대할 수가 없었다. 그래서 아쉽기는 하지만, 필자의 짧은 축출기도만으로 완전한 회복을 기대할 수 없다는 것을 깨닫게 되었다. 필자의 축출기도로 정신이 돌아왔지만, 죄악 된 성품 때문에 하나님의 능력이 지속적으로 나타나지 않기에, 귀신들이 또다시 소녀의 정신과 육체를 사로잡게 된 것이다. 이 사건을 지켜보면서, 이 소녀에게는 부모의 중보기도가 절실하게 필요하다는 것을 깨달았다. 필자는 축출기도 시, 많은 인원 때문에 개개인에게 5분 정도밖에는 기도해 주지 못한다. 그러므로 부모가 하나님을 감동시키는 중보기도를 해야 이런 안타까운 상황이 반복되지 않고, 이 소녀의 정신이 귀신에게서 완전히 해방될 수 있다는 것을 알게 되었다.

두 번째 예는, 귀신이 오래 잠복하여 환청으로 두려움을 주는 청년의 경우이다. 이 청년의 경우에는 환청으로 두려움을 주는 귀신의 공격이 아주 치명적이었다. 귀신이 잠복해 있는 경우에 말소리가 들리는 환청 현상이 드문 일은 아니지만, 이 청년의 경우에는 사람의 소리가 전혀 들리지 않을 정도로 환청이 엄청나게 심했다. 귀신이 넣어 주는 환청은 대부분 두렵게 하고 불안하게 하는 부정적인 생각을 넣어 주는 것이었다. 그동안 이 청년은 환청이 귀신이 넣어 주는 소리라는 것을 인지하지 못하고, 실제로 사람들이 자신에게 부정적인 말을 해 주는 것으로 알고 괴로워하며, 상대방을 향해 타오르는 분노를 키워 왔다. 그래서 심각한 불면증과 우울증을 앓게 되었으며 정상적인 사회생활을 포기하고 방안에 틀어박혀서 병세를 키우다가, 식구들의 강요로 영성학교에 오게 되었다. 이 청년은 자신의 문제를 인지하고 스스로 깨달아서 영성학교에 온 경우가 아니라, 타의에 의해서 억지로 왔기 때문에 스스로 열심히 기도하려는 의지가 박약했다. 그래서 겨우겨우 마지못해서 기도훈련에 참여했다. 그렇게 1년의 시간이 훌쩍 지났다. 기도가 지지부진하였으므로 나아지는 것도 몹시 오래 걸렸다. 그러나 처음에 비해 무척이나 좋아진 것은 사실이다. 그러나 필자는 예전보다 좋아지는 것에 만족하는 것이 아니라 완전한 상태로 돌아와야 만족한다. 그러나 이 청년은 어느 정도 좋아지는 선에서 더 이상 진도가 나가지 않고 있다. 그 이유는 혹독하게 기도하지 못하고 조금만 힘들면 기도를 내려놓기 때문이다. 또한 귀신이 환청으로 공격하면 귀신의 소리라는 것을 인지하지 못하고 두려워 떨면서 불안해한다. 말하자면 이 청년의 믿음이 워낙 부족해서, 보혈의 능력을 의지해서 기도하는 것이 아니라 형식적인 기도를 하고 있을 뿐인 것이다. 이 청년의 경우에도 본인의 기도로는 자신의 문제를 해결하기 어렵다. 그래서 필자는 식구들에게 강력한 중보기도를 요청했다.

이 2명의 경우를 통해서, 본인이 기도하려는 결심, 귀신의 공격에 치열하게 싸우려는 의지, 하나님이 싫어하는 성품을 고치려는 결연한 결단이 없다면, 아무리 다른 사람이 축출기도를 해 주더라도 지지부진한 결과를 받아들일 수밖에 없다는 것을 깨달았다. 그러므로 자신의 가족에게 이런 문제가 있지만, 당사자가 치열하게 기도훈련에 임하지 않는다면 가족들의 능력 있는 중보기도가 필요하다. 딸이 귀신 들린 수로보니게 여인과, 아들이 간질병에 걸린 아버지 역시 강력한 믿음으로 자녀들의 문제를 해결하였듯이, 당신의 가족 중에서 불치의 병과 세상에서 해결할 수 없는 문제가 있지만 스스로 해결하지 못한다면, 당신이라도 하나님을 감동시키는 기도의 능력을 갖추길 바란다.

5.
눈물의 성을 쌓는 기도

요즘은 공무원이나 교사, 공기업에 취업하는 게 무척이나 어렵다. 그러나 과거에 대학을 졸업하면 기업에서 모셔 가거나 딱히 취업이 되지 않으면 공무원이 되던 시절이 있었다. 물론 그때는 공무원에 대한 대우가 기업과 비교해 한참 떨어져 있었고, 경제발전으로 인해 대학을 졸업한 인재가 턱없이 부족했기 때문에 그랬던 것이다. 그래서 부모세대는 지금의 청년들의 고뇌를 이해하기 어렵다. 그러다 보니 대학을 졸업했는데, 왜 취직을 못하느냐고 성화이다. 취업이 쉽지 않다는 것은 들어서 알고 있지만, 정작 자신들이 경험해 보지 못했다면 당사자가 피부로 느끼는 절망감과 자괴감을 알 수 없을 것이다. 그런 일이 영성학교에도 있다.

영성학교는 성령이 내주하는 기도훈련을 하고 있지만, 기도훈련이 필요해서 시작한 사람은 드물고 대부분 정신질환이나 고질병 혹은 삶의 지난한 문제를 해결하기 위해 영성학교를 찾아온 사람들이다. 필자가 이 기도훈련을 하면 어떤 고질병이나 삶의 문제라도 해결될 수 있다고 큰소리를 땅땅 쳤기 때문이다. 그렇게 문을 연 지도 벌써 10년이 지났기에, 영성학교에서 어떤 일이 일어났는지 많은 이들이 알게 되었다. 필자의 공언대로, 정신질환과 고질병이 치유되고 삶의 지난한 문제들이 회복되었다. 그래서 적지 않은 이들이 영성학교를 교회공동체로 삼아 눌러앉았다. 그러나 그게 전부가 아니다. 공동체 식구들이 심각한 정신질환이나 고질병을 비롯해 치매, 알츠하이머, 귀신에 눌려 있거나 세상에서 해결하지 못한 갖가지 문제로 고통받고 있는 자신의 부모, 형제 혹은 자녀들을 영성학교로 데려왔다. 그런데 그 부모, 형제나 자녀들은 믿음이 없다는 것이 문제였다. 이들은 자신의 문제를 뼛속 깊이 깨닫고 이를 악물고 기도훈련을 하는 사람들이 아니라, 가족의 성화에 못 이겨 억지로 영성학교에 끌려온 사람들이다. 이들 중 하나님을 믿지 않는 사람들도 있었고, 형식적으로 교회를 다닌 사람들이 대부분이었다. 말하자면 믿음이 거의 없는 사람들인 셈이다. 영성학교에 이런 사람들이 늘어날수록 필자의 고민도 깊어졌다. 믿음이 없는 사람들에게 하나님의 기적이 내려올 수 없기 때문이다. 그러나 그들이 영성학교에 몸담고 있는 공동체 식구들의 사랑하는 가족이었기 때문에, 매몰차게 내칠 수도 없는 노릇이었다.

> 야곱은 모태에서 그의 형의 발뒤꿈치를 잡았고 또 힘으로는 하나님과 겨루되 천사와 겨루어 이기고 울며 그에게 간구하였으며 하나님은 벧엘에서 그를 만나셨고 거기에서 우리에게 말씀하셨나니(호12:3~4)

> 한나가 마음이 괴로워서 여호와께 기도하고 통곡하며 서원하여 이르되 만군의 여호와여 만일 주의 여종의 고통을 돌보시고 나

를 기억하사 주의 여종을 잊지 아니하시고 주의 여종에게 아들
을 주시면 내가 그의 평생에 그를 여호와께 드리고 삭도를 그의
머리에 대지 아니하겠나이다(삼상1:10~11)

예수께서 힘쓰고 애써 더욱 간절히 기도하시니 땀이 땅에 떨어
지는 핏방울 같이 되더라(눅22:44)

필자의 처가 식구들은 대부분 믿음이 돈독한 분들이다. 장모님의 견
고한 믿음이 자녀들에게 전해 내려갔기 때문이다. 그러나 모든 분이 그
렇지는 않다. 신앙이 전혀 없는 분도 계시다. 그래서 아내가 마음이 괴
로워서 이 문제를 놓고 기도했다. 그랬더니 성령께서, 가족들이 눈물의
성을 쌓아야 한다고 말씀하셨다. 눈물의 성이라는 의미를 모르지는 않
지만, 눈물로써 통곡하며 기도해야 된다는 말씀이 피부에 와 닿지 않은
것도 사실이다. 그렇게 세월이 지나 필자가 이 사역을 하면서 벽에 부
딪치는 느낌이 드는 일들이 잦아졌다. 바로 앞서 언급한 사람들 때문이
다. 본인들은 믿음이 없는데, 영성학교 공동체 식구들의 손에 이끌려 억
지로 온 사람들 말이다. 성령께서 필자 부부에게 성령을 만나는 기도를
말씀하시면서, 한마디로 야곱의 기도를 본받으라, 겟세마네적인 기도를
하라고 하셨다. 야곱이 얍복강가에서 가축과 가족을 먼저 떠나보내고
어떤 모습으로 기도를 했는지 모르는 크리스천은 없다. 그는 천사와 겨
루어서 옷자락을 붙들고 애걸복걸하면서 눈물로써 하나님께 간구했다.
예수님도 십자가에 못 박히시기 전날 겟세마네 동산에서 기도하실 때,
애를 쓰고 몸부림치며 기도하였기에 핏방울이 땀방울에 섞여서 떨어질

나는 이렇게 기도해서 하나님을 만났다

정도였다고 성경은 말하고 있다.

사무엘의 어머니 한나 역시 그의 영혼과 삶이 너무도 고통스러웠기에 하나님께 통곡하면서 매달렸다. 이런 기도의 모습이 눈물의 성을 쌓는 기도이다. 왜 눈물의 성을 쌓는 기도를 해야 하냐면, 하나님을 감동시키지 않으면 절대로 안 되는 일이기 때문이다. 영성학교에서 이 기도훈련을 하면서 수많은 기적과 이적들이 일어나서, 정신질환과 고질병이 치유되고 기적적으로 삶의 문제가 해결되었다. 그러나 믿음이 없는 가족들의 구원, 귀신이 쫓겨 나가고 정신질환이 치유되는 일은 실로 어렵고 힘든 일임을 토로하지 않을 수 없다. 하나님은 믿음의 잣대로 귀신을 쫓아내시며 귀신들이 일으킨 고질병을 치유해 주시기 때문이다. 그러나 본인이 믿음이 없기에 아무리 중보기도를 열심히 해도 생각보다 시원하게 문제가 해결되지 않는 일이 허다했다. 물론 전혀 변화가 없는 것은 아니다. 처음보다 병세가 많이 좋아지기는 한다. 그러나 호전과 악화가 반복되는 일이 잦다. 귀신들도 쉽게 물러나지 않기 때문이다. 질병이 낫는 것에 그치지 않고, 정상으로 회복되어 하나님과 동행하는 기도의 습관을 들이기까지는 첩첩산중이다. 그래서 필자가 이들을 보면서 절망에 가까운 생각이 드는 것이다. 그런데 하나님은 능치 못한 일이 없는 분이시지 않은가? 그러나 하나님이 강권적으로 일을 하시려면, 가족들이 하나님을 감동시키는 믿음을 보여드려야 한다. 말하자면 날마다 눈물의 성을 쌓고 쌓아야 한다. 그냥 열심히 기도해서는 안 된다. 성경의 위인들처럼 눈물과 통곡의 기도를 해야 한다. 그런 결연한 태도로 기도하지 않으면, 믿음이 없는 가족들의 문제를 해결하는 것은 실로 요원한 일이다. 하나님은 어떤 문제라도 해결해 주기 원하시기 때문에, 가족들이 강철 같은 믿음으로 하나님의 마음을 감동시켜야 비로소 철옹성 같이 막아선 귀신들도 결국 손을 놓고 떠나갈 것이다. 그러므로 눈물의 성을 쌓는 것은 당신의 몫이다. 당신의 눈물의 기도가 믿음이 없는 가족들을 구원할 수 있는 유일한 길임을 잊지 마시라.

나는 이렇게 기도해서 하나님을 만났다

제7장

기도의 핵심 포인트

1.
기도의 핵심 포인트는 무엇인가?

공부를 잘하는 학생들은 시험문제에 무엇이 나올지 꿰뚫고 있다. 즉 배운 내용 중에서 어떤 것이 시험에 나올 핵심 포인트인지 잘 알고 있다. 낚시를 잘하는 강태공도 그렇다. 물고기가 어디에 몰려 있는지 지형지물을 잘 파악하고, 그곳에서 서식하는 물고기의 습성을 잘 알고 있다. 그래서 낚시꾼들은 물고기들이 몰려 있는 곳을 '포인트'라고 말한다. 그래서 포인트를 잘 읽는 낚시꾼이 물고기를 잘 잡는 것이다. 이처럼 모든 분야에는 좋은 성적을 내기 위한 비법, 즉 핵심 포인트가 있는데, 기도에도 핵심 포인트가 있다. 바로 집중력이다. 기도에 집중하는 능력이 바로 포인트인 셈이다. 그래서 당신은 그런 능력을 가지고 있는가?

대부분의 우리네 교회에서는 기도를 훈련시키지 않는다. 그냥 열심히 하면 됐지 무슨 훈련이 필요하냐는 생각이다. 그래서 희생의 강도를 높여서 기도하는 것만을 강조하고 있다. 새벽기도, 작정기도, 일천번제기도, 금식기도 등이 바로 그런 기도이다. 그래서 그간 우리네 교회에서의 기도가 효험이 있었던가? 예수님은 믿고 기도하는 것마다 받게 될 것이라고 약속하셨지만, 우리네 교회에는 그런 기적을 경험하며 사는 교인

나는 이렇게 기도해서 하나님을 만났다

들이 거의 없다. 그래서 교회의 기도회에서 사람들이 사라져 가고 있다. 그 이유가 무엇인지 아는가? 기도하는 법을 가르치지 않기 때문이다.

기도는 하나님과 깊고 친밀하게 교제하는 통로이다. 즉 하나님은 영이시므로 우리의 영혼과 교제하는 통로가 바로 기도인 셈이다. 그렇다면 공부나 연구처럼 기도는 바로 정신노동이다. 기도의 내용은 하나님의 이름을 부르고, 찬양하고 감사하며, 회개하고 하나님의 뜻을 간구하는 것이다. 그러므로 기도자리에 앉으면 정신을 집중시켜서 이런 내용을 기도해야 한다. 그러나 이런 기도를 해 본 사람은 아시겠지만, 하나님의 이름을 부르는 기도를 시작하면 잡념이 들어와서 기도에 집중하지 못하게 한다. 이는 악한 영들이 기도를 방해하고 있기 때문이다. 그러므로 송곳 같은 집중력을 유지하며 기도하려면, 적지 않은 기간 동안 악한 영과 싸우며 삶에서 쉬지 않고 기도하는 훈련을 받아야 한다. 그렇다면 어떻게 해야 기도의 집중력을 향상시킬 수 있을까?

1) 삶의 가지치기를 철저하게 해야 한다

삶의 가지치기란 기도를 방해하는 모든 행위들을 정리하는 것을 말한다. 특히 정신을 빼앗는 것들을 쳐내야 한다. 컴퓨터 게임이나 인터넷 서핑, TV 드라마, 영화 등은 재미있기 때문에 많은 시간과 정신 에너지를 소모시킨다. 말하자면 이런 행위들을 지속하면서 집중력을 유지할 수 없다. 친구들 모임이나 동호회 모임도 집중력을 빼앗는 블랙홀이다. 사람들과의 모임은 시간도 많이 빼앗지만, 그곳에서 나누는 이야기들이 기도할 때 마음을 산만

하게 한다. 그러므로 모임이 많은 사람들이 기도에 집중할 수 없는 것은 당연한 일이다. 갖가지 취미나 쇼핑에 빠지는 것도 마찬가지이다. 그러나 가장 많은 시간과 정신 에너지를 빼앗는 것은 바로 돈이다. 많은 크리스천들이 돈을 버느라 바빠서 기도할 시간이 없으며, 늦게까지 돈을 버느라 심신이 피곤해지기 때문에 기도자리에 앉아서 졸기 일쑤이다. 이는 하나님보다 돈을 더 섬기고 있는 모습이다. 그래서 최소한의 생계비를 벌 수만 있다면 돈 버는 시간을 줄이고 기도해야 한다. 그러나 이는 뼈를 깎고 살을 저미는 아픔을 동반한다. 그래서 기도하는 것은 자신을 하나님께 드리는 일이다. 돈을 포함해서 세상에서 즐거워하는 모든 것을 포기해야 하기 때문이다. 그래서 시간을 정해 놓고 규칙적으로 매일 1시간 이상 기도하는 크리스천들이 거의 없는 것이다. 설령 기도자리에 앉았다고 하더라도, 정신을 빼앗는 것들을 과감하게 정리하지 않는다면 기도에 집중할 수 없다. 그래서 심플하게 살아야 한다. 최소한의 생계비를 버는 노동과 생활에 필수적으로 해야 하는 일들을 제외하고는, 오직 기도하는 일에 매달려야 한다. 삶의 가지치기를 하지 않으면 집중할 수 없으며, 집중이 되지 않으면 형식적인 자기만족의 기도가 되기에, 시간이 지나면 흐지부지되기 십상이다.

2) 기도의 강도와 빈도를 높여야 한다

부익부 빈익빈이라는 말이 있다. 부자는 더욱 부자가 되고 가난한 사람은 더욱 가난하게 된다는 말이다. 그래서 세월이 흐를수록 소수의 부자가 부의 대부분을 거머쥐고 대다수의 사람들은 가난하게 된다. 기도도 바로 그렇다. 하나님을 부르는 기도는 정신집중을 방해하는 악한 영과 피 터지게 싸우는 기도이기에 더욱 집중력을 필요로 한다. 그래서 기도할 때마다 강도를 높이고 기도를 자주하는 사람들은 집중력이 더욱 향상되고, 그렇게 하지 못하는 사람들은 기도하면 할수록 기도의 집중력이 떨어져서 중도에 포기하기 마련이다. 그러므로 방해받지 않고 기도하는 시간을 자주 갖고, 기도할 때마다 기도의 강도를 최대한 높여야 하며, 낮에도 틈만 나면 수시로 기도해야 한다. 말하자면 기도의 강도와 빈도를 높이는 사람들은 집중력이 날로 향상되겠지만, 거꾸로 강도와 빈도가 떨어지는 사람은 기도가 흐지부지될 공산이 크다. 그래서 기도에 목숨을 걸고 기도에 미쳐야 한다. 기도할 때마다 입에서 단내가 나도록 해야 하며, 죽기 살기로 기도하는 사람들만이 성경에서 약속한 놀라운 기적을 경험할 수 있다. 아니면 형식적인 기도, 자기만족의 기도를 하다가 슬그머니 그만두게 될 것이다.

3) 말씀을 읽으면서 기도하라

말씀을 붙잡고 기도하라는 권면을 들은 적이 있을 것이다. 말은 그럴듯하고 성경적인 것 같은데 별 효과가 없었을 것이다. 왜 그런지 아는가? 약속의 말씀을 외치면서 믿는다고 해 봤자 공중에 흩어지는 소리에 불과하기 때문이다. 하나님의 말씀은 외우고 소리친다고 믿어지고 능력이 나타나는 것이 아니다. 하나님이 기뻐하시는 믿음의 본을 보이는 사람을 하나님은 기뻐하시고 그들의 기도에 응답해 주신다. 하나님은 성경에 자신의 뜻을 밝혀 놓으셨다. 그러므로 성령이 내주하는 기도를 동반하면서 말씀을 읽으면 성령께서 깨달음으로 가슴에 새겨지게 하신다. 그때 말씀이 믿어지는 경험을 하게 된다. 그러므로 말씀을 읽으면서 기도하면 능력이 배가되며, 하나님의 뜻대로 기도하고 삶에 적용하므로 하나님이 기뻐하시는 사람이 되는 것이다. 그렇게 기도할 때 기도에 더욱 집중이 되고 몰입이 된다. 하나님은 자신이 기뻐하는 자녀에게 찾아오셔서 존재감을 드러내시기 때문이다. 그러므로 송곳 같은 집중력을 유지하려면 성경을 규칙적으로 읽으면서 깨달음을 얻어가며 기도해야 한다.

2.
송곳 같은 집중력을 유지하는 기도의 자세

우리네 교회에는 송곳 같은 집중력을 요구하는 기도를 갈망하는 사람들이 거의 없다. 대부분 규칙적으로 기도하는 습관을 들이지 않았을 뿐 아니라, 기도의 내용도 자신의 유익이나 삶의 문제해결을 구하는 것이며, 이를 위해 10분도 채 안 되게 기도한다. 그러므로 집중하고 말 것도 없다. 그러나 영성학교는 아니다. 영성학교의 기도훈련은 성령이 내주하는 기도가 목적이다. 기도의 내용도 쉬지 않고 하나님의 이름을 부르며 성령의 내주를 간구하는 것이 대부분이다. 더불어 하나님을 찬양하고 감사하고 회개하며 하나님의 뜻을 구하는 기도가 더해진다. 이러한 기도는 절대적인 집중력을 요구한다. 또한 하나님을 부르는 기도는 예외 없이 악한 영의 공격을 받게 된다. 악한 영은 다른 기도는 거들떠보지도 않지만, 하나님을 부르는 기도는 이를 막으려고 기를 쓰고 달려든다. 왜냐하면 하나님이 찾아오시는 사건은 그들이 가장 두려워하는 일이기 때문이다. 그래서 송곳 같은 집중력을 요구하는 기도에 대해 찬찬히 살펴보고 싶다.

집중력 있게 기도한다는 것은 무엇을 뜻할까? 그것은 기도하는 내용이 머릿속에서 떠나지 않게 유지하는 것이다. 그러므로 기도에 집중하지 못하는 현상은 기도할 때 잡념이 들어오거나 멍한 상태로 있거나 졸고 있는 것이다. 특히 영성학교에서 가르치는 기도는 무척이나 단순하며, 많은 시간을 기도해야 한다. 평균 하루에 3시간 이상 기도하고 있으니, 다른 교회의 목회자들이나 교인들이 이 사실을 알면 뒤로 넘어갈 것이다. 즉 오래 기도하고 단순한 내용을 반복해서 기도해야 하므로, 기도 시간이 집중력과의 싸움이라고 해도 과언이 아니다. 그래서 오랫동안 영성학교에서 기도훈련을 한 사람들 가운데도 집중력 있게 기도하지 못하는 이들이 적지 않다. 영성학교 식구들이라면 무척이나 애를 쓰고 노력하고 있겠지만, 집중력을 유지하면서 기도하는 게 만만한 일이 아니라는 것을 잘 알고 있을 것이다.

그렇다면 먼저 우리네 교회에서 하는 기도를 살펴보자. 기도회에서 하는 기도는 통성기도이거나 방언기도이다. 통성으로 기도하는 것은 묵상으로 기도할 때보다 집중력 있게 기도할 수 있겠지만, 이는 쉬지 않고 기도할 수 없을 뿐 아니라 장소 역시 제한적일 수밖에 없다. 그래서 대부분 짧은 시간만 기도할 수 있다. 방언기도는 정말 문제이다. 방언기도는 자신이 무슨 내용으로 기도하는지 전혀 알 수 없다. 성령께서 방언의 은사를 주신 목적은 하나님을 모르는 세상 사람들에게 자신들이 사는 지역의 언어를 말하는 능력을 보임으로, 전능하신 하나님의 능력을 통해 영혼을 구원하는 통로로 주신 것이다. 그런데 이것을 하나님께 사용하고 있으니 기가 막히지 않은가? 그러므로 대부분의 방언기도는 성경적이지도 않고 성령이 주시는 것도 아닐 것이다. 또한 출처가 의문시되는 관상기도(향심기도)는 몸을 최대한 편하게 하고 마음에 떠오르는 생각으로 하나님의 음성을 듣는 기도라고 가르치고 있다. 이는 기도할 때 떠오르는 생각이 죄다 하나님이 주시는 음성이라고 믿는 데서 출발한다. 그러나 성경은 사람의 마음이 만물보다 거짓되고 심히 부패되었다고 선포하고 있으며(렘17:9), 악한 영이 속여 넣어 주는 마음과 생각을 지켜야 한다고 말하고 있다(빌4:7). 그런데 마음과 생각을 열어 놓고, 그냥 들어오는 생각이 하나님의 음성이라고 가르치고 있으니 기가 막힌 일이다. 이는 힌두교의 초월명상이나 불가의 참선과 비슷한 기도방식으로, 죄다 미혹의 영이 속이는 기도이다. 그런데 분별없는 교회지도자들이 이런 기도방식을 들여와서 가르치고 있으니 답답하기 짝이 없다.

영성학교에서 가르치는 기도는 성령이 내주하는 기도이다. 그 내용은 성령께서 우리 안에 와 달라고 전심으로 기도하는 것이다. 기도의 내용은 어렵지 않다. 하나님, 예수님, 주님 등을 간절히 부르는 것이다. 구체적인 문장이 집중하기 좋으므로, '하나님 제게 와 주세요, 저를 다스리고 통치해 주세요, 저는 당신의 종이에요, 하나님은 나의 주인이시고 나의 왕이시고 나의 하나님이십니다.' 등과 같이 구체적인 문장으로 기도하면 집중하기가 더욱 좋다. 그러나 이 역시 오래 기도하다 보면 집중력을 유지하기 어렵다. 집중력 있게 기도하는 방식은 간절히, 전심으로, 마음을 다해서, 오직 기도하기에 힘쓰는 것이다. 그러므로 육체를 최대한 긴장시키고 힘을 주어 기도해야 집중이 잘 된다. 야곱이 천사에게 애걸복걸하며 기도한 모습, 예수님이 겟세마네 동산에서 기도한 모습을 보라. 애를 쓰고 용을 쓰며 간절히 기도하셨지 아니한가? 그래서 필자는 오랫동안 집중력을 유지하면서 간절히 기도하려면 몸의 근육을 최대한 긴장시 켜야 한다는 것을 알게 되었다. 그러나 힘을 너무 주면, 힘주는 데 집중 력이 분산되거나 시간이 지나면 지쳐서 오래 기도할 수 없다. 그래서 최 소한의 힘으로 오랫동안 근육을 긴장시키는 방식을 찾으려고 애썼다. 적 지 않은 시행착오 끝에 지금의 기도자세로 기도하는 것을 습관 들였다.

필자가 근육을 긴장시키는 방식은 2가지이다. 몸의 중심이 아랫배에 있으므로 아랫배에 힘을 주는 방식이다. 먼저 심호흡을 하고 천천히 길 게 내쉬는 것이다. 이 방식은 아랫배에 힘을 주어 근육을 긴장시키는 데 탁월하다. 그러나 어느 정도 훈련이 되어 습관을 들여야 한다. 천천히 숨을 내쉴 때 배가 쥐어짜질 때까지 지속해야 한다. 필자가 심호흡을 하 고 내쉴 때, 한 번에 약 25초가량 이어진다고 아내가 관찰해 보고 말해 주었다. 그러나 숨이 너무 가빠지면 기도에 집중하지 못하므로 자신에 게 맞게 조정해야 한다. 천천히 숨을 내쉴 때 입을 동그랗게 모아서 조금 씩 숨이 나가도록 하거나, 입술을 조금 열어 놓고 위아래 이빨을 마주치 고 내쉬면 조금씩 숨이 빠져나가게 된다. 이때 조그마한 소리를 내는 것 이 집중에 도움이 되지만, 성대를 전혀 울리지 않고 숨소리만 거칠게 나 가도록 하는 것도 좋다. 물론 소리를 내어 기도하는 것도 집중에 도움이 되지만, 목이 쉬거나 성대가 결절되어 오래 하지 못한다는 것이 단점이 다. 이 방식은 훈련이 되어서 습관을 들여야 하지만, 정말 중요한 기도 모습이다.

다른 방식은 몸에 힘을 주는 것이다. 그러나 이는 에너지가 많이 소모

되므로 최소한의 힘으로 지속적으로 근육을 긴장시켜야 한다. 필자는 오랜 시간 시행착오를 거친 끝에 팔을 몸에 가까이 붙인 채, 힘을 주어 짧게 떠는 동작으로 근육을 긴장시키고 있다. 이때 다리를 펴서 힘을 주면 시너지 효과를 얻게 된다. 그래서 필자는 좌식의자에 기도 방석 2개를 앞뒤로 펴놓고 앉아서 기도한다. 그래야 하루에 3~4시간 기도해도 몸에 무리가 가지 않기 때문이다. 이때 주의해야 할 것은 팔을 몸에 붙이고 떠는 동작을 어느 정도 크게 해야 한다는 것이다. 작으면 육체의 긴장이 느슨해지고 잡념이 들어와서 졸게 된다. 이 2가지가 근육을 오랫동안 긴장시키면서 정신을 집중시켜 기도하는 방식이다. 그동안 영성학교에서는 몇 차례 시범을 보여 주어 따라 하게 했지만, 아직도 제대로 하지 못하는 사람들이 적지 않다. 그러므로 기도시간에 집중력이 떨어져서 졸거나 공상에 빠지거나 잡념으로 헤매고 있다면 이 방식을 습관들이시라.

3.
간절히 기도하지 않으면 시간 낭비이다

　당신이 교회마당을 밟고 있는 교인이라면 기도를 해 보았을 것이다. 그러나 기도라는 게 응답이 없으면 오래 지속하기 힘들다. 물론 새벽기도회에 나가는 습관을 들인 교인들도 더러 있지만, 응답이 내려오기 때문에 새벽기도회에 나가는 게 아니라 응답이 없더라도 교인의 의무감 내지는 다른 이유들로 나가는 것이다. 그러나 왜 열심히 기도해도 응답이 없는지에 대해 고민하지 않는다. 그게 우리네 교회의 차가운 현실이기 때문이다. 그래서 목사들도 응답이 오지 않는 기도를 뜨거운 감자로 여겨 회피하기 일쑤이다. 그러나 필자는 아니다. 필자는 기도훈련을 하는 사역을 하고 있기 때문이다. 그것도 성령이 내주하는 기도훈련이라고 못 박고 있다. 성령이 누구신가? 전지전능한 하나님이시다. 그러므로 기도응답이 없는 기도훈련은 상상할 수조차 없다. 기도응답이 없는 기도는 당연히 잘못된 기도이며 성경에 어긋난 기도이다. 물론 기도응답이 없는 이유는 여러 가지가 있겠지만, 그중에서도 기도의 태도에 대해서 살펴보고 싶다.

　예수께서 일어나사 거기를 떠나 두로 지방으로 가서 한 집에 들어가 아무도 모르게 하시려 하나 숨길 수 없더라 이에 더러운 귀신 들린 어린 딸을 둔 한 여자가 예수의 소문을 듣고 곧 와서 그 발아래에 엎드리니 그 여자는 헬라인이요 수로보니게 족속이라 자기 딸에게서 귀신 쫓아내 주시기를 간구하거늘 예수께서 이르시되 자녀로 먼저 배불리 먹게 할지니 자녀의 떡을 취하여 개들에게 던짐이 마땅치 아니하니라 여자가 대답하여 이르되 주여 옳소이다마는 상 아래 개들도 아이들이 먹던 부스러기를 먹나이다 예수께서 이르시되 이 말을 하였으니 돌아가라 귀신이 네 딸에게서 나갔느니라 하시매 여자가 집에 돌아가 본즉 아이가 침상에 누웠고 귀신이 나갔더라(막7:24~30)

그들이 여리고에 이르렀더니 예수께서 제자들과 허다한 무리와 함께 여리고에서 나가실 때에 디매오의 아들인 맹인 거지 바디매오가 길 가에 앉았다가 나사렛 예수시란 말을 듣고 소리 질러 이르되 다윗의 자손 예수여 나를 불쌍히 여기소서 하거늘 많은 사람이 꾸짖어 잠잠하라 하되 그가 더욱 크게 소리 질러 이르되 다윗의 자손이여 나를 불쌍히 여기소서 하는지라 예수께서 머물러 서서 그를 부르라 하시니 그들이 그 맹인을 부르며 이르되 안심하고 일어나라 그가 너를 부르신다 하매 맹인이 겉옷을 내버리고 뛰어 일어나 예수께 나아오거늘 예수께서 말씀하여 이르시되 네게 무엇을 하여 주기를 원하느냐 맹인이 이르되 선생님이여 보기를 원하나이다 예수께서 이르시되 가라 네 믿음이 너를 구원하였느니라 하시니 그가 곧 보게 되어 예수를 길에서 따르

니라(막10:46~52)

수로보니게 여인과 거지 바디매오 이 두 사람은 예수님을 만나 소원을 이룬 대표적인 인물이다. 그러나 그 과정은 쉽지 않았다. 이방 민족이었던 수로보니게 여인은 자신의 민족이 개로 비하되는 모멸감을 참고 견디면서 불굴의 의지로 버텼기에 예수님으로부터 응답을 받은 성경의 인물이 되었다. 소경 바디매오는 길가에 앉았다가 예수님이 오신다는 소식을 듣자마자 소리를 지르기 시작한다. 그러자 돌아오는 반응은 차갑기 그지없다. 제자들로부터 조용히 하라는 핀잔을 들어야 했지만, 그는 아랑곳하지 않고 더 큰 소리로 예수님의 관심을 끌려고 악을 쓰며 외쳤다. 그 결과로 그는 평생의 소원을 이루었다. 이 두 사람이 소원을 이룬 수단은 무엇인가? 극한 부정적인 상황 속에서도 간절히 자신의 소원을 간구한 것이다. 그래서 당신은 기도할 때마다 이렇게 간절히 기도하고 있는가? 그게 궁금하다면 새벽기도 시간에 가서 사람들이 기도하는 광경을 살펴보라. 대부분 자신이 원하는 내용을 한 바퀴 돌리고는 집으로 돌아가기 바쁘다. 시간이 넉넉한 사람은 간구하는 내용을 두 바퀴 돌리거나 더 많은 기도 제목을 내놓고 기도할 뿐이다. 그렇게 기도가 끝나면, 오늘도 신앙의 의무를 해냈다는 뿌듯한 마음으로 집에 돌아간다. 기도 응답이 없어도 좋다. 그냥 자신이 기도한 것으로 만족하기에 말이다. 응답이 내려오지 않는 기도는 시간 낭비이지 않은가? 평생 기도해도 응답이 없는 기도를 성실하게 하는 이유는 무엇인가? 그 이유는 바리새인과 서기관처럼 기도를 자기 의와 자기만족의 수단으로 삼기 때문이다. 남들이 알아주기를 바라고, 또한 자기 스스로 만족하기 때문이다. 이는 미

나는 이렇게 기도해서 하나님을 만났다

혹의 영이 기도하는 사람들을 속여서 하나님을 만나지 못하게 하는 데 성공했기 때문이다. 그러나 현대교회는 미혹의 영의 정체나 공격계략에 대해 전혀 무지하니 기가 막힌 일이다.

　기도란 하나님과 대화하면서 교제하는 것이다. 당연히 기도의 대상은 하나님이다. 그렇다면 하나님께 구하는 태도는 어떠해야겠는가? 간절한 마음으로 응답해 주신다는 믿음을 보여야 하지 않겠는가? 물론 처음에는 간절히 기도했을 것이다. 그러나 시간이 지나도 아무런 응답이 없자, 간절함을 잃어버리고 제풀에 지쳐서 기도를 포기하는 이들이 대부분이다. 이런 태도로는 하나님으로부터 응답을 기대할 수 없다. 예수님은 응답해 주실 것을 믿고 기도하라고 명령하셨으며, 믿고 구하는 것은 응답해 주실 것을 약속해 주셨다. 그러므로 당신이 구하는 내용이 성경적이며 하나님이 약속한 내용이 틀림없다면, 응답이 내려올 때까지 간절히 기도해야 한다. 간절히 기도하는 태도는 온몸에 힘을 주고, 애를 쓰고 악을 쓰며 기도하는 것이다. 영성학교에서는 간절히 기도하는 것을 구체적으로 철저하게 가르치고 있다. 필자 역시 25년을 한결같이 그렇게 기도하고 있다. 필자는 지금까지 이천 번이 넘는 기적을 체험했으며, 영성학교를 열고 나서 수백 명의 사람들에게서 귀신을 쫓아내고 정신질환과 고질병을 치유하고 삶의 지난한 문제를 해결하면서 사역을 진행하고 있다. 하나님께서 필자와 영성학교 식구들의 기도에 응답해 주신 결과이다. 그러므로 당신도 하나님으로부터 응답을 얻는 기도를 하려면 간절히 기도하는 습관을 들여야 한다. 기도할 때마다 온몸에 힘을 주며 애를 쓰면서 입에서 단내가 나도록 기도해야 한다. 물론 기도습관이 들 때까지는 무척이나 힘들고 어려운 것도 사실이다. 그러나 이런 기도습관을 들였다면 놀라운 인생을 살아갈 수 있다. 기도하는 것마다 응답이 내려오는 경이로운 삶이 펼쳐지게 된다. 하나님은 성경에서 약속하신 것을 틀림없이 지키시는 신실한 분이시기 때문이다.

나는 이렇게 기도해서 하나님을 만났다

4.
간절하게 기도하는 비결은 어디에서 오는가?

예전에 소모임에 갔다가 어느 자매로부터 질문을 받았다. 간절하게 기도를 하고 싶은데 그런 마음이 들지 않아서 답답하다고 말이다. 이런 질문은 그전에도 많이 받았다. 간절한 마음이 든다면 누군들 간절히 기도하지 않겠는가? 간절하고 절절한 마음이 없는데 간절하게 기도해야 한다는 게 우리가 마주한 차가운 현실이기도 하다. 그래서 간절하게 기도하는 동기를 얻는 법에 대해 살펴보고 싶다.

1) 육체의 질병이나 삶의 지난한 문제

영성학교에서 기도훈련을 하는 사람들의 대부분은 정신질환이나 고질병 때문에, 이 문제를 해결하려면 기도훈련을 해야 한다는 권면을 받아들인 사람들이다. 말하자면 정신질환이나 고질병이 기도하는 동기를 제공하는 것이다. 특히 고질병이나 정신질환으로 지옥을 경험하는 이들이라면 간절히 기도할 수밖에 없을 것이다. 그래서 필자가 기도훈련생들에게 자주 드는 비유를 말씀드리겠다. 북한의 정치범 수용소는 잔인하고 악랄하기 그지없다. 그곳에 들어가면 대부분 죽어서야 나올 수 있다. 죽음의 원인은 중노동과 영양실조로 인한 고질병이 가장 많고, 맞아 죽는 것, 사고사 등이 뒤를 잇고 있다. 만약 그들에게 '기도하면 그곳에서 나올 수 있다'고 한다면 한 명도 빠짐없이 간절히 기도할 것이다. 지옥을 경험하며 사는 것보다 기도하는 게 훨씬 쉽기 때문이다. 그러므로 자신에게 기도할 수밖에 없는 분명한 이유가 있다면, 결국 그 이유가 간절한 기도를 할 수 있게 동기부여를 하고 있으니 아이러니한 일이다. 그러나 안타까운 것은 영성학교에서 기도를 하면서 문제가 해결된 사람들이다. 이 사람들은 그동안 기도를 하게 만든 동기가 사라졌기 때문에 더 이상 기도를 혹독하게 하지 않는다. 그래서 기도가 정체되고 진전이 되지 않는다.

2) 간절히 기도하는 습관

시험에 들지 않게 깨어 기도하라 마음에는 원이로되 육신이 약

하도다 하시고(마26:41)

간절히 기도하게 만드는 동기가 사라졌어도 간절히 기도하는 비결이 있다. 바로 간절히 기도하는 습관을 들이는 것이다. 성경에서 습관을 들여 기도했다고 밝힌 분은 예수님이 유일하다. 물론 다른 성경의 위인들도 기도하는 습관을 들여서 기도했을 게 분명하다. 육체는 기도하기를 싫어한다. 그래서 예수님께서 겟세마네 동산에 데리고 가셨던 제자들이 기도하지 않고 잠만 잔 것이다. 육체를 쳐서 기도하는 것에 복종시키는 훈련으로 기도습관을 들이지 않으면 기도할 수 없다. 그러나 안타깝게도 현대교회는 훈련을 통해 기도습관을 들이는 것에 무지하며, 겨우 새

벽기도에 오가는 것으로 때우고 있으니 안타까운 일이다. 또한 기도하는 습관을 들이는 것에 만족하지 않고, 기도할 때마다 간절하게 기도하며 기도하는 내용에 집중해서 기도하는 습관을 들여야 한다. 특히 하나님을 부르는 기도는 잡념이 들게 하거나 졸리게 하는 등 악한 영들의 공격이 심하기 때문에 집중해서 간절히 기도하는 습관이 필요하다.

3) 성령이 주시는 평안과 기쁨

> 하나님의 나라는 먹는 것과 마시는 것이 아니요 오직 성령 안에
> 있는 의와 평강과 희락이라(롬14:17)

모든 사람들은 육체의 기쁨을 얻기 원한다. 술에 취하거나 담배를 피우는 것도 육체의 즐거움을 얻기 위함이며, 갖가지 취미활동을 하는 것도 삶의 즐거움을 얻기 위해서이다. 따라서 기도할 때 기쁨과 평안이 들어찬다면 누구나 기도를 하고 싶어 할 것이다. 성령께서 우리 안에 들어오셔서 다스리고 통치하시는 하나님의 나라가 이루어진 증거가 바로 기쁨과 평안이다. 현대교회에서는 3분짜리 영접기도를 하면 성령이 안에 들어오신다고 가르치고 있지만, 대부분의 교인들은 성령이 계시는 증거인 기쁨과 평안이 없이 건조하고 냉랭한 마음으로 고단하고 팍팍하게 살아가고 있다. 필자는 적지 않은 세월을 기도하면서 평안과 기쁨을 누리며 살아가고 있다. 기도할 때 마음에 잔잔하게 퍼지는 평안이 필자가 기도하는 가장 큰 동기라고 해도 과언이 아니다. 그러나 성령이 주시는 평안과 기쁨을 누리는 기도를 체험하고 유지하려면, 혹독하게 기도하고

간절하게 기도하는 습관이 들어야 한다. 어쨌든 기도할 때마다 평안과 기쁨을 누리는 경지에 오른 사람이라면 놀라운 성령의 능력으로 축복을 누리며 살게 된다. 그런 사람이 간절히 기도하는 것은 당연한 일이 아닐 수 없다.

4) 가난하고 애통한 마음

> 나 여호와가 말하노라 내 손이 이 모든 것을 지었으므로 그들이 생겼느니라 무릇 마음이 가난하고 심령에 통회하며 내 말을 듣고 떠는 자 그 사람은 내가 돌보려니와(사66:2)

> 심령이 가난한 자는 복이 있나니 천국이 그들의 것임이요 애통하는 자는 복이 있나니 그들이 위로를 받을 것임이요(마5:3~4)

마지막으로, 간절히 기도하는 동기는 마음이 가난하고 애통한 사람이 되는 것이다. 이는 슬픈 일이 있거나 불행한 사건으로 애통해하는 것이 아니라, 자신이 어찌할 수 없는 죄인이라는 것을 깨닫고, 예수님이 자신의 죄를 대신해서 십자가에서 보혈을 흘려 주셨는데도 불구하고, 말씀대로 살 수 없는 자신에 대해 가난하고 애통한 마음으로 기도하는 사람이다. 물론 이런 마음은 성령께서 주시는 것이기도 하지만, 성령이 내주하는 기도를 간절히 하는 사람에게 이런 마음을 주신다. 그러므로 가난하고 애통한 마음을 유지하며 기도하는 사람은 간절히 기도할 수밖에 없을 것이다.

제8장

기도는 전쟁이다

1.
귀신은 기도할 때 어떻게 속이는가?

우리네 교회에서 실시하는 신앙행위인 예배의식, 찬양, 교회봉사, 십일조, 전도, 말씀공부 중에서, 귀신들이 가장 싫어하는 신앙행위는 무엇일까? 정답은 어떤 것도 두려워하지 않는다. 귀신들은 오직 하나님만을 두려워한다. 그렇다면 하나님을 만나는 행위를 가장 싫어할 것이 분명하다. 그러면 하나님을 만나는 영적 행위는 무엇일까? 하나님은 영이시기 때문에 그 어떤 신앙행위를 통해서 만나는 게 아니라 오직 기도와 말씀으로만 만날 수 있다. 그래서 당신은 기도와 말씀으로 하나님과 깊고 친밀한 교제를 나누고 있는가? 대부분의 크리스천들은 규칙적으로 말씀을 읽지도 않고 깊은 기도를 하지도 않지만, 소수의 교인들은 나름대로 그렇게 하려고 애쓴다. 그러나 그런 이들 중에서도 성령이 함께 하시는 증거나 변화, 능력과 열매를 찾아보기 힘들다. 그 이유는 악한 영들이 기도할 때도 속여서 하나님을 만나지 못하고 있기 때문이다. 그래서 기도할 때에 귀신들이 속이는 여러 행태에 대해서 살펴보겠다.

1) '주세요 주세요' 하는 기도

거머리에게는 두 딸이 있어 다오 다오 하느니라(잠30:15)

악한 영들은 기도행위를 두려워하지 않는다. 다만 하나님을 만나는 기도만을 무서워한다. 그래서 악한 영들은 기도하는 사람들에게 하나님을 만나는 기도가 아닌, 다른 기도를 하라고 속이고 있다. 작금의 우리네 교회의 기도현장을 찾아가 보자. 교회에서 정한 각종 기도회 시간에는 교회가 원하는 기도문을 나누어 주고 중보기도를 하라고 권면하고 있으며, 새벽기도 시간은 개인이 원하는 목록을 주구장창 외치는 시간이다. 이들은 기도만 하면 하나님이 찾아와서 들어주신다고 착각하고 있다. 그러나 하나님이 응답해 주시는 기도는 하나님 뜻대로 하는 기도이며, 신속한 응답은 기도의 내용이 아니라, 기도하는 사람이 의인인지 아닌지에 달려있다. 하나님은 평소에 하나님의 뜻대로 사는 것에 무관심하다가, 기도자리에 앉으면 본인이 원하는 목록을 주구장창 외치는 사람들을 자녀라고 생각하지 않으신다. 그래서 그런 기도를 수십 년간 해온 사람들이 아무런 영적 능력도 없이 무능하고 무기력하게 사는 것이다. 악한 영들은 하나님을 만나는 기도를 못하게 하고, 대신 자신의 탐욕을 채우는 기도를 하라고 속이고 있기 때문이다.

2) 방언기도

방언기도는 성령의 은사이다. 그래서 방언을 하는 사람은 성령이 자신 안에 있다는 것을 믿어 의심치 않는다. 필자는 평신도 시절에 방언은 물론 방언찬송도 유창하게 했었다. 그러나 삶에서는 하나님이 함께하시는 증거도 능력도 열매도 없었다. 방언을 하고 있는 대부분의 크리스천들이 그렇다. 그 이유는 그 방언이 귀신이 속여 넣어 주는 방언이거나 자의적인 방언이기 때문이다. 그러나 필자의 주장을 믿지 못하는 사람들이 허다하다. 필자는 귀신을 쫓아내면서 귀신이 내뱉는 방언을 수도 없이 들어 보았다. 그러므로 귀신의 역사를 경험하지 않은 사람들은 딴죽을 걸지 마시라. 필자의 사역은 귀신을 쫓아내면서 악한 영들과 피 터지게 싸우는 일이다. 그러므로 귀신들과 싸워 보지 않은 사람들은 필자의 주장을 이해할 수 없을 것이다.

3) 기도 중의 찬송 부름

많은 이들이 기도하다가 찬송이 떠오르면, 성령의 은혜라고 생각하고 흥이 나서 찬송을 부르곤 한다. 그러나 필자는 영성학교에서 훈련할 때, 하나님을 부르는 기도 중에는 찬송하는 것을 엄격하게 금지하고 있다. 왜 그런지 아는가? 악한 영들은 하나님을 부르는 기도를 하지 못하게 하려고 교묘하게 속이기 때문이다. 찬송하는 게 잘못된 것이 아니다. 찬송을 하고 싶으면 기도가 끝나고 얼마든지 하면 된다. 그런데 군이 왜 기도시간에 찬송을 불러야 하는가? 찬송가나 복음성가를 부른다고 죄다 하나님을 찬양하는 것이 아니다. 가사를 음미하면서 부르는 찬송이 진정한 찬송이다. 흥에 겨워 자신의 감정을 즐기는 찬송은 가사만 찬송가일 뿐 그냥 노래에 불과하다. 악한 영들은 하나님을 부르는 기도를 못하게 하기 위해 하나님이 주시는 은혜인 것처럼 속이는 데 탁월하다.

4) 기도 중의 평안과 기쁨, 혹은 눈물 등의 감정현상

기도 중에 이런 감정을 경험하면 하나님의 은혜를 받았다고 좋아하는 이들이 많다. 뭐, 그럴 수도 있는 일이다. 그러나 악한 영들이라고 이런 감정을 주지 못하는 줄 아는가? 그래서 날카롭게 분별해야 한다. 분명하게 말씀드리자면, 악한 영들도 기쁜 감정이나 주체할 수 없는 눈물을 속여서 넣어줄 수 있다. 그러므로 기도 중에 이런 감정이 들면 감정에 연연하지 말아야 한다. 특히 자기연민에서 기인하는 슬픈 감정은 100% 악한 영이 넣어 주는 것이다. 귀신들은 억울함, 서러움 등을 주어서 기도에 집중하지 못하게 한다. 그래서 작금의 우리네 교회에서 성행하는 내적치유가 악한 영이 속이는 방식인 것이다. 특히 입으로만 회개하는 것도 조심해야 한다. 마음 깊숙한 곳에서 나오는 회개가 아니라 입만 달싹거리는 회개는 악한 영이 넣어 주는 속임수이다. 이렇듯 악한 영들은 감정을 속이는 데 천부적인 재질이 있다. 그렇다고 필자가 평안이나 기쁜 감정이 죄다 악한 영이 주는 거라고 말하는 것은 아니다. 악한 영이 속일 수 있으니까 연연하지 말아야 한다는 것이다. 그런 느낌이 들더라도 하나님을 부르는 기도에 집중하면 된다. 그러나 그런 느낌을 찾기 시작하면 필시 귀신의 덫에 걸려들게 된다. 성령이 주시는 평안이나 기쁨, 자유 등의 감정은 기도할 때가 아니라 일상의 삶에서 누려야 한다. 특히 도저히 평안할 수 없을 때도 평안한 마음이 든다면 성령이 주는 감정이다. 그러나 기도 중에 악한 영에게 속아, 이런 감정에 매달리다 보면 하나님을 부르는 기도에 소홀하게 된다.

이렇듯 기도는 열심히 하는데 열매가 없는 사람들은 대부분 악한 영에게 속아서 기도자리에 앉아 있지만, 하나님을 만나지 못하는 사람들이다. 그러므로 기도를 열심히 하는데도 기도의 능력과 변화를 체험하지 못하고, 성령의 내적·외적 증거가 없다면 자신의 기도를 점검하고 돌이켜야 할 것이다.

2.
사탄이 싫어하는 2가지 기도

사탄이 싫어하는 기도가 있는지 생각해 보았는가? 사탄이 싫어하는 기도를 반대로 생각하면, 하나님이 기뻐하시는 기도이다. 그러나 대부분의 사람들이 자신의 기도를 당연히 하나님이 들으시는 기도로 착각하고 있기 때문에, 거꾸로 사탄이 싫어하는 기도를 생각해 보았다. 물론 이 생각은 필자의 머리에서 나온 것이 아니라, 성령께서 말씀해 주신 것이다. 그래서 오늘은 사탄이 싫어하는 2가지 기도와 그 기도를 싫어하는 이유를 살펴보고 싶다.

1) 하나님을 부르는 기도

그렇다면 왜 사탄이 이 기도를 싫어하는가? 사탄의 또 다른 이름은 거짓의 아비이며 속인다는 뜻의 미혹의 영이다. 성경에서는 그가 광명한 천사로 가장하는 것이 전혀 이상하지 않다고까지 말하고 있다. 그렇다면 사탄은 속이는 데 선수임이 틀림없다. 그렇다면 이들이 가장 싫어하는 게 무엇일까? 하나님의 백성들이 하나님을 찾는 기도를 하는 것이다. 하나님을 모르는 세상 사람들은 하나님 자체를 인정하지 않으므로 별문제가 없다. 그래서 사탄은 하나님의 자녀들로 하여금 잘살고 있으며, 죽으면 영원한 천국에 들어갈 것으로 착각하게 만드는 것이다. 그래서 자신들이 사탄의 권세 아래 사로잡혀 종노릇하면서도, 하나님의 인도함을 받아 살고 있다고 착각하게 만들고 있다. 그래서 영혼은 건조하고 냉랭하며, 삶은 고단하고 팍팍하여 불행하고 고통스럽게 살고 있음에도, 자신들이 천국에 들어갈 것을 의심하지 않게 만드는 데 성공했다.

그렇지만 하나님의 이름을 부르는 백성들에게는 하나님이 찾아오신다. 성령께서 들어오시면 깨달음을 주셔서, 악한 영의 실체를 알게 하시고 사탄과 싸워서 이기는 능력을 주시는 것이다. 그렇게 되면 사탄의 권세에서 하나님의 나라로 옮겨지게 된다. 그러므로 사탄은 이러한 일이 생기는 것을 막으려고 하나님의 이름을 부르는 것을 필사적으로 방해한다. 그래서 성경에 수도 없이 하나님의 이름을 부르고 찾으라고 권면하고 있지만 아무도 하나님을 부르지 않고 있다. 그러나 개중에는 하나님을 부르는 사람들이 있고, 그래서 이들에게 달려들어 이 기도를 못하게 필사적으로 방해하는 것이다.

그러므로 당신이 이 기도를 시작하면 잡념이 들고 의심이 생기며 부정적인 생각들이 들어차게 된다. 그래도 이 기도를 계속하면 불행한 사건·사고를 일으켜서 불안하게 만들고, 가족들을 비롯한 영향력을 행사하는 사람들을 부추겨서 이 기도를 못하게 한다. 그래서 하나님을 부르는 기도를 시작하자마자, 고통스러운 일이 생기고 부정적인 생각이 들어와서 기도를 중도에 포기하는 사람들이 부지기수이다. 이처럼 다른 기도를 하면 사탄이 관심조차 두지 않다가, 하나님을 부르는 기도를 시작하면 화들짝 놀라서 맹렬하게 공격하는 것이다. 자신의 포로로 잡혀 있는 백성들이 탈출하는 게 두렵고 겁나기 때문이다. 왜 그런 줄 아는가? 천국에 들어가는 백성이 없어야, 자신들이 무저갱에 들어가는 게 연기되기 때문이다. 하나님이 택하신 백성들이 천국에 들어오고 나면 종말의 날이 닥치고 심판을 받아 영원한 지옥불에 던져지기 때문에, 사탄은 이러한 일이 일어나는 것을 결사코 막으려고 하는 것이다.

2) 예수 그리스도의 이름을 부르며 예수 피의 공로를 의지하는 기도

악한 영들이 사람들을 지배하는 능력은 죄에 있다. 세상의 모든 사람들이 죄를 지은 죄인이므로 하나님의 손길이 미치지 못한다. 그러나 하나님은 자신의 외아들 예수 그리스도를 보내서서 십자가에 희생시켜 우리의 죄를 용서하셨다. 그래서 예수 그리스도를 믿는 자마다 구원시키려는 계획을 세우셨다. 그러나 죄가 용서되는 것은 전심으로 예수 그리스도의 이름을 믿고 그의 도우심을 요청하며, 십자가의 흘리신 보혈의 공로를 간절하게 의지하는 기도를 할 때뿐이다. 그럴 때는 우리의 죄가 용서함을 받기 때문에 사탄도 어쩌지 못한다. 또한 사탄이 가장 두려워하는 존재가 바로 하나님이다. 그러므로 예수 그리스도의 이름이나 예수님의 십자가 보혈이라는 말만 들어도 두려워서 벌벌 떨며 도망치기 시작한다. 그러므로 사탄은 무슨 일이 있더라도, 예수님의 이름을 부르거나 예수 피를 의지하는 기도를 못하게 하려고 필사적으로 방해하는 것이다.

그래서 하나님의 자녀들이 하나님의 이름을 부르는 기도를 시작하면 사탄이 맹렬하게 공격하기 시작한다. 의심과 두려움, 낙심, 걱정 등의 부정적인 생각을 넣어 주고, 몸을 공격하여 고통스럽게 한다. 두통이 생기고 얼굴이 가려우며 배가 끊어질 듯 아프고 각종 질병으로 고통스럽게 한다. 또한 어린 자녀들이나 남편, 부모를 통해 기도를 방해하는 공격을 한다. 이럴 때는 그냥 방치하면 안 된다. 악한 영의 공격이므로, 예수 피를 더욱 강력하게 외치며 악한 영의 공격에 맞불을 놓아야 한다. 그러나 육체적 고통에 주저앉고 가족들의 반대에 포기한다면, 또한 각종 두려움과 낙심, 걱정, 의심 등의 부정적인 생각을 받아들인다면 그들의 공격에 지는 것이다. 그러므로 그럴 때일수록 더욱 강력하게 예수 이름과 예수 피를 외치며 그들의 공격에 맞서 싸워야 한다.

우리 눈에 보이지 않아서 그렇지, 악한 영들은 예수님의 이름과 예수 피라는 말만 들어도 공포의 도가니가 된다. 언젠가 성령께서 악한 영들은 하나님의 자녀를 두려워하기 때문에, 혼자서도 못 다니고 여럿이 떼를 지어 다닌다고 말씀하신 적이 있다. 그러므로 예수 이름을 부르고 예수 피로 무장한 하나님의 자녀들은 사탄을 전혀 두려워할 필요가 없다. 공포에 떠는 쪽은 우리가 아니라 사탄의 무리이기 때문이다. 그러나 사탄은 우리가 눈치채지 못하게 예수 이름을 부르고 예수 피를 외치는 축출기도를 방해하고 있다. 예수 이름을 부르고 예수 피를 외치는 사람들에게서 쫓겨날 수밖에 없기 때문이다. 이처럼 사탄은 하나님의 이름을 부르는 기도와 예수 피를 외치는 기도를 벌벌 떨며 두려워하고 있다. 그러나 아쉽게도, 작금의 우리네 교회에서는 이 기도를 하지 않고 자신들의 탐욕을 채우는 기도만을 반복하고 있다. 사탄이 교묘하게 속여서 자신들의 포로들이 탈출하지 못하도록 하기 때문이다. 이 같은 사탄의 계략은 성공을 거두어서, 우리네 교회는 하나님의 이름을 부르는 기도, 예수 피를 외치는 기도를 잊어버렸다. 그러므로 당신이라도 사탄의 권세에서 벗어나 빛의 나라로 들어오려면, 하나님의 이름을 부르고 예수 피를 외치는 기도의 습관을 들여야 할 것이다.

3.
하나님을 부르는 기도는
귀신의 공격을 부른다

어떤가? 제목이 으스스하지 않은가? 그러나 이 말은 허언이 아니다. 필자는 성령이 내주하는 기도훈련 사역을 하면서 수많은 사건들을 목격했는데, 그중 하나가 이 제목처럼, 하나님을 부르는 기도를 전심으로 하면 귀신들의 공격이 시작된다는 것이다. 이것을 잘 보여 주는 어느 훈련생의 편지를 올려드리겠다.

기도훈련을 하면서 그동안 있었던 사탄의 방해에 대해 정리해 봅니다.

*딸이 폐렴에 걸려 3주가 지났는데도 별 차도가 없어 결핵 검사가 필요하다고 함.
*나 자신도 감기몸살이 오고 식도염이 재발하여 더 나빠짐.
*영성학교에 가려는 날, 새벽에 갑작스러운 복통으로 인해 몸 상태가 나빠짐.
*충주에 내려가는 길에 트레일러와 충돌할 뻔했음.

이 내용이 믿어지지 않겠지만, 영성학교에서는 이런 사건이 아주 흔한 일에 불과하다. 성령이 내주하는 기도의 핵심은 2가지이다. 하나는 하나님을 전심으로 부르는 기도이고, 또 하나는 악한 영이 공격하면 예수 그리스도의 보혈 공로를 의지하여 쫓아내는 축출기도이다. 그러나 이 기도는 영적 싸움을 부르는 기도이다. 전심으로 하나님을 부르는 기도를 하면 악한 영이 화들짝 놀라서 공격을 해 오기 시작한다. 그러나 우리가 영화나 TV에서 보는 것처럼, 귀신들이 소복을 입고 머리를 산발하고 나타나 뾰쪽한 손톱으로 할퀴거나 날카로운 이빨로 물어뜯는 공격이 아니라, 영적 능력으로 공격하는 것이다.

 그들의 공격은 대략 3가지로, 사람의 육체와 정신을 공격한다. 정신을 공격하는 것이 가장 일반적인데, 부정적인 생각을 비롯한 갖가지 잡념이 들게 하여 기도에 집중하지 못하게 하는 것이다. 부정적인 생각들은 수도 없이 많다. 걱정과 염려, 두려움과 의심, 낙심과 절망 등의 생각들이 효과가 크다. 기도는 정신집중이 포인트이기 때문에 부정적인 생각이나 잡념이 들게 하는 공격은 치명적일 수밖에 없다. 그래서 이런 공격을 제때 쳐내지 못하면 기도자리에는 앉아 있으나 시간낭비를 하게 된다. 또한 잡념이 들면 졸리거나 공상에 빠지고, 혹은 멍하니 앉아 있는 경우도 있다. 실제로 잠을 자지 않는 데도 정신줄을 놓게 하는 공격도 허다하며, 머리를 어지럽게 하거나 심지어는 아예 정신을 잃게 하여 쓰러지게 하기도 한다. 악한 영이 몸 안에 잠복해 있는 경우에는 공격의 강도가 엄청나게 세고 빈도도 잦다. 어쨌든 잡념이 들게 하여 기도를 못하게 하는 귀신들의 공격은 누구에게나 예외가 없다. 그러므로 귀신들의 공격이 시작되면 예수 피를 외치며 즉시 맞불을 놓아 쫓아내야 한다. 지금까지 대부분의 교인들이 시행하는 기도는 '주세요 주세요'하는 기도이다. 이런 기도는 악한 영이 꿈쩍도 하지 않는다. 왜냐면 하나님의 존재감을 드러내는 기도가 아니기 때문이다.

잡념이나 부정적인 생각을 넣어 주어 기도를 방해하는 공격이 아니라면, 몸을 아프게 하여 기도를 못하게 하는 공격도 빈번하다. 가장 많은 공격이 머리를 아프게 하는 것이다. 악한 영은 얼굴 부위가 고통의 강도가 세다는 것을 알기 때문에 얼굴 부위의 공격을 자주 한다. 대표적인 공격이 머리를 아프게 하거나 얼굴이나 몸을 가렵게 한다. 기도하기 전에 고질병이 있는 경우는 이 증상이 더 심해진다고 보면 된다. 또한 기도(氣道)와 위장, 그리고 대장 부위의 공격이 일반적이다. 인후염이 도지고 편도선이 붓고, 장염이 생겨 화장실에 들락날락하는 것이 일반적인 증상이다. 그러나 귀신들은 어느 곳이든지 아프게 할 수 있다. 그러므로 기도를 시작하면, 이런 증상들이 흔한 공격이라는 것을 잊지 마시라.

또 다른 공격은 사건·사고를 일으켜서 기도에 집중하지 못하게 한다. 운전하는 사람들의 경우, 경미한 접촉사고를 일으킨다. 운전하는 동안 집중을 못하게 하여 사고를 일으키거나 다른 이로 하여금 들이받게 하기도 한다. 훈련생 중에 1달 동안 6번 사고가 난 사람도 있고, 이틀 동안 3번의 사고가 난 사람도 있다. 새로 바꾼 타이어가 원인 모르게 찢어져서 교체한 경우도 있다. 교통사고만 일으키는 것은 아니다. 차에 도둑이 들어 물건을 훔쳐 가게 하기도 하고, 심지어는 집에 불이 난 경우도 있다. 이러한 일이 우연히 일어날 수도 있겠지만, 기도훈련을 시작하면 이런 사건·사고가 빈번하게 일어나는 것에 유의해야 한다. 사건과 사고는 걱정과 염려, 분노 등의 부정적인 생각을 넣어 주어 기도를 방해한다. 그러므로 어떤 사고이든지 간에, 기도에 방해를 받거나 기도를 못하고 있다면, 귀신들의 공격이 맹렬하다고 보면 틀림없다. 사건·사고는 아주 다양하기 때문에 어떤 일이 일어날지 모른다. 그러므로 이 기도를 시작하면, 이런 사건에 영향을 받지 않도록 각별하게 신경을 써야 한다.

세 번째 공격은 사람들을 통해 공격하는 것이다. 그 사람들은 대부분 기도자에게 지대한 영향을 미치는 사람들이며, 거의 대부분 가족들이다. 남편이나 자녀가 대표적인 경우이며, 부모나 형제들로부터 영향을 받는 경우도 있다. 가족이 아니라면 직장 상사나 친척, 혹은 친구, 때로는 출석 교회의 목회자나 교회지도자들로부터 공격을 받기도 한다. 어린 자녀를 기르는 엄마는 100% 자녀로부터 공격을 받는다. 건강하던 자녀들이 이유 없이 아프거나 밤에 잠을 자지 않고 울어대면서 기도를 못하게 집요하게 방해한다. 아내의 경우 남편으로부터 공격을 많이 받는다. 아내가 기도하는 것이 그냥 싫은 것이다. 그래서 이런저런 이유를 대면서 기도를 못하게 한다. 심지어 이혼을 요구하는 경우도 심심찮게 발생한다. 미혼인 젊은이의 경우는 부모로부터 공격을 받는다. 출석교회의 목회자나 교회지도자들은 그런 기도를 가르치는 곳이 이단이 아닌지 의심스럽다면서, 다른 곳의 가르침을 받지 말라고 하며 두려움과 공포를 심어 주기도 한다. 그들은 필자의 기도훈련이 성경적인 것인가에는 관심이 없이, 자신들이 하지 않는 기도훈련이 그냥 싫은 것이다. 그래서 기도훈련을 시작한 이들 80%가 첫 달을 넘기지 못하며, 두 번째 달에도 중도 포기하는 이들이 속출한다. 악한 영의 공격이 성공한 셈이다. 그러나 소수의 사람들은 어떤 어려움도 극복하고 이겨 내면서 마침

내 기도의 강을 건너가게 된다. 그러므로 다른 기도는 몰라도, 성령이 내주하는 기도를 시작하면 악한 영의 공격을 대비하고 단단히 각오해야 한다.

4.
어떻게 미혹의 영을 쫓아낼 것인가?

귀신은 성령이 내주하는 기도를 방해한다. 귀신들은 그들의 공격유형에 따른 별명을 갖고 있다. 맘몬의 영, 미혹의 영 등이 그것이다. 맘몬의 영은 돈을 통해 사람을 넘어뜨리는 귀신들이고, 미혹의 영은 속여서 죄를 짓게 하여 영혼을 사냥하는 놈들이다. 귀신들의 공통된 공격 전략은 속이는 것인데, 특히 미혹의 영은 교묘하게 속이는 전략을 사용하는 놈들이며, 당연히 영적 능력이 탁월하다. 예전에 성령께서는 귀신들도 능력이 천차만별이라고 하셨으며, 도망가기 바쁜 하급귀신에서부터 몸을 아프게 하여 공격하는 중급귀신, 그리고 자신의 정체를 드러내지 않고 교묘하게 속이는 고급귀신들이 있다고 말씀해 주셨다.

하나님을 부르는 기도를 전심으로 하게 되면 100% 귀신의 공격을 받게 된다. 대부분의 공격들은 기도의 집중을 방해하는 수준에서부터 시작되는데, 귀신들이 몸에 잠복해 있는 사람들의 경우, 몸을 아프게 하거나 가렵게, 혹은 감전된 듯 저리게 하는 공격 등이 시작된다. 잡념이나 부정적인 생각을 넣어 주는 귀신들의 경우, 밖에서 공격하는지, 몸 안에서 공격하는지는 공격의 강도나 빈도를 보면 알 수 있지만, 이는 경험이 많은 전문가들만이 분별할 수 있다. 그러나 직접 몸을 공격하는 증상을 보이면 몸 안에 잠복해 있다고 보아야 한다. 그래서 필자는 몸 안에 잠복해 있는 증상을 보이는 훈련생들은 영성학교에서 실시하는 축출기도에 필수적으로 참석할 것을 요구하고 있다. 이때부터 몸 안에 있는 귀신들과 전면전이 벌어지는 것이다.

성실하게 축출기도를 받으며 열정적으로 기도훈련을 하는 사람들은 어느 정도 시간이 지나면 몸이 아프거나 뒤틀거나 괴성을 지르거나 구토가 나오는 증상이 사라지기 시작한다. 이는 중간급 귀신들이 빠져나갔다는 증거이다. 그러나 이때부터 미혹의 영의 공격이 본격적으로 시작된다. 미혹의 영은 철저하게 자신의 정체를 숨기고 공격하기 때문에, 철저하게 자신의 상태를 점검하면서 기도해야 한다. 미혹의 영이 공격하는 분야는 조금씩 다르지만, 생각을 통해 공격하는 것은 공통적이다. 걱정, 염려, 의심, 불안, 두려움, 낙심, 절망 등의 부정적인 생각에 오랫동안 눌려 있던 사람들은 끊임없이 이러한 공격을 받게 될 것이다. 이러한 사람들은 오랫동안 귀신에 눌려 있었으며 이들 중에는 정신질환자가 허다하다. 또한 신경쇠약 등의 신경계통의 질병, 혹은 정신적인 능력이 부족한 사람들도 죄다 여기에 속한다. 모든 부정적인 생각은 믿음이 없는 것이므로 불신앙의 죄이다. 미혹의 영은 불신앙의 죄를 짓게 하여 하나님의 도우심을 얻지 못하게 방해한다. 각종 중독도 미혹의 영의 일종이다. 중독은 쾌락을 탐닉하게 만들어서 정신과 육체를 황폐하게 만드는데, 머릿속으로 쾌락에 대한 유혹을 끊임없이 넣어 주어 헤어나지 못하게 만든다. 그러므로 중독자들은 파괴력이 엄청난 미혹의 영의 덫에 걸려든 셈이다.

그러나 이보다 더 교묘한 미혹의 영이 수도 없이 많다. 말씀으로 속이거나 은사로 속이거나 이성적이고 합리적인 생각으로 속이는 것도 미혹의 영의 공격이다. 필자가 가장 어렵게 여기는 미혹의 영의 공격이 바로 이런 것들이다. 다른 미혹의 영들은 죄를 짓게 하는 공격이 확연하게 분별이 된다. 그러나 말씀으로 속이는 놈들은 목회자와 교회지도자를 공격해서 좀비로 만들지만, 이들은 미혹의 영의 정체를 전혀 인지하지 못한다. 그래서 우리네 교회가 귀신들의 손아귀에 넘어간 것이다. 거짓 은사를 넣어 주어 속이는 귀신들에게 넘어간 은사주의자나 신사도운동가, 갖가지 이단들도 기이한 현상과 이적을 보여 주고 있지 않은가? 또한 기복신앙을 넣어 주어 속여 세속적인 교인을 만들거나, 예배의식이나 희생적인 신앙행위에 몰두하게 만들어 하나님을 만나지 못하게 만드는 미혹의 영도 고단수의 놈들이다. 그래서 우리네 교회가 미혹의 영에 사로잡혀 있는 것이다. 그렇다면 어떻게 미혹의 영과 싸워 승리할 수 있는가?

가장 중요한 것이 미혹의 영의 공격을 알아채는 것이다. 만일 이들의 공격을 알아채지 못한다면 싸울 수도, 이길 수도 없기 때문이다. 필자에게 기도훈련을 받는 사람들은 생각으로 공격하는 미혹의 영에 대한 지식을 쌓고 경험을 하게 된다. 대부분 생각을 통해 공격하는 것들을 감지할 수 있기 때문이다. 그러나 몸을 아프게 공격하는 놈들이 빠져나가서 아무런 증상이 나타나지 않는 훈련생들은 겉으로 드러나는 증세가 없기 때문에 철저하게 점검하지 않으면 깜빡 속아 넘어갈 수밖에 없다. 이들의 경우는 성령이 내주하는 증거와 변화, 능력과 열매를 통해 감지할 수 있으므로, 항상 자신의 영혼과 삶, 신앙의 상태를 날카롭게 점검해야 한다.

그렇다면 이들의 공격이 감지되면 어떻게 싸워야 하는가? 가장 중요한 것이 타이밍이다. 이들은 머리를 타고 앉아 생각을 넣어 주는 공격을 하기 때문에, 머리를 타고 앉지 못하도록 마음의 문을 열어 주어서는 안 된다. 그래서 이들의 공격이 시작될 기미가 보이면 즉각 예수 피로 쫓아내야 한다. 이들의 공격에 빠르게 대처하지 못해서 머리를 점령당하게 되면 뒤늦게 쫓아 봐야 입만 아프다. 이에 대해 성령께서는 속사포처럼 쏘아 대야 한다고 말씀하셨다. 속사포란 빠르게 쏘아 대는 무기를 말한다. 그러므로 이들의 공격이 시작되자마자, 즉각 예수 피로 쫓아내는 기민한 상태를 유지하여야 한다.

두 번째로 중요한 것이 끝까지 청소하는 것이다. 예수 피로 쫓아내기 시작하면 중도에 그만두어서는 안 된다. 죄다 사라질 때까지 끈질기게 물고 늘어져야 한다. 귀신들은 교인들이 형식적으로 예수 피를 외치는 것은 전혀 두려워하지 않는다. 그러나 끝까지 사라질 때까지 쫓는 사람들은 두려워한다. 그러므로 이들이 다시는 공격할 엄두를 내지 못하도록 싹쓸이해야 한다.

세 번째로 중요한 것은 전심으로 기도하는 것이다. '전심으로'라는 말은 온 마음을 다한다는 뜻이다. 기도는 하나님의 영과 내 영혼이 교제하는 통로이다. 그러므로 정신집중이 무엇보다도 중요하다. 그래서 미혹의 영들은 정신집중을 못하게 하려고 갖가지 부정적인 생각을 넣어 주어 공격한다. 그래서 축출기도를 시작하면 배를 쥐어짜고 혹독하게 기도해야 한다. 기도는 자신의 노력과 힘, 의지로 하는 것이 아니라 성령이 도와주셔야 한다. 그러므로 희생적인 신앙행위를 보탠다고 하나님이 감동하는 게 아니라 자신의 마음을 드려야 한다. 그게 바로 전심으로 기도하는 것이다. 미혹의 영을 쫓아내는 축출기도도 예외가 아니다. 기도를 시작하면 창자가 끊어지도록 기도해야 이들이 쫓겨 나간다.

이처럼 미혹의 영은 우리가 가장 어렵고 힘들게 싸워 이겨야 하는 귀신들의 이름이다. 그러므로 당신이 미혹의 영을 알지 못한다면 천국의 자격은 물 건너갔다고 보아야 한다. 이미 미혹의 영이 당신을 속여서 하나님을 만나지 못하게 만드는 일에 성공했기 때문이다.

제9장

왜 영성학교 기도훈련을
어렵다고 얘기하는가?

1.
영성학교 기도훈련에 곱지 않은 시선을
보내는 이유

그동안 영성학교에 적지 않은 사람들이 다녀갔으며, 그중에는 목회자를 비롯한 교회지도자들도 있었다. 부부가 함께 오는 경우도 있었지만, 배우자 한쪽만 오는 경우가 더 많았는데, 목회자보다는 사모가 찾아오는 경우가 훨씬 많았다. 사모들은 남편의 동의 없이 오곤 했다. 그러다가 기도훈련을 결심하고 자주 충주에 오게 되면, 남편이 자연스레 이 사실을 알게 된다. 대부분의 남편들은 이 기도훈련에 곱지 않은 시선을 가지고 있기에, 이 문제를 두고 부부간에 설전이 오가다가 버럭 화를 내며 가지 말라는 통보를 하게 된다. 배우자가 반대하는 이유는 여러 가지이다. 꼭 그곳에 가서 기도해야 하나님이 들으시냐는 것에서부터, 왜 다른 교회에서 하지 않는 이상한 기도방식을 따라 해야 하냐는 등이다. 그렇다면 왜 그들이 이 기도를 반대하는가?

1) 하나님은 어느 곳에서나 만날 수 있다

영성학교에 가는 것을 반대하는 배우자가 가장 먼저 내뱉는 이유가, 꼭 영성학교에 가서 기도해야 하나님을 만날 수 있냐는 것이다. 맞는 말이다.

나는 이렇게 기도해서 하나님을 만났다

하나님은 어느 곳에나 계시기에, 어디에서 기도하더라도 만날 수 있다. 그렇다면 크리스천들은 죄다 하나님을 만나는 기도의 습관을 들여 동행하는 삶을 살고 있는가? 하나님은 어느 곳에서 기도하든지 상관없이 찾아와서 들으시는 분이시지만, 하나님의 뜻대로 기도하지 않는 사람들의 기도에는 관심조차 없으시다. 그래서 우리네 교회에 성령의 능력이 없는 것이다. 우리네 교회는 새벽기도회나 철야기도회를 하지 않는 곳이 없을 정도로 기도를 열심히 하고 있지만, 하나님이 듣지 않기 때문에 무능하고 무기력하게 종교행위를 하고 있을 뿐이다. 하나님은 기도하는 장소가 교회인지 집인지를 보지 않으시지만, 기도하는 사람이 기뻐하는 자녀인지를 날카롭게 살펴보는 분이시다. 그래서 하나님이 기뻐하는 자녀가 아니라면, 그들이 무슨 기도를 하든지 얼굴을 돌리시고 외면하신다.

영성학교는 악기를 동원하는 집회를 열고 분위기를 띄워서 감정을 격앙시키는 기도를 유도하는 기도원이 아니라, 성령이 내주하는 기도를 훈련시키는 학교이다. 그래서 하나님이 원하시는 기도, 성령이 기뻐하시는 기도가 무엇인지 가르쳐 주고 훈련시키고 있다. 하나님이 기뻐하시는 기도의 습관을 들이지 않은 사람들은 평생 기도하더라도 하나님과 상관없이 자기만족의 기도만을 하게 되는 것이다. 하나님은 어느 곳에서나 만나 주시는 분이지만, 하나님이 기뻐하시는 기도자가 아니라면 결코 그분을 만날 수 없다. 그래서 영성학교에서는 그런 사람을 양육하고 있다.

2) 기도를 열심히 하면 되지, 무슨 기도훈련이 필요한가?

들어가 그들이 유하는 다락방으로 올라가니 베드로, 요한, 야고보, 안드레와 빌립, 도마와 바돌로매, 마태와 및 알패오의 아들 야고보, 셀롯인 시몬, 야고보의 아들 유다가 다 거기 있어 여자들과 예수의 어머니 마리아와 예수의 아우들과 더불어 마음을 같이하여 오로지 기도에 힘쓰더라(행1:13~14)

또 여러 말로 확증하며 권하여 이르되 너희가 이 패역한 세대에서 구원을 받으라 하니 그 말을 받은 사람들은 세례를 받으매 이 날에 신도의 수가 삼천이나 더하더라 그들이 사도의 가르침을 받아 서로 교제하고 떡을 떼며 오로지 기도하기를 힘쓰니라(행 2:40~42)

첫 번째 말씀은 사도들과 제자들 120여 명이 마가요한의 다락방에서 성령의 임재를 위해 전심으로 기도하는 내용이고, 두 번째 말씀은 새로 초대교회에 입교한 교인들이 성령임재를 위해 전심으로 기도하는 내용이다. 이 말씀들만을 보면 우리네 교회와 별다른 점은 없다. 그러나 사도들과 제자들은 성령이 임해서 놀라운 영적 능력으로 기적과 이적을 행하면서 초대교회를 세워 나갔지만, 우리네 교회는 무능하고 무기력하게 기도모임을 반복하고 있을 뿐이다. 그 이유가 무엇인지 아는가? 사도들은 성령이 내주하는 기도를 직접 체험하고 나서, 새로 입교한 교인들에게 성령이 내주하는 기도를 가르쳐 주어서 이들도 따라 했기 때문이다.

'오로지 (기도하기에) 힘쓰다'라는 헬라어 단어는 '프로스카르테룬테스'이다. 당연히 이 단어가 사도행전 1장과 2장에서 공통적으로 쓰이고 있다. 사도들이 마가요한의 다락방에 올라가서 기도한 내용이 무엇이었을까? 교회부흥과 자녀의 명문대학 합격, 사업의 번창이었을 리가 없다. 예수님의 명령에 따라서, 오로지 성령이 내려오시기만을 간절하게 기도했을 것이다. 그러나 우리네 교회는 3분짜리 영접기도를 하면 즉각 성령이 들어오신다고 가르치기 때문에, 성령이 내주하는 기도를 가르칠 수가 없다. 예수님을 3년 반 동안 따라다니면서, 한때는 예수님으로부터 능력을 받아 귀신을 쫓아내고 불치병을 고쳤던 경험을 한 제자들도, 예수님이 승천하시고 나서 성령이 임하는 기도를 통해 성령세례를 받고 난 후에야 비로소 놀라운 영적 능력으로 사역을 할 수 있었다. 그래서 사도들은 자신들이 받았던 기도의 방식을 새로 입교한 교인들에게 훈련시켜 탁월한 제자들을 양육했던 것이다. 그러나 우리네 교회의 지도자들은 자신조차도 성령이 내주하는 기도를 경험하지 못한 터라, 무능하고 무기력한 기도모임만을 반복하고 있을 뿐이다.

3) 왜 기존교회에서 하지 않는 이상한(?) 기도방식을 따라 해야 하나?

영성학교에서 훈련하는 기도방식은 기존 교회에서 하지 않는 것이다. 그래서 신앙 연륜이 오래되고 교회직분이 드높은 교회지도자들은 기존 교회에서 보지도 듣지도 못한 기묘한(?) 기도를 가르치는 영성학교의 기도방식을 못마땅한 시선으로 바라보고 있다. 그래서 여차하면 이단으로 몰아세우고 싶어 한다. 어느 목회자는 지금은 규모가 작아서 기존 교회에서 관심조차 없지만, 나중에 영성학교가 커지면 틀림없이 이단으로 몰리게 될 것이라고 장담했다. 필자도 그 말에 수긍한다. 왜냐면 이단을 심사하는 곳은 여러 교단이기 때문이다. 그곳에서는 성경과 맞지 않는다고 이단으로 정죄하는 것이 아니라, 자신들의 교리와 맞지 않으면 이단으로 정죄한다. 그러므로 기존 교회에서 가르치는 구원론, 성령론과 영성학교의 가르침이 다르기 때문에 이단으로 몰릴 것은 불 보듯 환하다. 그들은 자신들이 숭배하는 신학자의 교리에 따르지만, 필자는 성경 말씀만을 주장하는 게 다르다. 그래서 이단으로 몰린다고 해도 할 수 없는 일이다. 초대교회는 유대교로부터 이단으로 몰렸으며, 예수님도 이단의 괴수라는 별명을 얻었다. 그렇다고 이단을 정당화하는 것은 아니다. 다만 이단 정죄의 기준은 신학자들이 주장하는 교단 교리가 아니라 예수님이 성경에서 말씀하신 잣대이어야 한다는 것이다.

하나님의 이름을 전심으로 부르는 것, 이것이 영성학교에서 기도하는 내용과 기도의 방식이다. 그렇다면 이것이 비성경적인가? 아니다. 성경에는 하나님을 만나려면 간절히 하나님을 부르라는 말씀이 허다하게 나온다. 전심으로 기도하는 태도가 중요하다는 것은 말할 것도 없다. 기존 교회에서는 하나님을 부르는 기도를 하지 않는다. 그러나 성경은 하나님을 간절히 찾으라는 말씀으로 도배되어 있다. 그렇다면 어떤 기도방식이 성경적인가? 성경에서 명령하는 대로 하지 않는 우리네 교회의 방식인가, 아니면 기존 교회가 하지 않더라도 성경대로 기도하는 영성학교의 기도방식인가? 어떤 기도가 성경적인 기도방식인지에 대한 판단은 오로지 여러분의 몫이다. 필자가 아무리 성경적이라고 주장하더라도,

성경에서 약속한 증거가 없다면 종교 사기꾼일 것이다. 그러므로 영성
학교에 성경에서 약속한 성령의 증거와 변화, 능력과 열매가 있는지 날
카롭게 살펴보기 바란다.

2.
영성학교 기도훈련이 어렵고 힘든 이유

당신이 산악인이라면 세계 최고봉이라고 불리는 히말라야에 올라가 보고 싶은 꿈이 있을 것이다. 그러나 그게 얼마나 어렵고 힘든 것인지 잘 알고 있기에 선불리 결단을 내리지 못할 것이다. 아마 평생 준비해도 실행에 이르지 못할 공산이 크다. 올라가는 게 중요한 게 아니라 살아서 내려오는 게 어렵기에 말이다. 이와 마찬가지로 고3이라면 의사나 판검사를 꿈꾸며 공부하고 있지만 그게 얼마나 어려운 일인지 졸업한 선배들이 입증해 주고 있다. 이처럼 영성학교의 기도훈련을 한 번이라도 해 본 사람들은 혀를 내두를 정도로 힘들어한다. 왜냐면 기도하는 목적부터 다르기 때문이다. 현대교회에서는 새벽기도회에 나와서 10분만 기도해도 박수를 쳐 주고 있다. 그래서 열심히 기도하면 되지, 무슨 기도훈련 따위가 필요하냐면서 곱지 않은 시선을 보내고 있는 것도 사실이다. 왜 기도훈련이 필요하냐고? 그 이유는 영성학교의 기도훈련은 성령이 내주하는 기도의 습관을 들이는 것이기 때문이다. 성령이 누구신가? 전지전능한 하나님이시다. 전지전능한 하나님이 내 안에 들어오셔서 거주하신다면 성경의 위인들처럼 하나님의 사람이라는 증거와 능력, 열매를 통해 증명해야 한다. 말하자면 기적과 이적으로 드러나는 성령의 능력을 보여 주어야 한다. 그래서 영성학교의 기도훈련은 현대교회에서 하는 기도회에 참석하는 수준과는 차원이 다르다고 보면 된다.

그렇다면 다시 구체적으로 왜 영성학교의 기도훈련이 어려운지 말씀 드리겠다. 그 이유는 성경에서 명령한 기도방식대로 기도하기 때문이다. 성경에서 명령한 기도방식은 '쉬지 말고 전심으로' 기도하는 것이다. 물론 이것을 구체적인 숫자로 제시할 수는 없다. 그래서 성령이 내주하는 사람들이, 자신이 해온 방식으로 성경말씀을 입증해야 한다. 말하자면 쉬지 않고 기도하는 것이 어느 정도의 빈도로 기도하는 것이며, 전심으로 기도하는 것 역시 어떤 강도와 마음의 자세로 기도하는 것인지 구체적으로 설명하며 가르쳐 주어야 한다. 그러나 아쉽게도 현대교회에서는 성경에서 말하는 성령이 내주하고 있는 증거들을 무시하고 뭉갠 지오래되었다. 3분짜리 영접기도를 마치면 성령께서 자동적으로 들어오신다고 하는데, 무슨 성령이 내주하는 기도를 또 해야 되냐고 생각하기에 말이다. 그리고 초대교회에 나타난 성령의 역사는 초대교회에 한정된 하나님의 역사이며, 성경이 완성된 이 시대에는 예배의식에 참석하고 성경공부나 열심히 하면 된다는 교단 신학자의 주장을 성경말씀인양 가르치고 있다. 이렇게 말도 안 되는 궤변을 늘어놓고 있지만, 주변을 살펴보아도 초대교회에 드러난 성령의 역사를 재현하는 성령의 사람을 찾아볼 수 없기에, 아무도 이에 대해 반론을 제기하거나 의구심을 표명하지 않는다. 초대교회에 나타난 성령의 역사를 재현하는 교회나 교인들이 없기에, 성경을 자의적으로 해석한 교단 신학자들의 주장이 씨가먹히고 있다는 게 참으로 안타깝기 짝이 없는 노릇이다.

그러나 영성학교는 25년 전 필자가 성경말씀 그대로 기도하면서 시작되었다. 30대 초반에 사업실패로 인생은 무지막지하게 떠내려갔으며, 그렇게 10여 년이 지나자 필자의 영혼과 삶은 피폐해질 대로 피폐해져 있었다. 그래서 자포자기하는 심정으로 세월을 보내다가, 하나님께 한 번만 기회를 달라고 애걸복걸하면서 성경을 이 잡듯이 뒤져 하나님을 만나는 말씀을 찾았다. 성경의 여러 곳에 마음을 다하고 뜻을 다하고 힘을 다하여 찾으면 하나님을 만날 수 있다고 적혀 있었고, 마가요한의 다락방에서 사도들과 제자들도 마음을 다한다는 의미인 전심으로 기도했다고 기록되어 있었다. 그래서 마음을 쏟아부으며 하나님을 찾는 기도를 시작했다. 물론 처음에는 전심으로 쉬지 않고 기도하지 못했다. 오랫동안 기도를 쉬고 있던 몸과 마음이 따라 주지 않아서이다. 그러나 포기하지 않았다. 무려 7년이 지나도 아무런 일이 일어나지 않았다. 그래서 8년 차에 들어설 무렵부터는 매일같이 쉬지 않고 전심으로 해 보자고 독하게 마음먹고 기도하는 일에 모든 것을 쏟아부었다. 그랬더니 마음에 변화가 일어나기 시작했다. 기도하는 게 좋아지면서 평안하고 기쁜 마음으로 채워졌다. 그러나 그 당시에는 그게 성령님이 만져 주시는 것이라는 걸 몰랐다. 그 후로는 기도하는 일에 삶의 최우선순위를 두고 살았다. 그렇게 기도하면서 11년 차에 성령께서 찾아오셔서 필자의 사역에 대해 말씀하시고, 약 3년 동안 귀신의 공격계략을 알려주시며 귀신을 쫓아내는 훈련을 시키신 후, 충주의 한적한 시골에 지금의 영성학교를 세워 주시고 본격적인 사역을 하도록 해 주셨다. 필자의 기도가 성령이 내주하시는 기도라는 증거는 기적과 이적으로 귀신을 쫓아내며 정신질환과 고질병을 치유하는 것뿐만이 아니라, 성령께서 예언한 말씀들이 기적적으로 죄다 성취되었고, 필자의 기도훈련을 받은 훈련생들 중에서 성령의 능력이 임해 필자와 함께 동역하며 귀신을 쫓아내고 질병을 치유하면서 영혼구원 사역을 하는 제자들이 배출되고 있다는 것이다. 이런 증거로 필자의 기도가 성령이 내주하는 기도임을 증명하면서 사역을 하고 있는 중이다.

현대교회는 초대교회에 드러난 성령의 역사가 당시에 한정된 하나님의 통치방식이라고 주장하고 있는데, 필자는 초대교회와 똑같은 성령의 능력으로 사역을 하고 있으니 둘 중의 하나는 거짓말이 아닌가? 현대교회의 신학자와 목사들의 주장이 잘못되었다는 것을 확인하는 것은 어려운 일이 아니다. 필자는 지금까지 수많은 기적을 체험했고 영성학교를 열고 나서도 천 번의 기적을 드러내면서 증명해 보이고 있으며, 지금도 정신질환자와 고질병 환자, 삶이 무너진 사람들이 수도 없이 영성학교를 찾아오고 있기 때문이다. 지금까지 수천 명의 사람들이 영성학교를 찾아와서 필자의 말이 사실인지 아닌지 확인했다. 그러므로 필자의 기도방식이 진짜 성령이 내주하는 기도라는 것을 확인하려면 영성학교에 찾아와서 사람들의 팔을 붙들고 물어보면 된다. 물론 이를 확인하러 온 사람들은 거의 없지만 말이다. 그러나 지금도 지옥처럼 살고 있는 사람들이 필자의 주장을 믿고 영성학교를 찾아오고 있다. 필자의 주장이 사실이라면 현대교회의 목사들과 교인들은 하나님을 만나지 못한 종교주의자에 불과할 뿐이다. 당연히 지옥의 불에 던져질 운명이다. 바리새인과 서기관처럼 말이다. 두렵고 떨리는 일이다.

3.
자기주도적 기도훈련 체크리스트

이 사항들은 정예용사가 되고자 애쓰는 영성학교 식구들이 매일 점검하고, 그 결과를 체크해 나가야 하는 사항들이다(예를 들어 잘함, 보통, 못함). 이 점검사항을 만든 이유는 지금까지 코치진들의 코칭을 수동적으로 배우고 훈련하는 것으로는 한계를 느껴서, 자발적으로, 자기 주도적으로 하는 기도훈련 방식으로 바꾸지 않으면 정예용사가 될 수 없다는 것을 실감했기 때문이다.

1. 성령의 사람이 되기 위한 자기만의 동기부여를 매일매일 스스로 만들어서 삶에 적용하고 있는가?

2. 하나님을 만나는 데 부족하다고 여기는 모든 사항에 대하여 어떻게 이 문제를 해결할지 기를 쓰고 알아내려고 고민하며, 알아냈다면 이를 실행하려고 애쓰고 있는가?

3. 기도할 때마다 악바리처럼 입에서 단내가 나도록 전심전력해서 기도하고 있는가?

4. 정해진 기도시간이 끝나고 일상의 삶에서 끊임없이 하나님을 떠올리며 하나님을 부르고 있는가?

5. 꼭 해야 하는 일인지 고민하면서 삶의 가지치기를 철저하게 하고 있는가?

6. 전심으로 하나님을 향한 마음으로 변화시켜 달라고, 하나님께 끊임없이 요청하며 졸라대고 있는가?

7. 기도할 때 잡념과 부정적인 생각, 기도를 방해하는 모든 생각을 예수 피로 사라질 때까지 쳐내고 있는가?

8. 성경말씀을 읽을 때마다 하나님이 나에게 직접 말씀하시는 것처럼 읽고 있는가? 또는 시편을 읽을 때는 내가 하나님께 직접 아뢰는 것처럼 읽고 있는가?

9. 자주 넘어지는 죄를 비롯해서, 기도할 때마다 생각나는 죄들을 낱낱이 꺼내 놓고 회개하며, 삶의 현장에서 죄의 유혹이 올 때마다 즉시 피 터지게 싸워 이겨내고 있는가?

10. 자신의 생각을 앞세워서 말하고 행동하지 않으며, 떠오르는 모든 생각에 대하여 하나님의 뜻인지 자기 생각인지 점검하고 분별하며, 하나님의 뜻이라고 확인되는 것만 행동에 옮기고 있는가?

11. 하루에 1가지라도, 하나님이 기뻐하시는 것이 무엇인지 고민하고 실행하려고 애쓰고 있는가?

12. 원하지 않는 결과를 포함해서, 자신에게 일어나는 모든 일에 꼬박꼬박 감사하고 있는가?

13. 가족들을 비롯해서 공동체 지체와 이웃을 배려하고 이해하고 용서하며, 그들의 입장에서 생각하고 받아들이려고 애쓰고 있는가? 그리고 그들이 이러한 나의 노력과 변화를 인정해 주고 있는가?

14. 자신에게 성령의 열매가 부족하거나 없는 이유에 대하여 그게 무엇인지 고민해서 알아내고 이를 고치려고 노력하고 있는가?

15. 인생의 목적이 기도하고 하나님을 만나는 것이라는 것을 날마다 잊지 않고 있는가?

4.
기도의 사람이 되는 3가지 단계

영성학교의 기도훈련은 빡세기로 정평이 나 있다. 그도 그럴 것이, 성경대로 기도하는 습관을 들이기 때문이다. 성경의 기도방식은 쉬지 않고 항상, 그것도 마음을 쏟아 가며 전심으로 기도하는 것이다. 기도의 내용도 자신의 소원을 나열하는 게 아니라, 하나님의 이름을 부르며 그분의 통치를 간구하고 찬양하며 경배하고 죄를 고백하고 회개하며 하나님의 뜻을 구하는 것이다. 그러나 이런 기도의 방식과 내용은 그동안 현대교회에서 해 온 방식이 아니기 때문에, 하나님을 부르는 기도를 하라고 하면 뜨악해하기 일쑤이다. 그래서 하나님의 도우심을 받아 기적과 이적으로 자신의 문제를 해결하고 싶어 하지만, 성경대로 기도하라고 하면 뒤도 돌아보지 않고 도망치는 이들도 적지 않았다. 그러나 영성학교에 오랫동안 몸담고 있는 훈련생들이라면 이런 기도에 익숙해진 사람들이다. 하루에 2~3시간 기도하는 것은 기본이니, 기존의 교인들이 기도하는 것과는 비교 불가이다. 단언컨대, 전국 아니 세계를 통틀어서 이렇게 기도를 빡세게 하는 곳은 없을 것이다. 그래서 그동안 수백 건의 기적이 일어나서 정신질환과 고질병이 치유되고 삶의 문제가 해결되었지만, 여전히 성령의 사람이라고 일컬을 수 있는 사람들은 소수에 불과하다. 그래서 자신이 어디에 속해 있는지를 진단하고 기도의 내공을 쌓는 시금석으로 삼으면 좋겠다는 바람으로, 기도의 사람이 되는 3가지 단계를 소개하고자 한다.

1) 하수(下手)

하수(下手)는 기도의 내공이나 수준이 낮은 사람을 일컫는다. 그러나 영성학교 기도훈련생이라면 하수라도 하루에 2~3시간은 거뜬히 기도한다. 그렇게 기도하지 않으면 영성학교에서 퇴출당하기 때문이다. 그러나 시간이 중요하지 않다. 영성학교에서 중요하게 생각하는 것은 기도의 양과 더불어 질을 충족시키는가이다. 하수는 기도하는 게 아직 습관이 들지 않아서 의무적으로 숙제하듯이 기도하는 사람을 말한다. 말하자면 기도하는 게 별로 즐겁지 않다. 그러나 천국에 들어가야 하고, 지난한 삶의 문제들을 해결해야 하기 때문에 성실하게 기도하는 사람이다. 물론 처음에 시작해서 어느 정도 시간이 걸릴 때까지는 하수의 수준에 머무를 것이다. 그러나 오랜 시간 기도했다고 하더라도 여전히 의무적으로 숙제하듯이 기도하며, 기도가 즐겁고 기쁘지 않다면 하수이다. 영성학교에서 요구하는 기도는 하나님을 만나는 기도이고, 하나님을 만나는 게 즐겁고 기쁘지 않다면 신부가 될 수 없기 때문이다. 기도가 즐겁고 기쁘지 않은 이유는 기도훈련한 지 얼마 안 되었다면 아직 기도의 습관이 들지 않은 탓이고, 기도훈련을 한 지 오래되었다면 마음을 쏟아붓는 기도를 하지 않기 때문이다.

2) 중수(中手)

중수(中手)는 기도훈련이 어느 정도의 경지에 오른 사람을 말한다. 기도의 습관이 들어서 기도가 싫지 않으며 의무적으로 꼬박꼬박해야 하는 숙제로 여기지도 않는다. 영성학교의 기도훈련에 녹아 들어가서 나름대로 열매가 있다고 보아도 좋은 상태이다. 물론 많은 기적을 경험해서 고질병이 낫고 삶의 문제가 해결되었으며 평안하고 형통한 삶을 살아가고 있는 중일 것이다. 영성학교의 많은 훈련생들이 이 상태에 머무르고 있다. 겉으로 보면 하루에 2~3시간 이상 거뜬히 기도하고 있고 기도하는 습관이 들었으며 나름 열정적으로 기도하고 있고 건강한 육체, 삶의 변화, 가정 회복의 증거나 열매도 있기 때문에 내심 자신이 잘 가고 있다고 생각하기 쉽다. 그러나 더 이상의 진전은 없다. 말하자면 영성학교에서 요구하는 기도의 강을 건너서 날마다 하나님을 만나며 귀신과 싸워 이기는 정예용사의 반열에 오른 상태는 아니다. 그러나 문제는 더 이상 기도의 내공을 쌓으려는 동기가 부족해 보인다는 것이다. 그래서 이 정도면 괜찮다고 생각하기 때문에 이를 악물고 죽기 살기로 기도하는 모습이 2% 부족한 상태이다.

3) 고수(高手)

고수(高手)는 영성학교에서 요구하는 기도의 내공을 지닌 사람을 말한다. 기도하는 것마다 응답이 오고, 다른 사람의 몸에 들어간 귀신을 쫓아내고 정신질환과 고질병을 치유하며 성령이 주신 지혜와 지식을 가지고 촌철살인 같은 조언으로 기도의 내공을 증명해 보인다. 당연히 탁월한 영적 능력은 물론, 하는 일마다 하나님의 인도하심으로 풍성한 열매를 맺고 있다. 그렇다면 고수의 기도하는 모습은 어떨까? 하루에 7~8시간 기도하는 것은 물론이고 하루 종일 골방에 틀어박혀 기도하기 일쑤이며, 밤새도록 기도하는 사람일까? 결론부터 말하자면 그건 아니다. 직장에 다니고 가정을 돌보면서 하루에 7~8시간 기도하는 것은 거의 불가능하기 때문이다. 물론 하루에 3~4시간 이상 기도하는 것은 필요하지만, 그 이상 기도해야 고수의 경지에 오르는 것은 아니다. 고수는 기도의 질에서 중수를 압도한다. 고수는 기도할 때 마음을 쏟아 가며 간절히 기도하는 습관이 되어 있는 사람이다. 그래서 적당히 기도하는 법이 없으며 시간을 때우는 기도는 상상할 수도 없다. 기도의 고수는 기도가 생명줄이며, 하나님과 깊고 친밀하게 교제하는 기도에 생명과 영혼을 걸면서, 하루하루 하나님과 만나는 것을 인생 최고의 목적으로 삼고 있는 사람이다. 그래서 온몸의 근육에 긴장을 주어 집중력을 배가하는 기도의 습관은 기본이다. 그러나 그게 전부가 아니다. 기도할 때마다 마치 하나님 앞에 있는 것처럼 늘 긴장하고 두렵고 떨리는 마음으로 기도한다. 그래서 기도를 시작하면 즉시 몰입하려고 무진 애를 쓰고, 기도몰입에 방해되는 모든 것들은 가차 없이 가지치기한다. 최소한의 생계비를 버는 일 이외에는 돈에 관심이 없고 세상의 즐거움에도 눈길을 주지 않는다. 하나님을 만나는 기도 가운데 최고의 즐거움과 기쁨을 누리기 때문이다. 이런 사람은 귀신을 쫓아내며 정신질환과 고질병을 고치는 성령의 능력으로 기도의 내공을 증명하면서, 기도하는 것마다 응답이 오며 삶과 사역의 열매를 풍성히 맺는 삶을 산다. 말하자면 겉으로 드러나는 기도시간과 자세는 비슷하지만, 마음을 쏟아붓는 집중력이 탁월한 경지에 있다는 점에서 중수와 다르다. 이것이 기도할 때마다 가난하고 간절한 마음으로 하나님께 집중하는 기도의 습관이 필요한 이유이다. 하나님은 자신을 전심으로 찾아오는 사람을 불꽃 같은 눈동자로 찾고 계시기 때문이다.

5.
영성학교 기도훈련의 3단계 목표

영성학교는 처음에 월세 20만 원의 30년 된 허름한 농가주택에서 시작했다. 그런데 몰려드는 훈련생들로 이내 비좁아져 1년이 지나 너른 땅을 사고 100여 평이 넘는 건물을 지었지만, 2~3년 지나자 이 역시 비좁아져서 다시 증축을 해서 지금에 이르렀다. 그러나 사람이 북적인다고 하나님이 영성학교의 사역을 기뻐하시는 것이 아니다. 풍성한 열매가 주렁주렁 맺고 있어야 할 것이다. 그러나 결론부터 말하자면 아직 아니다. 그래서 필자의 고민이 깊어가고 있다. 수많은 사람들에게서 귀신이 쫓겨 나가고 정신질환과 고질병이 치유되고 가정이 회복되고 삶이 행복해지기 시작하니까 영성학교 식구들의 기도가 느슨해졌다는 것을 인정하지 않을 수 없다. 화장실을 다녀오니까 화장실에 가기 전의 다급했던 마음을 잊어버린 탓이다. 그래서 필자의 마음이 다급해지고 있다. 영성학교는 귀신을 쫓아내고 고질병을 고치며 삶의 문제를 해결해 주기 위해 세운 곳이 아니기 때문이다. 영성학교는 성령의 명령에 의해 세워졌으며, 성령께서 기적적으로 훈련장소를 마련해 주시고 훈련생들을 보내주시며 놀라운 성령의 능력을 공급해 주셔서 유지되는 곳이다. 그러나 병이 낫고 삶의 문제가 해결된 식구들은 영성학교의 설립목적을 잊어가고 있다. 그래서 오늘은 성령께서 명령하신 영성학교 기도훈련의 목표 3단계를 살펴보고 싶다.

1) 제1 목표 : 쉬지 않고 기도하는 습관들이기 - 구원에 이르는 길

영성학교에 오면 쉬지 않고 전심으로 하나님을 부르는 기도를 훈련받게 된다. 왜 그래야 하냐고? 쉬지 않고 전심으로 하나님의 이름을 부르는 기도의 습관을 들여야 성령이 오셔서 만나 주시기 때문이다. 그러나 우리네 교회는 이런 기도를 가르치지도 배우지도 않는다. 교회에서 관행적으로 내려오는 기도방식을 반복하며 목회자와 교인들이 원하는 목록을 주구장창 열거하는 것이 기도라고 알고 있다. 그래서 교인들이 기도하지 않으니 무능하고 무기력한 믿음으로 고단하고 팍팍하게 살 수밖에 없는 것이다. 성경대로 기도하지 않는 것은 하나님의 명령을 멸시하고 업신여기는 것이 아니고 무엇이겠는가? 영성학교는 쉬지 않고 전심으로 기도하는 습관을 들이는 것이 1차적인 목표이다. 전지전능한 하나님이신 예수님도 기도의 습관을 들였는데 먼지 같은 우리들은 말할 것도 없다. 쉬지 않고 기도하는 습관을 들인 사람들이 구원을 보장받을 수 있다. 또한 쉬지 않고 전심으로 기도하다 보면 귀신들이 쫓겨 나가면서 고질병이 낫고 삶의 문제들도 해결되기 시작한다. 그래서 기도하는 것이 힘은 들지만, 행복하게 살게 된다. 그러나 전심으로 기도하는 습관을 들이지 않으면 시간만 때우는 기도, 매너리즘에 빠진 기도, 형식적으로 하는 기도로 변질될 수 있다. 그래서 영성학교에서는 마음을 쏟아 가며 하루 종일 하나님을 떠올리며 성령의 내주를 간구하는 기도의 습관을 들이는 것이 1차적인 목표이다.

2) 제2 목표 : 하나님과 동행하는 사람 되기 - 기도의 강을 건너기

그렇다면 두 번째 목표는 무엇인가? 바로 기도의 강을 건너는 것이다. 기도의 강을 건넌다는 것은 성령께서 여러 번 말씀해 주신 것으로, 자기를 내려놓고 하나님의 뜻대로 살아가는 수준이 되는 것을 말한다. 말하자면 자기를 부인하며 십자가에 자신을 날마다 못 박으면서 살아가는 삶으로 채워야 한다. 예수님은 자신의 제자가 되려면, 자기를 부인하고 자기 십자가를 지고 날마다 예수님을 따라야 한다고 콕 집어 말씀하셨다. 그러나 우리네 교인들은 거꾸로 자신의 소원을 이루고 자신이 원하는 삶을 이루고 싶어서 교회마당을 밟고 있으니 아이러니하다. 이는 미혹의 영이 우리네 교회지도자와 교인들의 머리를 타고 앉아 생각을 넣어 주어 속이고 있기 때문이다. 그래서 성경대로 살지도 않고 살려고 하지도 않고, 그저 교회마당을 밟으면서 구원을 기정사실화하고 있으니 기가 막힌 일이다. 기도의 강을 건넌다는 것은 쉬지 않고 하나님의 이름을 부르면서 자신의 소원, 계획, 자신의 뜻을 죄다 내려놓고 오직 하나님의 뜻만을 추구하려고 애쓰는 사람이 되는 것이다. 이는 성령께서 깨닫게 해 주시고 그렇게 살 능력을 주셔야 가능한 일이다. 그러므로 쉬지 않고 전심으로 기도하는 습관을 들인 다음의 단계는 자신을 내려놓고 오로지 하나님의 뜻에 절대 순종하는 제자의 삶을 살아가는 것이고, 이것이 바로 기도의 강을 건너는 것이다. 그러나 한 번 건넜다고 되는 것이 아니라 날마다 끊임없이 천국에 들어가는 날까지 기도의 강을 건너야 한다. 기도의 강을 건너는 사람은 성령이 함께하시는 증거와 변화가 확연해져서, 성품이 거룩해지고 삶의 문제들이 해결되고 가정이 회복되어 행복하게 살게 된다.

나는 이렇게 기도해서 하나님을 만났다

3) 제3 목표 : 귀신과 싸워 이기는 자 되기 - 정예용사

다음은 세 번째로, 마지막 목표인 정예용사가 되는 것이다. 즉 악한 영과 싸워 이기는 탁월한 영적 능력을 지닌 군인이 되는 것이다. 그러나 귀신과 싸워 이기려면 귀신의 정체와 전략에 대해서 잘 알아야 하고, 귀신을 쫓아내어 영혼을 하나님께 돌아오게 하는 용사가 되어야 한다. 이런 사람은 전적으로 기도의 사람, 성령의 사람이 되는 것은 물론이고 귀신을 쫓아내면서 정신질환과 고질병을 치유하며 성령의 사람으로 양육하는 것으로 증명해야 한다. 그러나 안타깝게도 우리네 교회는 악한 영에 대해 무지하며 귀신을 두려워해서 귀신 이야기를 입 밖에 꺼내는 것조차 무서워하고 있으니 기가 막힌 일이다. 그러나 영성학교에서는 지금까지 귀신이 잠복한 수백 명의 사람들에게서 귀신을 쫓아내고 정신질환과 고질병을 치유하면서 제자를 양육하는 사역을 진행하는 중이다. 제1 목표에 도달한 이들이 적지 않으며 제2 목표에 근접한 사람들도 더러 있지만, 제3 목표에 도달하여 필자와 함께 귀신을 쫓아내는 사역에 동참하는 동역자들은 소수이다. 안타깝고 답답한 일이다. 그래서 영성학교 식구들은 그동안 느슨했던 마음을 고쳐 잡고 전심으로 하나님의 이름을 부르며 성령과 깊고 친밀하게 교제하는 삶에 최우선순위를 두고 달려나가야 할 것이다. 그 길만이 우리가 살고 우리나라와 민족이 살며 우리네 교회가 사는 유일한 길이기 때문이다.

6.
자신의 영적 상태를 점검할 수 있는
자가점검키트

필자는 귀신을 쫓아내고 귀신들이 일으킨 정신질환과 고질병을 치유하며 성령이 내주하는 기도훈련 사역을 하고 있다. 그러나 귀신과 피 터지게 싸워 쫓아내는 사역이 얼마나 위험한지 아는가? 그들이 누구인가? 타락한 천사이다. 그들에게는 인간과 비교할 수 없는 탁월한 영적 능력이 있다. 그동안 수백 명의 사람들에게서 귀신들을 쫓아내는 전쟁을 치렀기에, 이들의 능력에 대해 누구보다 잘 알고 있다. 과거에 귀신을 쫓아내는 사역을 했던 사람들의 종말을 보라. 해피엔딩인 사람이 거의 없다. 왜 그런지 아는가? 귀신들에게 당해서 영혼이 피폐해지고 삶이 황폐해졌기 때문이다. 그래서 지금은 귀신을 쫓아내는 사역을 할 생각조차하지 않는다. 무섭고 두렵기 때문이다. 귀신을 쫓아내는 능력이 있는 사람들조차 남들이 알아주는 빛나는 사역도 아니고 위험천만하기만 한 이 사역을 원하지 않는 것이 우리가 마주한 차가운 현실이다. 그러나 필자는 성령으로부터 이 사역을 하라고 명령받았고 무려 3년 동안 직접 훈련을 받기도 했다. 그러므로 그만 내려오라고 할 때까지 전쟁터에서 인생을 보내야 할 것이다. 감사하게도 지금까지는 나름대로 선전(?)했다고 볼 수 있겠지만, 과거의 전투는 과거일 뿐이다. 전쟁을 끝마치고 천국에 들어가는 날까지 살아남지 못한다면 참혹한 재앙을 받아들여야 하는 섬뜩한 운명인 셈이다. 그래서 필자는 날마다 전투에 나가 싸우는 무기들을 날카롭게 점검하고 있다. 전투에 나가 방아쇠를 당겼는데 총알이 없는 것을 발견했다면 이미 죽은 목숨이나 진배없기 때문이다. 영적 전쟁의 무기는 성령의 능력이다. 그러므로 매일의 삶에서 성령과 깊고 친밀한 교제를 나누고 있어야 한다. 그래서 성령과 교제하고 동행하고 있는지 영적 상태를 점검할 수 있는 항목들을 말씀드리겠다.

1) 마음이 평안한지 점검하라

마음이 평안하지 않다면 노란불이 켜진 상태이다. 걱정, 염려, 불안, 두려움, 의심, 절망, 죄책감, 실망 등의 부정적인 생각들을 받아들여 불신앙의 죄를 짓고 있는 상태인 것이다. 평안은 외적 평안과 내적 평안이 있다. 삶의 문제가 해결되어서 오는 외적 평안이 있으며, 환경과 상황에 관계없이 평안한 상태인 내적 평안이 있다. 평안은 특별한 문제가 없는 무사 안일한 상태와는 다르다. 성령과 동행하는 평안은 마음이 즐거운 상태에 가깝다. 그래서 마음이 즐겁고 기쁜지 점검해야 하며, 그렇지 않다면 문제를 깨닫고 즉각 회개하여 평안을 회복해야 할 것이다.

2) 기도를 점검하라

필자는 집중적으로 기도하는 시간이 하루 평균 5시간 정도이다. 아침에 일어나서 2시간, 밤에 자기 전 2시간 정도를 하고, 낮에도 시간이 나는 대로 기도한다. 그중에서도 아침기도 시간이 아주 중요하다. 아침기도가 전체 기도의 3분의 2의 영향력을 발휘한다고 보면 틀림없다. 필자는 기도할 때 집중력을 점검한다. 기도할 때 송곳 같은 집중력을 유지하고 있어야 한다. 또한 집중적인 기도 사이에 업무 중이거나 일상의 삶에서 하나님 생각이 머리에 들어오는지를 점검한다. 내가 하나님 생각을 하려고 애쓰는 게 아니라, 저절로 하나님 생각이 들어와서 가득 차 있어야 한다. 성령과 교제하는 사람들은 이 상태를 유지해야 한다. 그러나 아직도 내가 하나님 생각을 떠올리면서 기도하려고 애쓰고 있다면 성령과 깊고 친밀한 교제를 누리는 상태는 아니다. 좀 더 혹독하게 기도해야 할 것이다. 아침과 밤에 방해받지 않은 시간과 장소에서 집중적으로 기도하는 시간을 늘리는 것도 중요하지만, 시간이 부족하더라도 전심으로 하나님을 부르려고 애쓴다면 부족한 시간이 커버된다. 또한 기도하는 것을 좋아하는지를 점검해야 한다. 기도하는 게 싫다거나 억지로 하는 게 힘들다고 생각한다면 성령과 교제하는 상태가 아니다. 물론 매일 많은 시간을 기도하다 보면 때로는 기도하는 것이 힘들고 좋지 않은 생각이 들 때도 있다. 그러나 좋지는 않더라도 당연히 해야 한다고 생각하면 괜찮다. 그러나 숙제처럼 억지로 하고 있다면 아직도 멀었다.

3) 성경 읽는 것을 점검해라

성경을 규칙적으로 읽고 성경 읽는 것을 좋아하는지 점검해 보라. 적어도 하루에 30분에서 1시간 정도는 규칙적으로 성경을 읽고 있어야 한다. 이때도 성경 읽는 것을 좋아하지 않는다면 아직 기도가 부족한 상태이다. 기도와 말씀은 하나님을 만나는 통로이다. 그런데 하나님을 만나는 것을 좋아하지 않는 사람이 어떻게 성령과 동행하는 사람이겠는가? 또한 성경을 읽을 때 잡념이 들어오지 않고 말씀의 내용에 집중해서 읽고 있어야 한다. 그러나 성경을 읽은 후에 그 내용이 생각나지 않는다면 집중해서 읽는 상태가 아니다. 또한 성령이 주시는 깨달음으로 말씀이 쫀뜩쫀득하게 가슴에 새겨져야 한다. 성경을 읽는 목적은 지식으로 이해하여 머리에 쌓아두는 것이 아니라 성경대로 살려는 것이다. 그러므로 성경을 읽을 때마다 성령께서 조명해 주셔서 깨달음으로 마음에 새겨져야 한다. 그러나 성경을 읽는 것이 싫고 규칙적으로 집중해서 성경을 읽는 습관이 안 되었다면 아직 성령과 교제하는 상태가 아니다.

4) 성령이 주시는 지혜와 은사, 능력과 열매를 점검해라

필자는 수많은 훈련생들을 코칭하고 귀신을 쫓아내며 질병을 고치고 삶의 문제를 해결해 주면서, 필자와 같은 성령의 사람을 양육하는 사역을 하고 있다. 그래서 성령이 주시는 지혜로 매일매일 글을 쓰고 코칭을 해야 한다. 그러므로 날마다 성령이 지혜를 공급해 주시는지 점검하고 있다. 그리고 기도할 때 병이 낫고 귀신이 쫓겨나가는지를 살펴보고 있다. 이렇게 필자의 사역에 하나님의 공급하심과 능력, 열매가 있는지 날카롭게 점검하고 있다. 사람마다 삶과 사역에서 점검해야 할 영역은 다르겠지만, 자신이 하고 있는 일에 하나님의 지혜가 공급되어 풍성한 열매를 맺고 있는지를 점검해야 한다. 그래서 하는 일이 형통하고 가정이 행복하며 사역에 질적·양적 성장이 있어야 할 것이다. 그러나 지혜가 없어서 여전히 하는 일이 지지부진하고, 가족이나 만나는 사람들과 냉랭한 관계라면 성령이 인도하시는 삶이 아니다. 그러므로 철저하게 회개하고 혹독하게 하나님을 부르고 전심으로 성령의 내주를 간구하는 기도에 전념해야 한다. 이 외에도 점검해야 할 사항이 더 있겠지만 위의 점검사항은 성령과 교제하는지를 알 수 있는 기본적인 사항이다. 이는 오랫동안 필자가 점검해온 사항으로 검증이 되고 열매로써 증명되었음은 물론이다.

제10장

기도하지 않는 것은 죄다

1.
왜 기도를 쉬는 죄가 가장 큰 죄인가?

예전에 성령께서 기도를 쉬는 죄가 가장 큰 죄라고 말씀해 주신 적이 있다. 이틀만 기도하지 않아도 성령이 떠나가신다는 말을 해 주시기도 했다. 만약 이 말이 사실이라면, 우리네 교회에서 천국에 들어가는 이들은 아마 극소수가 될 것이다. 왜냐면 쉬지 않는 기도를 하는 교인들이 거의 없기 때문이다. 쉬지 않는 기도는 성경에 나오는 말씀이지만 우리네 교회에서는 낯선 말이다. 왜 그런지 아는가? 우리네 교회에서 시행하는 기도는 성경에서 말하는 기도와는 판이하게 다르기 때문이다. 우리네 교회에서 시행하는 기도는 목회자와 교인 자신의 욕심을 채우는 기도가 대부분이다. 그래서 기도자리에 앉으면 교인들은 먼저 여러 차례 광고로 알려진, 교회가 요구하는 사항(대부분 교인의 수를 불리거나 교회건물을 넓히려는 담임목사의 속내가 반영됨)을 통성으로 외치고는, 개인기도 시간이 되면 자신과 가족들의 세속적인 성공과 건강, 문제해결 등을 외치기 시작한다. 말하자면 우리네 교인들의 기도는 부자 아버지에게서 유산을 얻어내는 불량한 아들의 행패와 다르지 않다. 그래서 응답받아야 할 사건이나 삶의 지난한 문제가 생기면 기도자리에 앉았다가, 그 문제가 해결되면 다시 기도할 문제가 생길 때까지 기도하지 않는 교

나는 이렇게 기도해서 하나님을 만났다

인들이 허다하다. 이러한 실상은 목회자와 교인들이 차이가 없다. 그게 하나님이 성경에서 밝히신 기도의 목적인가?

기도는 하나님을 만나서 깊고 친밀한 교제를 나누는 통로이다. 그러므로 기도는 하나님을 간절히 찾고 부르며, 찬양하고, 감사하며, 회개하고, 경배하며, 간구하는 것으로 이루어진다. 간구하는 것도 자신이 원하는 것이 아니라 하나님이 기뻐하시는 목록임은 당연하다. 다윗의 시편은 그가 늘 하나님과 얼마나 깊고 친밀한 교제를 나누었는지를 잘 말해 주고 있으며, 주기도문은 무엇을 기도해야 하는지를 함축적으로 가르쳐 주고 있다. 또한 바울의 기도문도 우리에게 좋은 기도지침서이다. 그러나 우리네 교회에서는 이런 기도에 대한 가르침도, 배움도 없다. 기도회는 그저 자신의 희생적인 신앙행위를 목회자와 다른 교인에게 보여 주는 현장일 뿐이다. 그 이유는 교회에서 정한 기도회에 나와서 기도하는 사람들도 평소에 골방에서 기도하지 않기 때문이다. 하나님은 영이시므로 언제 어디서나 만나 주시는 분이다. 그러나 교인들이 사람들의 이목이 있는 곳에서 기도하는 것은 하나님이 아니라 사람들의 주목을 받고 싶어하기 때문이다.

그러나 네가 거기서 네 하나님 여호와를 찾게 되리니 만일 마음을 다하고 뜻을 다하여 그를 찾으면 만나리라(신4:29)

너희가 온 마음으로 나를 구하면 나를 찾을 것이요 나를 만나리라(렘29:13)

그렇다면 성경에서 말하는 기본적인 기도의 내용이 무엇인가? 바로 하나님을 찾고 불러서 만나는 것이다. 그래서 성경 곳곳에는 하나님의 이름을 부르라, 하나님의 얼굴을 구하라, 하나님을 찾으라는 내용이 수도 없이 나온다. 그러나 사람들은 하나님의 뜻을 구하는 기도가 아니라 자신의 욕망을 채우는 기도만을 하고 있으니 기가 막히는 일이다.

> 쉬지 말고 기도하라 … 이것이 그리스도 예수 안에서 너희를 향하신 하나님의 뜻이니라(살전5:17~18)

> 이러므로 너희는 장차 올 이 모든 일을 능히 피하고 인자 앞에 서도록 항상 기도하며 깨어 있으라 하시니라(눅21:36)

> 나는 너희를 위하여 기도하기를 쉬는 죄를 여호와 앞에 결단코 범하지 아니하고 선하고 의로운 길을 너희에게 가르칠 것인즉 (삼상12:23)

쉬지 않고 기도하는 것은 항상 깨어서 기도하는 것이며, 이러한 기도의 태도가 바로 예수 그리스도 안에서 우리를 향한 하나님의 뜻이라고 분명하게 말씀하셨다. 그렇다면 자신의 탐욕을 채우는 기도를 쉬지 말고 하라고 하셨을 리가 없다. 그 기도가 바로 하나님을 부르고 성령의 내주를 간구하며, 그분이 자신 안에 들어오셔서 다스리시고 통치하시는 하나님의 나라를 간절히 구하는 기도이다. 그래서 자신과 하나님이 하나가 되는 연합을 이루어야 한다. 이런 기도를 쉬지 않고 항상 해야 하는

　　　　　　　　　　　나는 이렇게 기도해서 하나님을 만났다

것이 하나님의 뜻이라고 말씀하셨다. 그렇다면 이런 기도를 하지 않는다는 것은 하나님의 뜻에 위배되는 것이 아닌가? 그래서 사무엘이 하나님을 부르고 찬양하고 감사하며 회개하는 기도를 쉬는 것이 죄라고 말한 것이다. 그렇다면 이런 기도를 하지 않는 교인들은 하나님이 싫어하는 죄를 밥 먹듯이 짓고 있으면서 회개할 생각조차 하지 않는 가증스러운 사람들인 것이다.

> 예수께서 이르시되 네 마음을 다하고 목숨을 다하고 뜻을 다하여 주 너의 하나님을 사랑하라 하셨으니 이것이 크고 첫째 되는 계명이요(마22:37~38)

피조물이자 종인 사람들이 창조주이자 주인인 하나님의 뜻(계명)을 지키는 것은 당연한 일이다. 예수님은 가장 큰 계명이 목숨을 다해 하나님을 사랑하는 것이라고 단호하게 말씀하셨다. 그래서 당신은 목숨을 바쳐서 하나님을 사랑하고 있는가? 성령께서 필자에게, 나를 가장 뜨겁게 사랑하는 자들에게 찾아간다고 말씀하신 적이 있으시다. 그냥 사랑하는 것도 아니고, 뜨겁게 사랑하는 것도 아니고, 가장 뜨겁게 사랑하는 사람들을 찾고 계신다. 그러한 사람이 바로 마음을 다하고 목숨을 다하고 뜻을 다하여 하나님을 사랑하는 자녀들이다. 이런 사람은 쉬지 않고 하나님을 떠올리며, 그분의 이름을 간절히 부르고 성령이 내주하시기를 간구하는 기도의 습관을 들인 사람이다. 그래서 이틀만 기도하지 않으면 성령께서 실망하시고 떠나가신다고 말씀하셨던 것이다. 그러나 안타깝게도 우리네 교회에는 형식적인 기도회만 있을 뿐, 하나님을 뜨겁게 사랑하고 쉬지 않고 전심으로 하나님의 얼굴을 찾는 이들이 사라진 지 오래다. 하나님을 간절히 찾는 기도를 하지 않는 교인들은 목숨을 다해 하나님을 사랑하지 않는 사람들이다. 이렇게 큰 죄를 짓는 사람들이 어떻게 천국에 들어가겠는가? 이들이 심판대 앞에 서면, 청천벽력 같은 소리와 함께 유황불이 활활 타는 지옥에 던져질 것이 틀림없다.

2.
기도를 잊은 당신에게
무슨 희망이 있겠는가?

구한말 우리나라 역사상 마지막 봉건주의 국가인 조선이 스러지는 운명의 날에 미국, 중국, 러시아, 일본 등의 열강들은 조선이라는 힘없는 나라를 집어삼키려고 군침을 삼켰다. 그리고 마침내 조선은 일본의 아가리에 들어갔다. 이렇게 약소국가의 운명은 비참하고 슬프다. 지금도 이런 일이 전 세계의 단체나 조직, 가정이나 개인에게 변함없이 일어나고 있다. 말하자면 우리가 살고 있는 곳은 약육강식의 세상인 셈이다. 그렇다면 세상을 지배하는 가장 높은 세력은 누구인가? 물론 하나님이실 것이다. 그러나 성경을 읽으면 당신의 순진한(?) 기대를 무너뜨리는 말씀이 적지 않다. 바로 이 세상의 신, 공중(세상) 권세를 잡고 있는 자, 세상의 지배자, 통치자들은 하나님이 아니라 악한 영이라고 말하고 있는 말씀들이다. 하나님께서 우주와 대자연, 역사와 나라, 그리고 개인의 생사화복을 다스리고 주관하시는 것은 맞지만, 악한 영들이 하나님의 허락 하에 다스리고 지배하는 백성들과 영역이 있다는 말일 게다. 그러나 이 글을 읽고 있는 당신이 악한 영의 포로로 잡혀 있다고 상상이나 하겠는가?

성령께서는 필자의 사역이 악한 영의 포로로 잡혀 있는 하나님의 자녀들을 구출하여 하나님께 돌려드리는 것이며, 또한 악한 영들의 활동성을 알리는 것이라고 하셨다. 그래서 그동안 필자는 수백 명의 사람에게서 잠복해 있는 귀신들을 쫓아내고 그들이 일으킨 정신질환과 고질병을 치유하는 사역을 해왔다. 그 와중에 귀신에 대한 수많은 지식과 경험을 쌓게 되었음은 물론이다. 귀신들의 숫자는 새카맣게 지구를 덮고 있을 만큼 엄청나게 많으며, 거의 대부분의 세상 사람들과 70%가 넘는 크리스천들의 몸에 들어가서 잠복해 있으며, 모든 사람들을 속여서 자신들의 생각을 넣어 주어 조종하고 있다. 그러나 이런 필자의 주장을 인정할 사람이 세상에 몇 명이나 되겠는가? 성령께서도 필자에게, 네 주변에 귀신을 쫓아내는 사람들이 몇이나 있느냐고 통탄하시며 말씀하신 적이 있다. 그래도 필자의 말이 실감나지 않는 눈치이기에, 예전에 보내온 어느 자매의 편지를 올려 드리겠다.

엄마가 월요일 밤에 기도할 때, 사방에서 귀신이 보여 엄마 말로는 죽기 살기로 싸웠다고 하세요. 나중엔 싸워서 이겼다고 하시더라고요. 그리고 배를 아프게 해서 화장실을 3번이나 가고 구역질이 심하게 나서 아빠는 엄마가 체한 줄 알고 약국에서 소화제를 사다 먹이셨더라고요. 아빠가 또 병원 가야 되나 하고 가슴이 덜컥 내려앉았다고 해요. 화요일에 기도할 때는 귀신이 보인다는 얘기는 안 하셨어요. 기도할 때 회개도 하고 눈물도 난다고 하시네요. 어둠이 올 때 집에 혼자 있으면 무섭다고 하세요. 아빠한테도 엄마에게 일어나는 증상들이 지극히 정상적인 것이니 놀라거나 약 먹일 필요 없고 계속 기도하라고 말씀드렸더니 알겠다고 하셨어요. 엄마가 자꾸 하나님 부르다 방언기도를 하셔서, 그 기도는 귀신과 대화하는 것이니 무조건 못하게 하라고 했어요. 방언기도가 엄마도 모르게 나온다고 해서 엄마 기도할 때 아빠보고 살피라고 했습니다. 방언기도하면 얼른 멈추게 하라고…. 목사님, 엄마 증상이 너무 심해요. 하루 종일 구역질하길래, 억지로 기도시키는데 안 해서 제가 어쩔 수 없이 엄마 잡고 예수 피 기도를 하니까, 갑자기 소리 지르고 욕하고 방방 뛰면서 돌아다니고, 귀신이 자기를 죽이려고 한다고 살려 달라고 하면서 울기도 하고, 눈이 풀려서 1시간째 기이한 행동만 하고 있어요. 내일 엄마 아빠 모시고 충주 가려고 해요.

이 자매의 어머니는 치매와 파킨슨병을 앓고 있었는데, 이 자매가 기도훈련을 시작해서 얼마 안 되어 병세가 많이 좋아졌다. 그 당시의 편지도 올려드리겠다.

성경을 읽고 있는데 방금 엄마한테 전화가 왔어요. 사실 저한테 전화하시는 것도 놀라워요. 전화 거는 방법도 잊어버렸었는데…. 전화 왜 안 받았냐고 물으니까 친구 집에 놀러 갔다가 방금 들어왔다고 그러시는 거예요. 깜짝 놀라서 엄마 혼자 갔냐고 했더니 혼자 갔다고…. 길을 어떻게 알고 갔냐고 하니까 원래 알고 있었다고…. 치매환자라서 두 정거장밖에 안 되는 교회도 못 찾아갔는데, 친구 집에 혼자 찾아갔다니 놀랐어요. 말씀하시는 거 보면 기억이 웬만큼 돌아오신 거 같기도 하고, 놀라움의 연속이에요. 전에 엄마한테 하나님 부르는 기도 알려 드렸는데, 자꾸 잊어버려서 종이에 써서 식탁 앞에 놓아드렸거든요. 시편 23편과 하나님 부르는 기도, 예수 피 기도도 써드리고 힘들 땐 그냥 읽으시라고 했어요. 근데 그것도 잊어버리고 안 하셨는데…. 참, 작년에 치매 오면서 오른쪽 눈도 90% 실명 진단받았거든요. 그 이후로 걸음걸이가 이상해지면서, 얼마 전 파킨슨병 진단받으신 거예요. 아랫니도 갑자기 빠지고…. 정말 1년 사이에 온갖 질병이 다 생긴 거예요. 기도하기 전에는 절망적이었는데, 하나님을 믿고 찾으니 이런 기적이 찾아오네요. 하지만 더 중요한 성령을 구해야겠죠.

　이렇게 자매님이 기도훈련을 시작하면서, 기도의 응답으로 어머니의 병세가 급격히 좋아졌다. 그래서 최근에 어머니가 기도훈련을 시작했고, 그러자마자 사달이 난 것이다. 어머니 몸 안에 잠복해 있던 귀신들이 정체를 드러내기 시작한 것이다. 이 자매가 기도훈련을 하지 않았다면, 이 어머니의 치매와 파킨슨병이 호전되었을까? 치매와 파킨슨병은 완치가 안 되는 질환이며, 악화만 되지 않아도 다행인 질환이다. 그러나 딸의 기도로 어머니의 질병이 호전되는 것도 기이한 일인데, 기도훈련을 시작하자마자 귀신들이 정체를 드러내고 무지막지하게 공격하고 있으니 경악할 일이다. 그렇다면 이런 현상이 이 모녀에게만 일어나는 특별한 사건인가? 아니다. 솔직히 말해서, 영성학교 공동체에서는 이런 일들이 수도 없이 일어난다. 그렇다면 왜 다른 교회나 교인들에게서는 귀신들이 드러나고 쫓겨나며 고질병이나 정신질환이 치유되는 사건들이 일어나지 않는가? 그것은 하나님과 깊고 친밀하게 교제하는 기도를 잊어버렸기 때문이다. 귀신들은 영이기 때문에 육체의 눈으로 보이지 않는다. 이 자매의 어머니가 귀신이 보인다고 하는 것도, 귀신들이 환각으로 속여서 두려움을 주어 기도를 못하게 하려는 공격일 뿐이다. 그러므로 쉬지 않고 하나님을 부르고 전심으로 성령이 내주하는 기도를 통해 성령이 들어오셔서 거주하시며 동행하는 삶을 살아야 하지만, 우리네 교회와 교인들은 하나님과 교제하는 기도의 습관을 들일 생각조차 없다. 소수의 사람들이 새벽기도회에 나가서 10~20분 동안 자신의 세속적인 욕망을 채우는 기도를 할 뿐이다. 그래서 우리네 교회는 무능하고 무기력하며, 교인들은 건조하고 냉랭한 영혼으로 고단하고 팍팍한 삶을 살아가고 있는 것이다. 머지않아 이들이 이 땅을 떠나면 지옥의 불길에 던져지게 될 것이다. 하나님을 찾지도 않고 그분을 사모하지 않는 피조물들에게서 하나님은 등을 돌려버리셨기 때문이다. 그래서 하나님의 자녀라고 자처하는 크리스천조차도 세상 사람과 다를 바 없이 무능하고 고단하게 살다가 이 땅을 떠나는 것이다. 그러므로 기도를 잊은 우리네 교인들에게서 무슨 희망을 찾을 수 있겠는가?

3.
기도하지 않아도 천국에 간다는 생각은
누구의 발상일까?

    필자는 매일 글을 쓰고 유튜브에 동영상을 올리고 있다. 필자의 논조는 기존 교회에서 가르치는 것과 많이 다르다. 왜냐하면 성경에 기록된 하나님의 뜻과 예수님의 명령을 가감 없이 그대로 말하고 있기 때문이다. 그러나 우리네 교회는 성경말씀을 자의적으로 해석한 교단 신학자들의 교리를 가르치고 있다. 목사의 입을 통해 하나님의 뜻을 배우는 교인들은 목사의 말을 하나님의 뜻과 동일시하게 된다. 물론 그들의 주장이 이런저런 성경말씀을 근거로 대고 있으니 아니라고 할 수 없는 것도 사실이다. 또한 목사만큼 성경에 대해 잘 알고 있는 이들도 드물지 않은가? 목사들의 주장을 반박하려면 신학자들과 논쟁할 수 있는 해박한 성경지식을 가지고 있어야 하는데, 그런 사람이 교회 내에 누가 있겠는가? 그래서 박사학위를 가지고 대학에서 가르치는 교수들조차 교회에 오면 목사들의 말에 머리를 조아리고 있어야 한다.

    필자가 교단 신학자들보다 성경지식이 뛰어나서 목사들의 가르침에 딴죽을 거는 것이 아니다. 필자는 단지 그들의 가르침이 성경에 기록된 하나님의 뜻, 예수님의 명령과 다르기 때문에 딴죽을 거는 것이다. 그러나 그들 역시 자신들의 가르침이 성경말씀에 부합한다고 주장한다. 그런데 왜 필자의 주장에 궁색한 변명으로 일관하거나 다른 구절로 물타기를 하면서 제대로 된 답변을 하지 못하는지 아는가? 그 이유는 만약 교회에서 가르치는 교단 교리가 하나님이 인정하시는 성경말씀이라면, 기적과 이적으로 증명해 보여야 하기 때문이다. 그러나 성경공부라면 만사를 제쳐두고 열심인 우리네 교회가 이렇게 무능하고 무기력한 게 기이하지 않은가? 비록 한적한 시골에서 소규모의 공동체를 이끌고 있지만, 필자는 성경의 말씀을 삶의 현장에서 기적과 이적으로 증명하고 있기 때문에 수많은 사람들이 필자의 주장에 귀를 기울이는 것이다. 성경을 보라. 하나님에 대한 수식어가 '전지전능'이며, 창세기로 시작하여 요한계시록까지 기적으로 도배되어 있지 않은가? 그런데 우리네 교회가 이렇게 세상 사람들에게 조롱과 멸시의 대상이 되고, 하나님과 예수님의 이름이 땅에 밟히고 있는 이 현실을 보라. 다시 처음의 주제로 돌아가서 필자가 유튜브에 올린 동영상들을 본 사람들의 70~80%가 '좋아요'를 누르고 있다. 그러나 유일하게 70~80%가 '싫어요'를 누른 동영상이 하나 있다. 그 동영상이 바로 '기도하지 않는 교인들의 운명'이라는 제목의 동영상이다.

대부분의 우리네 교인들은 규칙적으로 기도하지 않으며 하루에 10분도 기도하지 않는 이들이 널려있다. 기도하는 소수의 교인들도 자신들이 원하는 목록을 목이 터지라고 외칠 뿐 하나님의 뜻에 관심조차 없다. 그래서 우리네 교회에서 기도 소리가 사라지고 있다. 새벽기도회에 나오는 사람들도 목사의 눈도장을 찍어야 하는 중직자들이나 새벽잠이 없는 나이 많은 교인들뿐이다. 왜 사람들이 새벽기도회에 나오지 않는지 아는 게 어렵지 않다. 새벽에 일어나기 어려워서가 아니라 아무리 기도해도 응답이 내려오지 않기 때문이다. 한때 방방곡곡에 우후죽순으로 세워졌던 기도원들이 문을 닫은 지 오래다. 아직도 문을 열고 있는 기도원에는 기복신앙을 외치는 부흥사들만이 좌판을 깔고 있다. 아직도 성령 춤을 추고 소리를 지르면 뒤로 자빠지는 거짓 이적에 속아서 헌금을 바치는 무지하고 어리석은 사람들이 널려 있기 때문이다.

　기도는 하나님과 깊고 친밀하게 교제하는 수단이다. 규칙적으로 기도하지 않으며, 하나님과 깊고 친밀한 교제의 기도를 하지 않는 사람들은 하나님과 교제가 끊긴 사람들이다. 하나님과 사귀지 않는 사람들이 어떻게 하나님의 자녀이며 백성이겠는가? 그러나 교회에서는 이런 말을 들어볼 수가 없다. 3분짜리 영접기도를 마치고 예배의식에 참석하는 교인들은 죄다 구원을 받았다고 안심시키고 있기 때문이다. 또한 교인들은 교회마당을 열심히 밟으며 희생적인 신앙생활을 하고 있는 것을 근거로 대면서 자신의 믿음을 확인하고 싶어 한다. 그러나 이런 근거가 성경에서 말하는 구원의 잣대인가? 믿음은 하나님이 인정해 주셔야 한다. 하나님이 인정해 주시는 믿음은 바로 '네 믿음이 크도다, 네 믿음대로 될지어다.'하고 말씀하시는 기도응답이나 기적으로 증명된다. 그러나 우리네 교회는 교단에서 숭배하는 신학자들이 이런저런 성경구절을 자의적으로 해석한 교리를 성경말씀 위에 두고 가르치고 있다. 그래서 무능하고 무기력한 믿음으로 팍팍하고 고단하게 살고 있는데도 구원받은 믿음을 의심하지 말라고 다그치고 있다.

쉬지 말고 기도하라 … 이것이 그리스도 예수 안에서 너희를 향하신 하나님의 뜻이니라(살전5:16~18)

너희는 스스로 조심하라 그렇지 않으면 방탕함과 술취함과 생활의 염려로 마음이 둔하여지고 뜻밖에 그 날이 덫과 같이 너희에게 임하리라 이 날은 온 지구상에 거하는 모든 사람에게 임하리라 그러므로 너희는 장차 올 이 모든 일을 능히 피하고 인자 앞에 서도록 항상 기도하며 깨어 있으라 하시니라(눅21:34~36)

사도 바울은 쉬지 않고 기도하는 것이 하나님의 뜻이라고 콕 집어서 말했다. 예수님은 주여 주여 하면서 하나님의 뜻대로 살지 않는 자들은 지옥 불에 던져질 것을 선포하셨으며, 종말이 가까워 올수록 깨어서 항상 기도하라고 명령하셨다. 깨어 있다는 것은 하나님 생각이 머릿속을 떠나지 않고 있으며 항상 기도하는 모습으로 확인되는 것이다. 이렇게 예수님의 명령과 하나님의 뜻을 멸시하고 외면하면서 기도할 생각을 하지 않는 교인들이 어떻게 천국에 들어갈 수 있겠는가? 그러나 대부분의 교인들은 구원을 약속한 이런저런 구절을 들이대면서 자신의 구원을 기정사실화하고 있을 것이다. 만약 그 주장이 사실이라면 필자가 말하는 예수님의 말씀은 어떻게 생각하는가? 이런 말씀을 손바닥으로 덮는다고 이 명령이 성경책에서 지워지겠는가? 심판대 앞에서 천국과 지옥으로 갈리는 잣대는 자기확신이나 종교적인 신앙행위가 아니라 성경에 기록된 하나님의 뜻과 예수님의 명령이다. 기도는 하나님을 만나며 동행하는 필수적인 통로이다. 그러므로 하나님과 교제할 생각조차 없는 교인

들이 천국에 들어가지 못하는 것은 당연한 일이지 않은가? 그러나 구약
시대, 선지자들의 말이 듣기 싫어 돌팔매질을 하거나 감옥에 가두었던
이스라엘 백성처럼, 이 시대의 우리네 교인들도 덕담과 축복, 위로나 격
려로 도배하는 삯꾼목사들의 말을 즐겨 듣고 있으며, 성경대로 하나님
의 뜻과 예수님의 명령을 가르치는 사람들을 향해 눈을 흘기고 있으니
기가 막힌 일이다. 이는 대다수 우리네 교회지도자의 머리에 미혹의 영
이 타고 앉아 자신의 생각을 넣어 주고 속여, 그들에게 배우는 교인들을
지배하고 있기 때문이다. 성령께서는 필자에게 "선생이 지옥에 가면 학
생들은 말할 것도 없다."라고 말씀하셨다. 두렵고 떨리는 말씀이다.

나는 이렇게 기도해서 하나님을 만났다

제11장

기도의 능력이 삶의 능력이다

1.
예수님의 능력을 얻고 싶다면
예수님과 똑같이 기도하라

우리가 닮아가며 본받아야 할 최고의 스승은 누구인가? 바로 하나님이신 예수 그리스도이시다. 예수님은 전지전능하신 하나님의 신분이셨지만, 인간의 몸을 입고 이 땅에 내려오셔서 우리의 죄를 대신해 십자가에서 보혈을 흘려 주심으로, 인류가 하나님과 화목하고 천국백성이 되는 길을 열어 주셨다. 하늘에 계실 때는 전지전능한 하나님이셨지만, 인간의 몸을 입고 이 땅에 태어나 사시는 동안에는 우리와 똑같은 연약하고 부족한 육체의 한계를 지닌 사람이셨다. 그런데 어떻게 해서 놀라운 하나님의 능력을 통해 자신이 그리스도이신 것을 온 세상에 드러내시고 십자가의 사역을 이루셨는가? 그 능력은 어디에서 왔는가? 바로 성령의 인도하심과 공급하심이 그 답이다. 성령께서는 예수님이 이 땅에 계실 때, 사역을 인도하시면서 하나님의 놀라운 능력을 끊임없이 공급하셨다. 그렇다면 예수님이 이 땅에 계실 때, 어떻게 성령의 능력을 공급받았는지 살펴보자.

> 예수께서 나가사 습관을 따라 감람산에 가시매 제자들도 따라갔더니(눅22:39)

나는 이렇게 기도해서 하나님을 만났다

예수는 물러가사 한적한 곳에서 기도하시니라(눅5:16)

새벽 아직도 밝기 전에 예수께서 일어나 나가 한적한 곳으로 가
사 거기서 기도하시더니(막1:35)

예수님의 공생애 사역은 그야말로 힘들고 고달픈 여정이었다. 예수님
은 거처할 집도 없이 광야를 떠돌아다니면서 쉬시거나 주무시면서 기도
하셨다. 예수님 주변에는 언제나 수많은 사람들이 구름떼처럼 따라다녔
다. 그들이 예수님을 만나면 앞을 다투어 자신의 문제를 해결해 달라고
재촉하기 일쑤였다. 매일같이 그러한 일을 겪으니 얼마나 피곤한 삶을
사셨겠는가? 그래서 예수님은 군중을 피해 한적한 광야로 들어가서 피
곤한 심신을 누이셨다. 성경은 예수님께서 광야에서 주로 기도하시면서
시간을 보내셨다고 밝히고 있다. 새벽 미명에 일찍 일어나서 기도하시
는 것은 물론 틈을 내어 기도하셨다고 말하고 있다. 얼마나 기도를 열심
히 하셨는지, 기도하시는 게 이미 습관이 되어버렸다고 성경은 밝히고
있다. 전지전능한 하나님이셨지만, 인간의 몸을 입고 이 땅에 계실 때에
는 우리와 다를 바 없는 연약하고 부족한 육체의 한계를 절감하셨을 것
이다. 그래서 예수님은 하나님의 능력을 덧입기 위해 기도의 습관을 들
여 기도하시기를 힘썼다. 예수님의 기도의 열매는 공생애 사역을 통해
증명되고 있다. 귀신을 쫓아내고 질병을 치유하며 장애를 회복시키고
죽은 자를 살리는 놀라운 하나님의 능력을 통해, 자신이 그리스도이신
것을 증명하셨음은 물론이다.

그렇다면 예수님이 직접 선택하시고 훈련시키신 사도들을 살펴보자. 예수님은 제자들을 선택하시고 3년 반 동안 동고동락하면서 가르치시고 훈련시키셨다. 그러나 겟세마네 동산에서 기도하실 때의 사건을 보아 짐작할 수 있듯이, 그들은 예수님처럼 기도의 습관을 들이지 못했다. 그래서 예수님께서 땀이 땅에 떨어지는 핏방울 같이 되도록 애쓰고 힘쓰며 기도하실 때도 졸음을 이기지 못하고 쿨쿨 자고 있었던 것이다. 그래서 예수님이 십자가에서 돌아가시자 죄다 실망해서 집으로 돌아가지 않았던가? 그러나 그들은 부활하신 예수님의 명령에 따라 마가요한의 다락방에서 성령을 간절히 부르는 기도 끝에, 성령이 임재하여 성령의 사람이 되었다. 그 후 사도들은 예수님과 똑같이 죽은 자를 살리며 장애를 회복시키는 놀라운 이적과 기적으로 복음을 전하여 영혼을 구원하며 초대교회를 세워 나갔다. 사도들이 예수님과 같이 있었을 때도 그런 능력이 없었는데, 예수님이 승천하신 이후에 어떻게 그런 사람이 되었느냐고? 바로 성령과 동행하는 사람이 되었기 때문이다. 그렇다면 그들은 어떻게 해서 성령과 동행하는 삶을 유지했는가?

제 구시 기도 시간에 베드로와 요한이 성전에 올라갈쌔(행3:1)

이튿날 저희가 행하여 성에 가까이 갔을 그 때에 베드로가 기도하려고 지붕에 올라가니 시간은 제 육시더라(행1:6)

열두 사도가 모든 제자를 불러 이르되 우리가 하나님의 말씀을 제쳐 놓고 접대를 일삼는 것이 마땅하지 아니하니 형제들아 너

나는 이렇게 기도해서 하나님을 만났다

희 가운데서 성령과 지혜가 충만하여 칭찬 받는 사람 일곱을 택하라 우리가 이 일을 그들에게 맡기고 우리는 오로지 기도하는 일과 말씀 사역에 힘쓰리라 하니(행6:2~4)

이 말씀들은 성령과 동행하는 삶을 살기 위해서 사도들이 어떻게 기도했는지 잘 보여 주고 있다. 다니엘의 예에서 알 수 있듯이, 많은 경건한 유대인들은 하루 3번씩 기도했다. 베드로와 요한도 그렇게 기도했고 심지어 이방인인 고넬료도 그렇게 기도했다. 교회가 커지고 사역이 분주해지자 사도들은 동역할 집사들을 뽑아서 구제하는 일을 맡기고 오로지 기도에 전념하겠다고 밝히기도 했다. 이렇게 사도들은 기도하는 일에 전념해서 성령의 능력을 받아, 기적과 이적으로 귀신을 쫓아내며 질병을 치유하고 장애를 회복시키는 하나님의 능력으로 사역을 해 나갔던 것이다. 열두 사도는 아니었지만, 나중에 예수님을 만나 사도의 반열에 들어간 바울 사도 역시 쉬지 않고 기도하여 성령의 능력으로 사역을 했다고 고백하고 있다. 이처럼 예수님의 제자들은 예수님과 똑같이 성령과 동행하는 기도에 전념했던 것을 알 수 있다. 당신이 예수님과 사도들의 능력을 얻고 싶다면 어떻게 해야 하는지 이제 알겠는가? 바로 예수님처럼 기도의 습관을 들여서 하루 종일 하나님과 깊고 친밀한 교제의 삶을 살면 된다. 그러나 우리네 교회에서 시행하는 새벽기도회에 참석하여 10~20분 기도하는 기도방식으로는 성령의 사람이 될 수 없다. 필자가 25년 전 성경에 기록된 대로 쉬지 않고 전심으로 기도하면서 10여 년이 흐른 후에, 성령께서 찾아오셔서 3년을 직접 훈련시키시고 충주의 한적한 시골에 사역을 열어 주신 지도 10년이 되었다. 그동안 수백 명의 사람들에게서 귀신을 쫓아내고 정신질환과 고질병을 치유했으며, 갖가지 삶의 기적들이 일어났다. 그러나 아직 예수님과 사도들처럼 죽은 자를 살리고 장애를 회복시키는 수준까지는 아니다. 그러나 실망하지 않는다. 앞으로 더욱 성령과 동행하는 기도에 힘써서 예수님과 동일한 하나님의 능력으로 잃어버린 영혼을 구원하는 사역에 박차를 가할 것이다. 그 사역이 성령께서 필자에게 명령하신 것이며 하나님이 기뻐하시는 일이기 때문이다. 그러므로 당신도 예수님의 능력으로 하나님의 도구로 사용되고 싶다면, 예수님이 하신 기도를 똑같이 따라 하면 된다.

2.
기도의 능력이 삶의 능력이다

'기도의 능력이 삶의 능력이다.' 이것은 성령께서 해 주신 말씀이다. 삶의 능력이, 학생이라면 공부 잘하는 능력, 회사원이라면 일 잘하는 능력, 자영업자라면 돈 잘 버는 능력이라고 하면 이해가 갈 것이다. 그러나 그게 기도하는 능력이라고 하면 목사의 상투적인 얘기로 들릴 것이다. 왜 그런지 아는가? 그동안 교회에서 시행해 온 기도가 아무런 능력이 없었기 때문이다. 그래서 교회에 오면 예배에 열심히 참석하라는 말에 후렴구처럼 덧붙여지는 말로 여겨지는 것이다.

그렇다면 과연 삶의 능력이 기도의 능력과 동일할까? 그것은 체험한 사람만이 알고 있을 것이다. 기도를 통해 삶이 형통하고 행복하게 확 변한 사람이 이를 증명해야 할 것이다. 그러나 그동안 우리네 교회에서 열심히 기도한 사람들이 어디 한 둘인가? 평생 새벽기도를 빠지지 않고 다닌 사람들도 적지 않으며, 기도원에 짐 싸 들고 들어가서 금식을 밥 먹듯이 해 가면서 기도한 이들도 허다하다. 그렇다면 과연 이들의 삶이 행복해지고 형통해졌는가? 만약 그랬다면 새벽기도회에 교인들이 미어터질 것이고, 기도원마다 인산인해를 이루고 있지 않겠는가? 그러나 새벽기도회는 사람들이 점점 줄어들고 있으며, 한때 전국에 우후죽순으로 들어섰던 기도원들도 문을 닫은 지 오래되었다. 아무리 기도해도 응답이 없었기 때문이다. 그 이유는 우리네 교인들이 해왔던 기도는 하나님의 관심을 전혀 받지 못한 기도였기 때문이다.

거머리에게는 두 딸이 있어 다오 다오 하느니라(잠30:15)

그동안 우리네 교회에서 한 기도는 전형적인 거머리의 기도였다. 거머리는 피를 빠는 흡혈충으로 누구나 기피하고 무서워하는 동물이다. 그렇다면 성경에서 말하는 거머리는 누구인가? 바로 탐욕스러운 귀신을 비유적으로 말하는 것이다. 그래서 거머리의 딸로 상징되는 귀신의 자식들은 항상 탐욕스럽게 욕망을 채우는 것에만 혈안이 되어 있다. 그래서 말인데, 우리네 교회의 목사들이나 교인들의 기도내용을 찬찬히 들어 보라. 그 어디에도 하나님을 찬양하고 경배하고 감사하며 회개하고 하나님의 뜻을 구하는 내용은 없다. 혹 있어도 형식에 그치고, 입만 열면 목사들의 목회성공, 교인들의 세속적인 욕망을 채우기 위한 필요의 목록을 무한반복하고 있으니 기가 막힌 일이다. 예수님이 이런 기도를 가르치셨는가, 아니면 성경의 위인들이 이런 기도를 했는가? 그런데 어찌된 일인지 우리네 교회는 기도를 자신의 탐욕을 채우는 수단으로 변질시켰다. 그 이유는 우리네 교회지도자들이 거머리이고, 교인들이 거머리의 딸이 되었기 때문이다.

또 너희는 기도할 때에 외식하는 자와 같이 하지 말라 그들은 사

람에게 보이려고 회당과 큰 거리 어귀에 서서 기도하기를 좋아
하느니라 내가 진실로 너희에게 이르노니 그들은 자기 상을 이
미 받았느니라 너는 기도할 때에 네 골방에 들어가 문을 닫고 은
밀한 중에 계신 네 아버지께 기도하라 은밀한 중에 보시는 네 아
버지께서 갚으시리라 또 기도할 때에 이방인과 같이 중언부언하
지 말라 그들은 말을 많이 하여야 들으실 줄 생각하느니라 그러
므로 그들을 본받지 말라 구하기 전에 너희에게 있어야 할 것을
하나님 너희 아버지께서 아시느니라 그러므로 너희는 이렇게 기
도하라 하늘에 계신 우리 아버지여 이름이 거룩히 여김을 받으
시오며 나라가 임하시오며 뜻이 하늘에서 이루어진 것 같이 땅
에서도 이루어지이다 오늘 우리에게 일용할 양식을 주시옵고 우
리가 우리에게 죄 지은 자를 사하여 준 것 같이 우리 죄를 사하
여 주시옵고 우리를 시험에 들게 하지 마시옵고 다만 악에서 구
하시옵소서 (나라와 권세와 영광이 아버지께 영원히 있사옵나이
다 아멘) (마6:5~13)

예수님은 사람들에게 보이려고 하는 기도, 자신의 의나 자기만족을 위
한 기도를 하지 말라고 명령하셨다. 그래서 아무도 보지 않는 골방에 들
어가서 은밀하게 하나님과 교제하는 기도를 하라고 하셨으며, 이방인들
이 하는 형식적이며 입에 발린 기도, 즉 중언부언의 기도를 하지 말라고
하셨다. 중언부언은 마음이 실리지 않은 말의 성찬으로 채우는 기도를
말한다. 예수님은 기도의 태도뿐만 아니라 기도의 내용도 가르쳐 주셨
다. 그 내용은 하나님의 이름을 높여드리는 경배와 찬양, 그리고 하나님

이 들어오셔서 하나님의 나라가 이루어지게 해달라는 것, 자신이 하나님의 뜻을 시행하는 도구가 되게 해달라는 것, 하나님께 극악무도한 죄를 용서받은 대로 이웃을 용서하라는 것, 악한 영들과 싸워서 승리하는 능력을 간구하라는 것이다. 그러나 이런 기도에는 관심도 없이 기도자리에 앉으면 오직 자기중심적인 기도에만 열을 올리고 있으니 하나님이 어떻게 응답해 주시겠는가?

그래서 필자는 25년 전, 하나님이 내 안에 들어오셔서 거주하시고 통치하시는 하나님의 나라가 이루어지게 해 달라는 기도를 시작했다. 그리고 10년이 흐르자 성령께서 찾아오셔서 삶의 문제를 해결해 주셨고 행복하고 형통한 삶을 누리게 해 주셨다. 그리고 귀신을 쫓아내고 각종 고질병을 치유하는 성령의 능력과 함께, 충주의 한적한 시골에 영성학교를 열어 주시고 수많은 양들을 보내 주셔서 사역을 진행한 지도 벌써 10년의 세월이 흘렀다. 필자의 기도를 배운 사람들이 필자처럼 삶의 문제가 해결되어 형통하고 행복하게 살고 있는지 궁금하지 않으신가? 지금까지 수많은 이들이 영성학교의 기도훈련에 관심을 보였고, 그중에서 삼백여 명의 사람들이 영성학교를 교회공동체로 삼기도 했다. 그 이유는 성경에서 명령한 기도, 예수님이 가르친 기도를 습관을 들여 기도한 사람들은 죄다 육체의 고질병이 낫고 삶의 문제가 해결되며 능력 있는 삶을 살게 되었기 때문이다. 이는 필자가 가르치는 기도가 하나님이 들으시는 기도이며 응답이 내려오는 기도이기 때문이다. 전지전능한 하나님이 기뻐하시는 자녀가 되면 형통하고 행복한 삶을 누리는 게 당연하지 않겠는가? 그러므로 당신의 영혼이 건조하고 냉랭하며 삶이 고단하고 팍팍하다면 성경에서 예수님이 명령하신 대로 기도하시라. 그 길만이 능력 있는 삶을 살게 되는 비결이다.

3.
기도하는 것마다 응답이 내려오는 비결

　오랫동안 교회마당을 밟고 있는 크리스천이라면 기도의 응답을 학수
고대하고 있을 것이다. 그러나 기도를 결심하고 야심 차게 기도했음에
도 불구하고 기도의 응답이 내려오지 않자 제풀에 지쳐서 슬그머니 주
저앉은 기억들이 있을 것이다. 설교단상에서 무엇이든지 믿고 구하는
것은 다 받으리라 하신 예수님의 말씀을 인용하며 목청이 떠나갈 듯이
외치는 목사들이 적지 않다. 그러나 솔직히 말해서 목사들조차 코가 석
자가 아닌가? 그렇다면 예수님의 말씀이 거짓인가? 아니면 믿고 구하지
않아서인가? 당연히 응답이 내려올 것을 철석같이 믿고 구했을 것이다.
그렇다면 예수님의 말씀이 거짓이라는 건가? 이러지도 못하고 저러지도
못하는 당신의 곤혹스러운 얼굴이 떠오른다. 왜 우리네 교인들이 그렇
게 목이 터지라고 기도했어도 응답이 내려오지 않았던 걸까?

　　이른 아침에 성으로 들어오실 때에 시장하신지라 길 가에서 한
　　무화과나무를 보시고 그리로 가사 잎사귀 밖에 아무 것도 찾지
　　못하시고 나무에게 이르시되 이제부터 영원토록 네가 열매를 맺
　　지 못하리라 하시니 무화과나무가 곧 마른지라 제자들이 보고

이상히 여겨 이르되 무화과나무가 어찌하여 곧 말랐나이까 예수
께서 대답하여 이르시되 내가 진실로 너희에게 이르노니 만일
너희가 믿음이 있고 의심하지 아니하면 이 무화과나무에게 된
이런 일만 할 뿐 아니라 이 산더러 들려 바다에 던져지라 하여도
될 것이요 너희가 기도할 때에 무엇이든지 믿고 구하는 것은 다
받으리라 하시니라(마21:18~22)

　　당신이 그동안 교회에서 귀에 못이 박히도록 들어왔던 "믿고 구하는
것은 다 받으리라."는 말씀이 여기에 있다. 그래서 이 사건의 내용을 찬
찬히 살펴보겠다. 예수님이 시장하시자 무화과나무의 열매를 찾으셨지
만 찾지 못하셨다. 그래서 예수님께서 무화과나무를 저주하시자, 말라
죽어버렸다. 그러자 깜짝 놀란 제자들이 어떻게 이런 놀라운 일을 행할
수 있냐고 물어보았다. 이 물음에 예수님께서는 먼저 믿음이 있고, 그다
음에 의심하지 않는다면 산이 들려 바다에 던져지는 경악스러운 기적도
일어날 것이라고 말씀하셨다. 또한 기도할 때 무엇이든지 믿고 구하는
것을 받으리라고 덧붙여 말씀하셨다. 그렇다면 믿음이 있고 그다음에
의심하지 않는다는 게, 그냥 믿고 구하는 것인가? 아니다. 믿고 구하는
것마다 응답이 내려오는 기적은 믿음이 있고 의심하지 않는 2가지 조건
이 맞아 떨어져야 한다는 것이다. 말하자면 믿음이 있는 게 필요조건이
라면 의심하지 않는 게 충분조건인 셈이다. 그래서 기적이 일어나려면
이 2가지의 필요충분조건이 성립되어야 한다. 그러나 우리네 교회에서
는 그냥 의심하지 않고 믿기만 하면 응답이 올 것이라고 가르쳐 왔다. 만
약 우리네 교회의 가르침이 성경적이었다면, 왜 그동안 기도응답이 없었

는지 누가 말 좀 해 보시라. 그 이유는 믿음이 없는데도 불구하고 의심하지 않는 것만으로 응답이 내려온다고 잘못 가르쳤기 때문이다. 그래서 그동안 아무리 목이 터지라고 기도해도 아무 일도 일어나지 않았던 것이다. 그렇다면 예수님이 말씀하시는 믿음이란 무엇인가? 믿음은 어디에서 공급되는가? 믿음은 사랑이나 지혜처럼 하나님이 주시는 선물이다.

> 어떤 사람에게는 성령으로 말미암아 지혜의 말씀을, 어떤 사람에게는 같은 성령을 따라 지식의 말씀을, 다른 사람에게는 같은 성령으로 믿음을, 어떤 사람에게는 한 성령으로 병 고치는 은사를, 어떤 사람에게는 능력 행함을, 어떤 사람에게는 예언함을, 어떤 사람에게는 영들 분별함을, 다른 사람에게는 각종 방언 말함을, 어떤 사람에게는 방언들 통역함을 주시나니 이 모든 일은 같은 한 성령이 행하사 그의 뜻대로 각 사람에게 나누어 주시는 것이니라(고전12:8~11)

이 말씀은 믿음이 지혜나 지식의 말씀처럼 성령 하나님이 선물로 주시는 은사라고 콕 집어서 말하고 있다. 그렇다면 그동안 자신에게 믿음이 있다고 여기면서 교회마당을 밟지 않았던가? 믿음이 있으니까 교회에 와서 예배에 참석하여 십일조도 드리고 각종 교회봉사도 하지 않았겠냐고 반문할 것이다. 그렇다면 이런 믿음은 하나님이 공급하신 것인가? 아니면 자신의 신앙행위를 근거로 말한 것에 불과한가? 당연히 후자일 것이다. 그동안 우리네 교회에서는 죄다 이성적이고 합리적이며 인본적인 잣대로 믿음의 근거를 대왔다. 그러나 하나님이 공급해 주시지 않는 믿음은 아무런 일도 일어나지 않는다.

> 믿음의 기도는 병든 자를 구원하리니 주께서 그를 일으키시리라
> 혹시 죄를 범하였을지라도 사하심을 받으리라 그러므로 너희 죄
> 를 서로 고백하며 병이 낫기를 위하여 서로 기도하라 의인의 간
> 구는 역사하는 힘이 큼이니라(약5:15~16)

이 구절은 믿음의 기도가 왜 병자를 고치는지를 말해 주고 있다. 믿음의 기도는 하나님께서 인정하시는 기도이기 때문이다. 즉 믿음의 기도를 하는 사람을 의인이라고 콕 집어서 말씀하고 계시다. 이처럼 자신에게 믿음이 있다는 자의적인 판단이 아니라, 하나님께서 믿음을 인정해 주셔야 기적과 응답의 역사가 일어나는 것이다. 예수님은 수로보니게 여인과 백부장의 믿음을 보시고, "네 믿음이 크도다, 네 믿음이 너를 구원하였다."라고 선포하셨다. 이처럼 자신이나 교회에서 재는 잣대로 믿음이 있다고 칭찬하고 인정하더라도, 예수님이 인정해 주시지 않으면 아무런 일도 일어나지 않는다. 그렇다면 예수님이 인정해 주시는 믿음을 얻으려면 어떻게 해야 하는가? 평소에 하나님의 뜻을 준행하려고 무진 애를 써야 할 것이다. 그러나 우리네 교인들은 성경에 기록된 하나님의 뜻을 준행하려고 하지 않고, 교회의 예배의식에 참석하고 교회봉사를 하는 것으로 자신의 의를 삼고 있으며, 평소에 기도하지 않다가 다급한 사건이 생기거나 문제가 발생하면 그제야 기도하기 시작한다. 이렇게 하나님의 뜻에 순종하려는 생각이 없는 교인들이 아무리 열심히 기도해도 아무런 일도 생기지 않는다. 믿음은 기도와 말씀으로 하나님과

깊고 친밀하게 교제하는 자녀들에게 주어지는 선물이다. 그러나 안타깝게도, 대부분의 우리네 교인들은 하루에 10분도 기도하지 않으며 목사들 역시 하루에 30분도 기도하지 않는다. 이렇게 하나님 만나기를 싫어하는 사람들이 어떻게 하나님께서 기뻐하시는 믿음의 백성이 되겠는가? 그래서 하나님께서 우리네 교인들의 기도를 외면하시는 것이다. 그러므로 회개하고 죄에서 돌이키지 않는다면 기도응답이 없는 것에 그치지 않고, 영혼이 지옥에 던져지게 될 것이 불 보듯 환하다. 예수님의 명령을 멸시하고 업신여긴 죄가 결코 가볍지 않기 때문이다.

나는 이렇게 기도해서 하나님을 만났다

4.
능력 있는 기도는 하루아침에
이루어지는 것이 아니다

영접기도를 하면 성령께서 자동적으로 들어오신다고 배워 왔던 대부분의 교인들이 필자의 주장을 낯설어하고 이단 비스무리하게 생각하는 것도 무리가 아니다. 그러나 성령이 내주하고 있다고 믿는 것과 성령이 내주하시는 증거나 변화, 능력과 열매를 풍성하게 맺고 있는 것과는 판이하게 다르다. 예수님이나 사도들은 복음을 관념적이고 사변적인 지식으로 받아들이라고 하신 적이 없다. 전지전능하신 하나님을 실제적이고 사실적으로 드러내고 증명하면서 복음을 전파하셨다. 그러나 우리네 교회는 기적과 이적으로 증명하는 하나님의 존재에 대해서는 구린 입을 다물고 있으면서, 이런저런 성경구절을 짜깁기해서 믿으라고 소리를 질러대고 있으니 기가 막힌 일이다. 예수님은 겨자씨만 한 작은 믿음만 있어도 기적이 일어나며, 믿는 자들은 귀신을 쫓아내고 질병을 고치는 능력이 나타날 것이라고 선포하셨다. 그러나 우리네 교회에서는 이런 말씀이 아예 성경에 없는 것처럼 뭉개고 있다. 그도 그럴 것이, 이런 말씀을 실제적으로 증명하는 이들을 눈 씻고 찾아볼 수가 없기 때문이다.

그동안 우리네 교회에서 해온 기도는 특정한 장소에서 희생적인 기도방식으로 자신이 소원하는 바를 구하는 것이었다. 특정한 장소는 교회나 기도원이었고, 희생적인 기도방식은 새벽기도나 금식기도, 작정기도 등이었다. 그게 아니라도 방언기도, 관상기도, 선포기도, 성막기도 등의 특정한 방식의 기도를 희생적으로 하는 것이었다. 그러나 그동안 우리네 교회에서 행한 기도방식은 열매가 없었다. 전국 방방곡곡에 빼곡했던 금식기도원들은 문을 닫았고 새벽기도회에 참석하는 교인들도 눈에 띄게 줄어들고 있다. 필자가 평신도 시절에 몸담았던 교회도 통성기도와 금식기도를 열심히 했던 교회였다. 그러나 그때 열심히 기도했던 교인들도 지금은 기도하지 않는다. 돌이켜 보면 교회의 뜨거운 분위기에 휩쓸려서 자신의 욕망을 채우고 소원을 이루고자 기도했기 때문에 열매를 맺지 못했던 것이다. 필자도 30대 초반 사업에 실패하고 인생이 무지막지하게 떠내려가다가, 성경을 이 잡듯이 뒤져서 하나님을 만나는 성경의 말씀을 찾아내어 지금의 하나님을 부르는 기도를 하게 되었다. 그렇게 충주의 한적한 시골에 영성학교를 열고 사역을 시작한 지도 벌써 10년의 세월이 흘렀다. 그래서 능력 있는 기도의 조건에 대해 많이 알게 되었다.

능력 있는 기도의 조건은 그동안 우리네 교회에서 배워 왔던 희생적인 기도가 아니다. 그냥 기도하는 것보다 새벽에 교회 가서 기도하고, 새벽기도를 하는 것보다 기도원에서 금식하며 기도하는 것이 더욱 효과적이라고 생각하는 것은 우리네 조상 때부터 내려온 기복신앙에 근거한 것이지, 성경적인 기도방식은 아니다. 하나님은 기도하는 사람들이 얼마나 희생적으로 기도하는지를 보시지 않는다. 그보다 얼마나 마음을 쏟아붓는지를 날카롭게 살펴보시며, 그것을 믿음의 척도로 재신다. 그래서 하나님을 감동시키는 기도의 사람은 오랫동안 끈기 있게 전심으로 기도해야 한다. 예수님도 습관을 들여서 항상 기도하셨다. 하나님은 자신의 종들이 목숨을 다하고 힘을 다하여서 자신을 찾아오기를 바라신다. 그러나 삶의 문제가 생기면 기도를 시작하고, 문제가 해결되면 기도를 내려놓는 것은 하나님을 도우미나 해결사로 아는 가증스러운 태도이다. 예수님은 항상 깨어서 기도하라고 하셨고 사도 바울도 쉬지 않고 기도할 것을 권면하고 있으며, 이 명령에 순종하는 것이 하나님의 뜻이라고 콕 집어서 말하고 있다. 그러므로 하나님이 감동하셔서 기적을 베풀어 주시는 능력 있는 기도를 하려면, 평소에 전심으로 쉬지 않고 하나님의 이름을 부르고 경배하며 감사하고 회개하며 하나님의 뜻을 구하는 기도의 습관이 절대적으로 필요하다. 그래서 능력 있는 기도를 하려면 당연히 훈련이 필요한 것이다.

> 또한 그들이 마음에 하나님 두기를 싫어하매 하나님께서 그들을
> 그 상실한 마음대로 내버려 두사 합당하지 못한 일을 하게 하셨
> 으니(롬1:28)

사람은 태어날 때부터 자아가 죄로 오염이 되어 변질된 상태로 세상에 나오기에, 하나님을 마음에 두기 싫어하고 대신 자기 마음대로, 자기가 원하는 대로 살고 싶어 한다. 그래서 교회에 다니는 목적도 자신의 소원을 이루고 욕망을 채우고 싶어서이지, 하나님의 뜻에 순종하는 종으로 살고 싶어서가 아니다. 그래서 교회에 와서조차 하나님을 만나는 기도

를 하기 싫어하고, 기도하는 소수의 사람들도 하는 일마다 형통하며 성공하고 부자가 되며 자녀들이 잘되는 것을 구하고 있다. 하나님은 이렇듯 하나님께 순종하는 종의 태도가 없는 사람에게 아무런 응답도 내려 주시지 않는다. 그래서 자기중심의 삶에서 하나님 중심의 삶으로 변화하려면 하루 종일 하나님을 부르며 하나님과 교제하려고 애써야 한다. 그런 간절한 태도를 보이는 사람에게 하나님이 찾아오셔서, 기도에 응답해 주시고 각종 은사를 내려 주시며 삶을 형통하게 인도해 주신다. 그러므로 하루 종일 쉬지 않고 하나님과 사귀는 기도의 습관을 들일 때까지 훈련의 시간이 필요하다. 필자도 오랫동안 기도한 끝에 성령이 오셔서 그때부터 기도의 능력을 경험하기 시작했다. 그리고 지속적으로 기도의 시간이 늘어가고 깊이가 깊어갈수록 더욱 능력 있는 기도를 하게 되었다. 또한 이제 많은 양들이 찾아와서 그들의 문제를 해결해 주어야 하므로 더욱 능력 있는 기도가 필요하게 되었다. 그러므로 지금까지 해온 것보다 더욱더 하나님과 깊고 친밀하게 교제하는 기도의 삶이 필요하게 된 것이다. 이렇게 기도의 강을 건너면 건널수록 더 많은 은혜가 쏟아지고 더 큰 능력이 내려오는 것을 경험한다. 그렇다면 당신도 이렇게 능력 있는 기도를 하게 될 때까지 하나님과 사귀는 기도에 전심을 다해야 할 것이다. 많은 물고기를 잡으려면 크고 넓은 그물을 짜야 하는 것처럼, 능력 있는 기도를 하려면 늘 기도와 말씀으로 하나님과 교제하는 삶에 목숨을 걸어야 한다. 성경의 위인들은 죄다 이렇게 하나님과 교제하는 일에 삶의 최우선순위를 두고 살았다. 그러므로 당신도 성경의 위인들처럼 능력 있는 하나님의 도구로 사용되려면, 평생 하나님과 교제하는 일에 삶의 최우선순위를 두고 살아야 할 것이다.

제12장

성령께서 말씀해 주신
기도의 비결

1.
성령께서 말씀하시는 기도의 6가지 원칙

　필자의 기도훈련은 성령의 명령에 의한 것이고, 오랫동안 필자가 기도했던 방식을 그대로 훈련시키는 것이다. 그러므로 영성학교에서 하는 기도훈련이 성령의 인도하심이라는 증거는 성경적인지, 그리고 성령의 능력이 나타나는지 살펴보면 될 것이다. 영성학교의 기도훈련이 생각보다 녹록지 않은 것도 사실이다. 왜냐하면 이 기도훈련은 정해진 기간이나 과정을 수료하면 졸업하는 것이 아니라, 성령께서 원하시는 기준에 도달해야 하기 때문이다. 그렇다면 성령께서 필자에게 말씀하신 기도의 원칙을 알아보자.

1) 기도의 원리는 하나님을 찾는 것이다

　크리스천치고 기도를 해 보지 않은 사람은 없을 것이다. 그러나 성경에 약속한 기도의 응답을 경험한 사람은 드물다. 그 이유는 성경적인 기도의 원리를 모르고 기도하였기 때문이다. 대부분의 크리스천들은 자신이 원하는 것을 얻어내는 수단으로 기도를 알고 있다. 그러나 그것은 틀렸다. 기도는 하나님과 내 영혼이 깊고 친밀하게 교제하는 통로이다. 또한 기도는 하나님이 기뻐하시는 행위로, 창조주이자 우리의 주인이신 하나님께서 피조물이자 종인 우리에게 명령하신 행위이다. 그래서 성경에서는 주인을 날마다 쉬지 않고 찾아오라고 수없이 말씀하고 있다. 말하자면 기도란 하나님이 기뻐하시는 명령을 수행하는 가장 근본적인 행위로서, 하나님의 이름을 찾고 부르며 그분의 얼굴을 구하는 것이다. 그게 바로 기도의 원리이다. 그러나 성경대로 기도하는 것이 아니라 자신의 욕심을 추구하며 기도한다면, 하나님을 하나님으로 인정하는 것이 아니라 《알라딘과 요술램프》에 나오는 요정 지니로 알고 있는 것에 불과하다. 그래서 오랫동안 희생적인 기도를 해도 아무런 응답이 없는 것이다. 기도의 원리를 모르고 기도하기 때문이다.

2) 기도의 본질은 쉬지 않고 기도하는 것이다

그렇다면 기도의 본질은 무엇인가? 바로 쉬지 않고 기도하는 것이다. 사도 바울은 쉬지 말고 기도하라고 하였고, 예수님은 항상 깨어서 기도하라고 하셨으며, 사무엘은 기도를 쉬는 게 바로 죄라고 말했다. 예수님과 성경의 위인들이 이구동성으로 쉬지 말고 기도하라고 한 이유는 무엇일까? 그 이유는, 기도는 하나님과 깊고 친밀하게 교제하는 것으로, 하나님께서는 기뻐하는 자녀들과 끊임없이 교제하며 동행하기를 원하시기 때문이다. 그렇다면 쉬지 않고 기도하는 것이 당연한 일일 것이다. 그러나 우리네 교회에서는 새벽기도회에 나와서 10~20분간 자신이 원하는 기도목록을 한 바퀴 돌리는 게 전부이다. 쉬지 말고 기도하라고 하는 것은 하나님의 뜻이자 주인의 명령이다. 하나님은 우리와 24시간 함께 계시며 동행하기를 원하신다. 그렇다면 쉬지 않고 하나님의 이름을 부르고, 간절히 성령의 내주를 간구하는 기도의 습관을 들이는 것은 당연한 일이다.

3) 기도의 핵심은 계속해서 두드리는 것이다

예수님은 찾고, 구하고, 두드리라고 말씀하셨으며, 자신도 우리가 문을 열어줄 때까지 문밖에서 두드리고 계신다고 하셨다. 그러므로 기도의 핵심은 하나님의 뜻이 이루어질 때까지 계속해서 두드리는 것이다. 하나님은 기도하는 종의 기도를 통해서 일하는 분이시다. 그래서 하나님의 나라를 확장하고 그분의 뜻을 이루어 드리려면, 우리가 해야 할 것은 기도하는 것뿐이다. 그것도 이루어질 때까지 계속해서 쉬지 않고 두드려야 한다. 그러한 기도의 본을 보이는 것이 믿음이 내려오는 조건이다. 그러므로 아침과 저녁에 방해받지 않는 시간을 정해서 기도하고, 낮에도 틈나는 대로 기도하는 습관을 들여야 한다. 그래서 하루 종일 하나님의 뜻이 이루어지기를 꾸준하게 두드려야 한다. 그런 사람들이 바로 하나님이 기뻐하시는 종이며 예수 그리스도의 제자의 삶을 사는 사람들이다.

4) 기도의 응답은 하나님과 하나가 될 때 내려온다

사람들은 기도해도 응답이 오지 않으면 희생의 강도를 높인다. 새벽기도를 작정하고, 기도할 때마다 헌금을 가져오며, 기도원에 올라가 금식을 선포하고 기도한다. 이는 하나님을 부자 아버지쯤으로 아는 가증스러운 행위이다. 예수님은 '너희가 내 안에 거하고 내 말이 너희 안에 거하면 무엇이든지 원하는 대로 구하라 그리하면 이루리라'(요15:7)고 말씀하시며, 우리가 하나님과 하나가 될 때 100% 응답이 내려올 것을 약속하셨다. 그렇다면 우리가 하나님과 하나가 될 때는 언제인가? 그것은 하나님이 기뻐하시는 것이 내가 기뻐하는 것이 되고, 하나님이 원하시는 것이 바로 내가 원하는 것이 되는 때이다. 그 경지가 바로 하박국 선지자가 세상일에 아무런 열매가 없어도 기뻐하며, 다윗이 하나님의 품 안에 있을 때 부족함이 전혀 없다고 노래하는 그 경지이다. 그래서 기도하는 내용도 자신이 원하는 게 아니라 하나님의 뜻을 기뻐하고 소원하게 된다. 그럴 때 바로 응답이 내려오는 것이다. 그때가 바로 내가 하나님과 하나가 되는 때이기 때문이다.

5) 기도의 열매는 30배, 60배, 100배의 효력이 발생한다

벼 한 톨에서 수백 배의 열매가 맺히고, 옥수수 한 알을 심으면 수천 개의 알갱이가 달린다. 사람들의 노력은 2배의 생산성도 기대하기 힘들지만, 하나님은 수십 배, 수백 배의 열매를 맺는 분이시다. 그러므로 기도의 일꾼은 기도의 열매를 따 먹는 재미로 사는 사람들이다. 그런데 대부분의 사람들은 평생 기도응답을 받는 것이 몇 번에 불과하다. 그러나 예수님은 믿고 기도하는 것마다 틀림없이 응답이 온다고 약속하셨다. 아무리 기도해도 응답이 없으며 무능하고 무기력하게 살아가는 이유는, 하나님이 기뻐하는 기도의 일꾼이 아니기 때문이다. 사람들은 평소에 기도하지 않고 살다가 문제가 닥치면 그때서야 부랴부랴 기도자리에 앉는다. 이런 기도의 태도는 가증스러울 뿐이다. 그러므로 대다수의 사람들은 아무리 기도해도 응답을 경험하지 못한다. 그러나 기도의 습관을 들여서, 그 맛을 아는 극소수의 사람들은 풍성한 기도의 열매를 따 먹는 기도의 일꾼이 된다. 사람의 능력과 비교할 수 없는 엄청난 기적을 경험하며 살게 된다.

6) 기도의 삶은 자기를 부인하는 삶이다

예수님께서 제자가 되는 조건으로 가장 먼저 꼽은 것이 바로 자기를 부인하는 것이었다. 또한 사도 바울도 자신이 십자가에서 예수님과 함께 못 박혔으며 날마다 죽노라고 고백했는데, 이것이 바로 자기를 부인하는 삶이다. 그러나 대부분의 크리스천들이 교회에 다니는 목적은 자신이 원하는 세속적인 축복을 받아 누리기 위해서이다. 그러나 하나님이 우리를 지으신 목적은 영광을 얻기 위해서이며, 자신의 뜻을 이루는 종이 필요해서이다. 이렇게 하나님의 뜻과 사람의 생각의 차이는 하늘과 땅의 간격만큼이나 크다. 그러므로 자기의 욕심과 계획, 소원하는 모든 것을 쓰레기통에 버리고, 오직 하나님이 기뻐하시는 뜻만을 위해 살아가려면 육체의 욕망을 십자가에 못 박아야 한다. 그러나 이는 자신이 원하고 결심한다고 되는 것이 아니다. 성령께서 우리 안에 들어오셔서, 통치하시고 다스리시는 하나님의 나라가 이루어져야 한다. 이러한 삶은 날마다 쉬지 않고 성령을 간절히 찾고 그분의 내주를 간구하는 기도의 습관을 들인 사람들에게 이루어진다. 하루 종일 하나님 생각으로 가득 차서 기도하는 삶을 사는 사람들은, 성령의 능력으로 자기를 부인하고 오직 주인이신 하나님이 기뻐하는 삶을 살게 된다.

이제까지 살펴본 기도의 6가지 원칙은 성령께서 필자에게 말씀하신 내용이다. 막연하게 주관적으로 기도하는 것이 아니라 하나님의 방식과 그 뜻대로 기도해야, 응답이 신속하게 내려오고 풍성한 열매를 얻으며 하나님과 동행하는 삶을 누릴 수 있다. 하나님의 방식과 그 뜻대로 기도함으로써, 영적으로 침체된 암울한 이 시대에 세상의 빛과 소금이 되어 하나님의 마음을 시원하게 해 드리는 정예용사가 탄생하기를 소망해 본다.

2.
성령께서 말씀해 주신 기도의 비결

성령께서는 필자에게 기도훈련을 시키라는 명령과 함께, 성경의 위인들에게 별명을 붙여 주어서, 그들이 어떻게 기도했는지 짐작할 수 있게 해 주셨다. 우리네 교회는 성경의 위인들을 부러워하지만 그렇게 기도하지 않는다. 기도는 하나님을 만나서 교제하는 필수적인 통로이며 수단이다. 그래서 당신도 성경의 위인들처럼 기도하지 않는다면 성경의 위인들이 보여준 하나님의 능력을 얻을 수 없다. 영성학교는 성령의 명령에 의해 설립되었으며, 필자에게 3년 동안 귀신을 쫓아내는 훈련과 더불어 귀신의 활동성을 알려 주시면서, 책으로 2권이 넘는 분량을 직접 말씀해 주셨다. 필자에게만큼 많이 말씀해 주신 적도 없다고까지 하셨으니, 영성학교에 거는 기대가 남다르시다는 것을 가늠하는 게 어렵지 않다. 그래서 영성학교에서는 이제까지 성경과 성령께서 말씀해 주신 것을 텍스트로 삼아, 성령의 사람으로 악한 영과 싸워 이기는 일당백의 정예용사를 양육하였다. 그래서 오늘은 성령께서 해 주신 말씀 중에서, 기도에 대한 중요한 내용을 바탕으로 살펴보고 싶다. 먼저 성경의 위인들이 어떻게 기도했는지 말씀해 주신 내용이다.

나는 이렇게 기도해서 하나님을 만났다

* 성경의 위인들도 기도의 나팔을 불었다.

* 조카 롯을 구한 아브라함도 기도의 사람이었다.

* 열국의 아비 아브라함도 기도의 종이였다.

* 너희 조상 아브라함도 기도를 열심히 했다.

* 야곱이 얍복강가에서 기도한 것을 알고 있느냐? 그것이 기도의 강을
  건너는 본보기이다.

* 야곱의 기도는 주인을 기쁘게 한다.

* 얍복강가에서 죽기를 각오하고 기도한 야곱을 묵상하라.

* 요셉이 옥에 갇혔을 때 기도하고 기다린 것이 얼마냐?

* 사무엘 선지자도 쉼이 없는 기도를 하였다.

* 사무엘이 하나님을 잘 섬긴다는 것은, 기도를 쉬지 않고 하는 일이다.

* 하박국의 기도를 하는 자가 복이 있다.

* 사도 바울도 기도의 사람이었다.

* 사도 바울도 항상 기도의 강을 넘었다는 것을 염두에 두라.

* 천국에 있는 많은 사람들도 기도의 사람이었다.

* 가룟 유다를 기억하라, 그는 기도를 하지 않았다.

* 바리새인의 기도를 따라 한 자들은 열매가 없다.

* 수로보니게 여인은 기도의 본을 보였다.

* 주기철 목사도 기도의 달인이었다.

* 기도는 기도의 본을 보이신 예수님의 기도를 본받아라.

* 예수 그리스도가 기도의 사람이었다는 것을 아느냐?

* 하나님이신 예수님도 기도의 왕이셨다.

* 나도 기도의 종이었음을 알린다.

성령께서는 아브라함, 야곱, 사무엘, 하박국, 사도 바울이 죄다 기도의 사람이었다고 말씀하셨다. 특히 야곱의 얍복강가에서의 기도에 대한 언급이 눈길을 끈다. 그러나 예수님 자신이 기도의 종이었음을 알리는 대목이 압권이다. 그래서 성령께서는 예수님이 하신 기도의 모습을 본받으라고 권면하고 계시다. 그러나 아쉽게도 우리네 교회는 이런 기도가 아니라 자기의 유익을 구하는 기도내용을 종교적인 행위로 하고 있어서, 하나님으로부터 외면을 받고 있으니 마음이 씁쓸하다. 하나님의 기준은 누구에게나 똑같다. 그러므로 우리도 아브라함이나 야곱, 사무엘이 기도한 태도와 마음의 자세로 기도를 해야 할 것이다. 유일하게 성경속 인물이 아닌 사람으로, 일제강점기에 신사참배를 거부하다가 순교하신 주기철 목사님을 언급하신 것이 예사롭지 않다. 또한 기도의 반면교사로서 가룟 유다와 바리새인을 든 것을 가슴에 새겨야 할 것이다. 또한 하나님이신 예수님도 기도의 본을 보이신 기도의 왕이었다는 말씀을 흘려듣지 마시라.

1) 삶의 현장에서 쉬지 말고 기도하는 습관을 들여라

* 기도를 쉬는 죄가 어떤 것보다 큰 죄이다.
* 하나님께서는 단시간에 만나는 것을 원하지 않고, 종일토록 너희와 함께 지내는 것을 원하신다.
* 기도를 쉬는 것은 자기의 의를 드러내는 것이다.
* 기도의 끈을 놓지 않는 것이 아름다운 나라에 오는 길임을 명심하라.
* 계속 기도의 나팔을 불어야 한다.

* 입에서 단내가 나도록 기도해야 함을 잊지 말라.

* 항시 기도하는 것을 그치지 말라.

* 홀로 있을 때 늘 기도하고 함께 있을 때도 기도하라.

* 기분이 나쁠 때나 좋을 때나, 언제든지 기도하는 것을 잊지 말라.

* 문지방이 닳도록 기도하라.

* 쉬지 말고 기도하라. 순간순간 기도하라.

* 24시간 기도한들 어떻겠느냐?

* 중들이 기도하는 것을 배우라, 밤이 새기 전까지 기도한다.

* 기도머신이 되라.

* 고목나무에 꽃이 피기까지 기도하라.

* 몸이 기도로 반응할 때까지 기도하라.

　　위에서 말씀하신 내용을 보면 쉬지 않고 기도하는 수준을 구체적으로 알 수 있을 것이다. 쉬지 않고 기도하는 것은 하루 종일 미친 듯이 기도하는 태도를 말한다. 하나님은 우리와 기도시간에만 같이 있고 싶어 하시는 것이 아니라, 하루 종일 함께 있고 싶어 하신다. 그러므로 하루 종일 하나님의 이름을 부르며 간절히 찾아오는 자들을 만나 주신다. 우리네 주변에 성령의 사람이 없는 이유는 이렇게 기도하는 사람이 없기 때문이다. 영성학교에서는 이런 사람을 훈련시키고 있다. 그러나 대부분의 사람들이 오랫동안 기도를 하지 않고 살아왔거나 형식적인 종교행사로 기도를 해 왔기에, 하루 종일 기도하는 습관을 들인 기도머신을 양육하는 것은 쉬운 일이 아니다.

2) 기도내용에 집중하는 기도를 해야 한다

* 기도에 집중하고 오직 기도하라.
* 기도한 지 얼마 안 되어, 나를 만난 것은 그들이 거룩한 일에 매진하였기 때문이다.
* 적당히 기도하는 자는 나를 만나지 못한다.
* 기도의 몰입이 기도의 강을 건너는 것이다.
* 네 기도의 밀도를 높여라.
* 정해진 시간에 기도하는 것이 집중력을 키운다.
* 기도에 집중력을 기르기를 힘쓰라.
* 기도에 몰입이 안 될 때도 기도하는 것이 습관이다.
* 맹목적으로 하나님을 부르지 말고 간절한 마음을 담아 불러라, 오실 것을 기다리며.
* 욥의 인내를 알고 더욱 기도에 매진하라.
* 기도의 모습이 중요하지 않고 기도의 태도가 중요하다.
* 종교적인 행사로 하지 말고, 기도란 하나님께 경배하는 것이고 간절히 사모하는 것이다.
* 머리를 쓰지 말고 기도하라.

기도는 영이신 하나님과 내 영혼이 교제하는 것이다. 말하자면 육체적인 노동이 아니라 마음속으로 기도의 내용을 나누는 것이다. 그러므로 기도하는 내용에 집중해서 마음속으로 전달하는 것이다. 그러나 기도자리에 앉아서 딴생각을 하고 공상에 잠기거나 졸고 있다면 기도하는 것이 아니다. 특히 방언으로 기도하는 사람이 그럴 때가 많다. 방언은 하나님을 모르는 세상 사람에게 그 지방의 언어를 말해서 전지전능한 하나님을 드러내는 행위이다. 그러나 우리네 교회에서는 기도를 편하게 하고 쉽게 하거나 자신의 영적 은사를 과시하는 행위로 방언기도를 하고 있으니 기가 막힌 일이다. 어쨌든 기도하는 시간에는 머리가 오직 기도하는 내용으로 꽉 차 있어야 한다. 영성학교에서는 육체를 지속적으로 긴장시켜서 정신집중할 수 있게 하는 기도의 자세를 훈련시킨다. 귀신들은 기도를 방해하려고 온갖 잡념을 넣어 주거나 혼미하게 하고, 어지럽게 하고 졸리게 하는 공격을 집요하게 하고 있다는 것을 잊지 마시라.

3) 기도할 때마다 회개를 통해 기도의 문을 열어라

* 회개가 없는 기도는 껍데기가 있을 뿐이다.
* 회개가 없는 기도는 자기의 의를 드러내는 기도이고 자신이 무엇을 잘 못했는지 모르는 기도이다.
* 정결한 마음이 없이 나를 찾는 것은 죄를 짓는 것이다.
* 잘못이 있을 때는 즉각 회개하고, 자기의 의를 드러내지 않도록 기도에 최선을 다해라.
* 자복하고 회개하는 마음이 있어야 기도가 막히지 않는다.
* 하나님께 신령한 제사는 회개이다.
* 기도는 죄를 씻는 행위이다.

회개는 자신의 죄를 고백하고 예수 그리스도의 보혈 공로를 의지해서 용서함을 받는 행위이다. 아담의 범죄 이후에 그 후예인 인류는 죄로 변질된 본성을 지닌 마음을 가지고 태어났다. 그래서 모든 사람들은 죄에서 자유롭지 못하다. 특히 악한 영들은 죄인을 종으로 삼아 생명과 영혼을 사냥하기 때문에, 예수 그리스도의 보혈을 의지하는 회개를 하지 못하게 하려고 안간힘을 쓰고 있다. 그래서 기도할 때마다 자신의 죄를 조목조목 내어놓으며 회개하는 습관을 들여야 한다. 죄 중에 가장 큰 죄가 쉬지 않고 주인인 하나님을 찾아오지 않는 죄이다. 그러므로 24시간 기도한다고 할지라도 이 죄에서 자유로운 사람이 없다. 그러므로 날마다 어찌할 수 없는 죄인임을 고백하며 전심으로 회개하는 습관을 들여야 한다. 회개하지 않는 사람들은 자기 의를 내세우는 교만한 사람이다. 바리새인들과 서기관들을 보라. 이들도 기도를 했으나 종교행위의 기도였고, 자신의 죄를 전심으로 고백하는 회개가 없었기에 죄다 지옥 불에 던져진 것을 잊지 마시라.

4) 기도의 방해요소를 제거하라

* 기도의 방해요소를 제거하지 않고는 나를 만날 수 없다.
* 죄가 기도를 못하게 하는 주범이다.
* 죄는 기도해야 이길 수 있다.
* 화가 나는 것도 기도가 막히는 이유이고, 기도하는 이는 기도가 막히지 않게 지혜롭게 해야 한다.
* 조급함이 기도하는 자의 적이다.
* 인성이 안 된 자들은 기도에 자기 고집을 다 내려놓아야 한다.
* 자기연민에 빠진 기도는 지옥의 영들이 좋아하는 기도이다.

* 죄로 말미암아 기도가 단절되지 않도록 하라.

* 기도가 막히면 지옥이 따로 없다.

* 교만이 기도를 막는 최고의 적이다.

* 미움이 싹트기 전에 기도하라, 그렇지 않으면 기도가 막히고 위로할
  성령도 없어진다.

* 논쟁은 기도를 막는다.

* 고집, 아집이 기도를 방해한다.

* 자기연민, 염려, 근심, 걱정은 기도를 못하게 하는 것이다.

* 금욕적인 사람들은 기도를 자기의 의로 돌린다.

* 많이 기도할지라도 듣지 않는 이유를 알겠느냐?

기도의 방해요소란 하나님이 싫어하시는 죄를 말한다. 그러나 대부분의 크리스천들은 자신의 죄를 깨닫지 못하고 있기에, 아무리 기도해도 하나님이 듣지 않는 기도를 하고 있는 셈이다. 말하자면 하나님이 싫어하는 생각과 성품, 말과 행동인 죄와 피 터지게 싸우지 않는 사람들은 아무리 기도해도 하나님이 듣지 않는다. 그래서 의인의 기도를 들어주시고 악인의 기도를 외면하시는 것이다. 죄의 목록은 성경에 조목조목 나와 있지만, 특히 걱정, 근심, 불안, 두려움, 조급함, 의심, 낙심, 절망 등의 죄는 불신앙의 죄이다. 또한 미움, 시기, 질투, 분노, 싸움, 논쟁 등도 쉽게 짓는 죄들이다. 고집, 아집, 교만, 자기연민, 서러움, 억울함 등도 자기를 사랑하는 우상숭배와 부정적인 생각을 받아들이는 죄임을 잊지 마시라. 또한 많은 이들이 돈을 많이 벌고 육체의 쾌락을 즐기기 위해 기도를 소홀히 하고 있다. 이 역시 탐욕과 방탕의 죄를 짓는 것이다. 그러므

로 날마다 이 죄들과 피 터지게 싸워서 승리하고, 연약하고 부족하여 죄에 걸려 넘어졌다면 즉시 전심으로 회개하여 용서를 받아야 할 것이다.

5) 성령의 증거와 열매로 검증된 지도자의 기도훈련이 필수적이다

* 기도훈련을 마치는 자들은 성령의 인도하심을 받아 크고 비밀한 일들을 알게 되고, 죄와 싸우는 능력을 받게 된다는 것을 알게 하라.
* 자발적으로 하는 기도훈련은 유익하다.
* 기도훈련은 누에가 고치를 뜯고 나오는 것이다.
* 기초훈련(기도와 말씀, 필자 주)이 안 된 자들은 기도가 막힌다.
* 지혜로워지는 훈련이 기도훈련이다.
* 하나님께 맡기는 훈련이 기도훈련이다.
* 쉬지 않는 기도는 지도력이 필요하다.
* 너희들이 기도와 말씀으로 훈련하는 것이 너희 자신을 지키리라.
* 정치, 경제, 사회, 문화를 배우는 것보다 기도를 배우는 것이 더 중요한 것이다.
* 내 종이 하는 기도를 따라 하는 자들이 복이 있다.
* 내 말이 기도는 지도자를 따라 하는 것이 가장 쉽다는 것이다.
* 기도는 지도자를 필요로 한다.
* 네 주인도 기도하는 습관이 필요한 만큼 너희들은 기도하는 습관이 마땅하지 아니하냐?
* 이천 년 전에 나는 기도의 사람으로 사람이 하는 것과 똑같은 훈련을 했다.

초대교회는 사도들과 제자들 120여 명이 마가요한의 다락방에서 전심으로 성령을 부르는 기도를 한 끝에 성령의 임재하심으로 시작되었다. 사도들은 초대교회에 입교한 교인들에게 자신들이 한 기도를 훈련시켜 빌립 집사나 스데반 집사와 같은 제자들을 양육하였다. 그러나 우리네 교회는 성령의 증거나 능력, 열매가 있는 영적 지도자가 없으며, 성령이 내주하는 기도훈련에 대해 무지하다. 그들은 종교적인 기도행위를 희생적으로 하는 것으로 자신의 의무를 다했다고 생각한다. 그래서 영성학교가 설립된 것이다. 하나님은 우리 영성학교가 꺼져가는 이 시대에 불씨가 되기를 열망하고 계시다. 그러나 이곳에서 훈련받는 훈련생이나 공동체 식구들도 여전히 지도자의 훈련에 순종하기보다, 자신들이 하고 싶은 만큼 혹은 할 수 있다고 생각하는 만큼만 따라 하고 있다. 그래서 오랫동안 기도훈련을 해도 진도가 나가지 않는 것이다. 하나님이신 예수님께서도 이 땅에 계실 때, 인간이 하는 것과 똑같은 훈련을 하셨다는 것을 간과하지 마시라. 하물며 연약하고 부족한 우리들은 말할 것도 없다.

6) 하나님을 부르는 기도의 엄청난 가치를 가슴에 새기라

* 왕의 이름을 부르는 게 얼마나 아름다우냐?
* 인생의 문제를 쉽게 풀 수 있는 절호의 기회로 알고 기도하는 일을 가장 선두에 놓고 자신과의 싸움을 하라.
* 기도하는 자들은 망하지 않는다.
* 기도가 최고의 문제해결이다.
* 단순히 기도하는 것만으로 위로를 얻으니 얼마나 큰 축복이냐?

* 불치의 병도 기도하면 낫는다.

* 기적의 문도 두드리면 열린다.

* 전에 기도하던 자들도 다 쉬고 있다.

* 식물인간도 기도로 일으킬 수 있지만, 그렇게 하기 위해서는 갑옷(전
  신갑주, 필자 주)이 튼튼해야 한다.

* 가정의 문제를 푸는 열쇠는 오직 기도뿐이다.

* 하나님은 말을 한다고 듣는 분이 아니다.

* 기도하지 않을 때가 노예의 삶이다.

* 가정에 영적 능력이 있는 용사가 있으면 소망이 없는 자도 살린다.

* 사람이 하는 일 중에 가장 귀중한 게 기도이다.

* 성도가 기도하지 않는 것은 자기 목숨을 스스로 버리는 것이다.

* 기도만큼 중요한 일도 없고 기도만큼 지혜로운 일도 없다.

* 이제 마지막이 있을 때를 대비해서 기도에 전념하라.

* 너희 민족이 사는 길은 오직 기도뿐이다.

* 나라의 운명과 자신의 운명이 하늘에 달려있다는 것을 알고 기도하라.

* 조국이 되고 안 되고는 나에게 달렸다는 것을 알고, 조국의 앞길에
  대해서도 부지런히 기도하라.

* 철저히 기도의 삶을 살 것을 명령하노라.

* 성경에 기록된 대로 기도에 깨어있는 자들이 나를 볼 것이다.

* 마지막 때에 내 종을 모으리라.

성령께서는 이 기도의 가치에 대해 더 이상 말이 필요가 없을 정도로
말씀해 주셨다. 이 말씀대로라면, 이 기도에 목숨과 인생을 걸지 않는 사

람들은 어리석기 짝이 없는 사람일 것이다. 그러나 영성학교 식구들은 이 말씀을 많이 들어 모르지 않는다. 그러나 마음에 새겨서 삶의 현장에서 실천하지 않는 이유는 실감나지 않기 때문이다. 성령께서 필자를 훈련시키시고 영성학교를 열어 주신 지 10년의 세월이 흘렀다. 놀라운 기적과 이적이 수도 없이 나타났음은 물론, 소수의 인원이지만 필자의 뒤를 이어서 귀신을 쫓아내고 질병을 고치는 영적 능력이 나타나는 제자들도 생겨나고 있다. 이제는 당신이 할 차례이다. 초대교회 이후에 성령이 내주하는 기도훈련을 시킨 교회가 어디에 있었는가? 그 기회를 놓친다면, 지옥에 던져진 후에 땅을 치고 통곡을 하게 될 것이다.

3.
성령께서 말씀해 주신
기도의 강을 건너는 비결

'기도의 강'이라는 말은 성령께서 해 주신 것이다. 대다수의 크리스천들은 기도를 열심히 희생적으로 하면 소원을 이루고 응답을 얻을 수 있다고 생각하고 있지만, 실상은 그렇지 않다. 성경은 의인의 기도가 역사하는 힘이 크고, 하나님은 의인의 기도를 들어주신다고 말씀하고 있다. 의인이란 하나님이 기뻐하시는 사람을 말한다. 그렇다면 희생적으로 열심히 기도하는 사람이 의인이 아니라, 하나님의 뜻대로 살면서 하나님의 나라와 그의 의를 구하는 사람이 의인일 것이다. 그러나 우리네 교회는 기도를 《알라딘과 요술램프》에 나오는 요술램프를 문지르는 행위로 알고 있으니 기가 막힌 일이다. 다시 주제로 돌아가서 기도의 강에 대해 살펴보자. 기도의 강은 하나님과 깊고 친밀하게 교제하는 기도를 말하며, 기도의 강을 건넌 사람이 하나님을 만나 동행하는 삶을 살 수 있다. 그렇다면 성령께서 말씀하신 기도의 강을 건너는 비결은 무엇인가?

1) 기도의 몰입이 기도의 강을 건너는 것이다

기도의 몰입이란 기도에 몰입되어 집중적으로 기도하고 있는 상태를 말한다. 이것은 기도목록을 나열하는 기도가 아니라, 하나님의 이름을 부르면서 그분이 자신 안에 들어오셔서 통치하시고 다스리시는 하나님의 나라가 이루어지도록 간절히 그분의 임재를 간구하는 기도를 말한다. 성경적인 용어로 말하자면, 하나님의 이름을 부르는 기도이다. 성경도 교회도 목사도 없었던 시절의 아브라함이나 야곱, 이삭이나 요셉도 그런 기도를 했고, 시편에 보면 다윗도 하나님의 이름을 부르며 간절히 그분의 얼굴을 구하는 기도를 했다. 그렇다면 하나님의 이름을 부르며 임재를 구하는 기도를 하는데 왜 집중력이 필요한가? 그 이유는 이 기도를 해본 사람이면 금세 알 수 있다. 하나님을 부르는 기도는 악한 영이 집요하게 방해하기 때문에 집중이 어렵다는 것을 말이다. 그래서 하나님을 부르는 기도를 시작하면 수도 없이 잡념이 들어오고 무서운 생각이 들며 졸리거나 멍해져서 기도에 집중이 되지 않는다. 그래서 몰입되는 기도를 하려면 기도를 방해하는 악한 영과 피터지게 싸워야 한다. 또한 몰입되는 기도를 하려면 육체를 긴장시켜 정신을 바짝 차리면서 기도해야 한다. 그래서 몰입되는 기도를 하기 위해서는 방해받지 않는 장소에서 규칙적으로 기도하는 습관을 들이는 것은 물론이고, 낮에도 하나님의 이름을 부르면서 하나님에 대한 생각이 머릿속에서 떠나지 않도록 하는 습관이 필수적이다. 필자의 사역은 성령이 내주하는 기도훈련을 하는 것이다. 그래서 기도의 습관을 들이도록 구체적인 방법을 제시하고 코칭과 피드백을 통해 기도의 근육을 튼튼히 하고 내공이 쌓이도록 돕고 있다. 몰입되는 기도를 하기까지 기도자의 의지와 노력에 따라 차이는 나겠지만, 기도에 삶의 최우선순위를 두고 입에서 단내가 나도록 간절히 전심으로 기도하는 사람이 빠른 성장을 보인다. 어쨌든 하나님은 하나님을 부르는 기도에 몰입될 때까지 몸부림치는 이들을 지켜보시면서, 이들의 믿음을 재시고 찾아오신다.

2) 기도의 강은 자신을 내려놓는 것이다

> 예수께서 돌이키시며 베드로에게 이르시되 사탄아 내 뒤로 물
> 러 가라 너는 나를 넘어지게 하는 자로다 네가 하나님의 일을 생
> 각하지 아니하고 도리어 사람의 일을 생각하는도다 하시고 이에
> 예수께서 제자들에게 이르시되 누구든지 나를 따라오려거든 자
> 기를 부인하고 자기 십자가를 지고 나를 따를 것이니라 누구든
> 지 제 목숨을 구원하고자 하면 잃을 것이요 누구든지 나를 위하
> 여 제 목숨을 잃으면 찾으리라 사람이 만일 온 천하를 얻고도 제
> 목숨을 잃으면 무엇이 유익하리요 사람이 무엇을 주고 제 목숨
> 과 바꾸겠느냐(마16:23~26)

> 육신의 생각은 하나님과 원수가 되나니 이는 하나님의 법에 굴
> 복하지 아니할 뿐 아니라 할 수도 없음이라(롬8:7)

기도의 강을 건너기 위한 또 하나의 숙제는 자신을 내려놓는 것이다. 예
수님은 제자의 첫 번째 조건으로 자기부인을 들고 계시다. 자기부인은 자신
의 생각이나 계획, 목적, 목표, 속내 등을 내려놓는 것을 말한다. 그러나 우
리네 교회에서는 기도의 목적이 자신의 소원을 이루고 세속적인 욕망을 채
우며 잘 살고 부자가 되고 성공하는 것이니, 어떻게 하나님을 기쁘시게 하
는 백성이 될 수 있겠는가? 그래서 새벽기도회에 나가 열심히 기도하고 작

정기도와 금식기도를 해도 응답이 없고 문제가 해결되지 않으며, 무능하고 무기력한 신앙으로 고단하고 팍팍하게 살아가는 것이다. 하나님의 뜻에 관심이 없는 이들이 기도한들 무슨 응답이 내려오겠는가? 그러므로 하나님을 만나서 동행하는 기도의 강을 건너려면 자신의 생각과 육체의 욕심을 죄다 내려놓고 오직 하나님의 뜻을 추구하는 삶을 살아야 한다. 육체의 생각이 바로 하나님이 싫어하시는 죄이므로, 죄와 피 터지게 싸우며 죄를 부추기는 악한 영들과 싸워 이기는 이들만이 기도의 강을 건널 수 있다. 그래서 자신이 원하고 육체가 바라는 생각을 꺾고, 오직 하나님의 뜻에 순종하는 자들에게 하나님이 찾아오셔서 동행하는 삶을 살 수 있게 된다.

> 내가 그리스도와 함께 십자가에 못 박혔나니 그런즉 이제는 내가 사는 것이 아니요 오직 내 안에 그리스도께서 사시는 것이라 이제 내가 육체 가운데 사는 것은 나를 사랑하사 나를 위하여 자기 자신을 버리신 하나님의 아들을 믿는 믿음 안에서 사는 것이라(갈2:20)

이를 두고 사도 바울은 자신이 예수 그리스도와 함께 십자가에서 죽었다고 말하고 있다. 육체의 한계를 지닌 연약하고 부족한 인간이 어떻게 그렇게 살 수 있냐고 항변하는 이들도 있을 것이다. 그러나 자신의 생각을 내려놓고 오직 하나님의 뜻과 예수님의 명령에 절대순종하려는 태도를 보이는 자들에게 성령이 찾아오셔서 힘과 능력을 주시고 성령과 동행하는 삶을 누리게 하신다. 그러므로 당신이 항상 깨어서 쉬지 않는 기도의 습관을 들여서, 자신의 생각을 꺾고 오직 하나님의 뜻에 순종하는 태도로 살아간다면,

분명 기도의 강을 건너서 성령과 동행하는 하나님의 사람이 될 수 있을 것이다.

에필로그

필자가 하나님을 부르는 기도를 시작한 지 벌써 25년이 되었다. 이 기도를 하기 전에는 필자 역시 여러분과 다름없이 기도를 거의 하지 않고 교회마당을 밟았던 평범한 교인이었다. 주일성수에 십일조, 교회봉사 등을 하면서, 나름 괜찮은 교인이라고 생각하며 구원을 당연한 걸로 여겼고, 이 땅에서 축복을 받아 부유하고 형통하게 사는 걸 염두에 두고 교회에서 시키는 대로 열심히 신앙생활을 했다. 그러나 삼십 대 초반에 엄청난 대출을 얻어 무모하게 시작한 사업이 쫄딱 망하면서, 그 길로 나의 안일한 신앙생활은 끝이 났다. 인생이 무지막지하게 떠내려가면서 영혼은 피폐해지고 삶이 황폐해졌다. 만약 직장생활을 하면서 그럭저럭 살아갔다면 지금도 내가 괜찮은 교인이라고 착각하며 교회마당을 밟고 있을 것이다.

사업에 실패하고 나서 안 해본 것이 없을 정도로, 새벽부터 밤늦게까지 투잡, 쓰리잡을 가리지 않고 뛰었지만 빚은 늘어났고 희망은 꺼져 갔다. 실망은 좌절로, 좌절은 분노로 이어졌고, 분노하는 것마저 동력을 잃으면서 자포자기하는 심정으로 삶을 포기하고 낚시터에 가서 하루 종일 세월을 보내기 시작했다. 아무것도 생각하기 싫었고, 잔인한 현실을 직면하는 게 두려워서 도망치고 싶었다. 그렇다고 자살할 수도 없는 노릇이었다. 술을 마시지 않으면 잠이 오지 않는 지독한 불면증에 시달렸다.

살아 있는 것 자체가 지옥이었고 고통의 연속이었다. 낚싯대를 담가 놓고 수면을 응시하면서, 생각은 꼬리에 꼬리를 물고 자괴감을 넣어 주면서 세상에 대한 모든 기대를 무너뜨렸다. 그러다가 갑자기 그 자리에서 꼬꾸라지면서, 하나님께 한 번만 기회를 달라고 애걸복걸하기 시작했다. 탕자처럼 다시 돌아가겠다고 하면서 말이다.

다음날부터 성경을 뒤져서 하나님을 만나는 방법을 찾고 찾다가, 신명기 4장 29절과 예레미야 29장 13절 말씀을 찾아내었다. 마음을 다하고 뜻을 다하고 힘을 다해서 간절히 하나님을 찾으면 만나 주신다는 말씀을 발견하고, 그날부터 하나님을 찾고 부르는 기도를 시작했다. 오랫동안 기도하지 않았던 육체는 격렬하게 반항하였고, 정신은 단 1분도 기도에 집중하지 못하고 쓰레기 같은 생각으로 방황하였다. 처음에는 단 5분도 기도하기 어려웠다. 그러나 기도를 지속할 수 있었던 동력은 지옥 같은 현실이었다. 물론 지옥 같은 현실을 벗어나기 위해 기도한 것만은 아니었다. 이렇게 살다 죽으면 지옥의 불구덩이라는 걸 인정하지 않을 수 없었기 때문이기도 했다. 감사하게도(?) 고통스러운 현실이 기도의 어려움을 능가했기에, 기도를 포기하지 않고 지속할 수 있었다. 그렇게 시간은 빨리 지나갔다. 아내와 저가화장품 방문판매를 하면서 많은 시간을 자동차 안에 있게 되어, 희망이 끊어진 무료한 시간을 기도로 채울 수 있었다. 몇 년이 지나니 육체도 반항을 포기하고 기도하는 것에 적응이 되었으며, 정신도 기도의 내용에 집중하게 되었다. 그러니까 나에게 포기하지 않고 기도할 수 있었던 동력은 나락으로 떨어진 삶이었던 셈이다.

기도를 시작하고 적지 않은 세월이 흐르고 나서, 내 인생은 전혀 다른 인생으로 바뀌었다. 지금은 하나님께서 잔인하고 고통스러웠던 삶을 잊게 해 주셨으며, 사역을 맡겨 주셔서 갖가지 삶의 무거운 짐을 진 사람들을 치유하고 회복시키면서 기도훈련을 하는 자리에 있게 되었다. 기도훈련을 하는 많은 사람들이 물어왔다. 어떻게 그렇게 오랫동안 이 기도를 할 수 있었냐고 말이다. 그 답은 희망이 없는 삶, 고통스러운 현실이다. 물론 지금은 아주 행복하게 살고 있다. 잔인했던 삶의 고통은 사라졌지만, 그동안 기도의 습관을 들이면서 성령께서 내 안에 오셔서 평안과 기쁨을 주셨다. 지금은 그 평안과 기쁨이 기도의 동력이 되고 있음은 말할 나위가 없다.

물론 언제나 기도가 좋고 기도하고 싶어지는 것은 아니다. 그러나 지금까지 하나님께 받은 은혜가 엄청나게 많아서 지금은 그 은혜를 포기할 수 없게 되어버렸다. 그래서 간혹 기도가 힘들 때가 찾아오기도 하지만, 이를 무시하고 평안이 다시 찾아올 때까지 폭주 기관차처럼 악을 쓰며 하나님을 간절하게 부른다. 그게 지금 내가 기도를 유지하는 비결이기도 하다. 기도하는 게 좋고 기쁘다면 누군들 기도하는 게 어렵겠는가? 기도하는 게 힘들고, 기도하기 싫고, 마음이 쓰레기 같아서 아무것도 하기 싫을 때, 기도를 포기하면 기도의 내공이 쌓일 수가 없다. 나는 기도하기 싫을 때, 이런저런 무거운 사역의 짐으로 인해 마음이 무겁고 불편할 때, 이를 악물고 어깨에 힘을 주고 격렬하고 간절하게 하나님을 부르며, 하나님을 찬양하고 죄를 회개하며, 불쌍히 여겨 달라고, 손을 놓지말아 달라고 애걸복걸하며 기도한다. 그러면 1시간이 채 지나지 않아 평안이 찾아오고 기쁨이 올라오기 시작한다. 바로 기도가 이런 행복한 삶의 비결이다. 그러나 기도 훈련생은 말할 것도 없고, 몇 년 동안 기도하고 있는 영성학교 식구들마저 기도하기 싫고, 몸이 힘들면 기도가 느슨해지고 마음이 흩어지기 일쑤이다. 그래서 기도의 동력을 얻지 못하고 있으니 안타깝기 그지없다. 이 책을 읽는 모든 사람들이 필자처럼 기도의 습관을 들여서 기쁘고 즐겁게 살다가, 영원한 천국에서도 함께 살 수 있으면 좋겠다. 그 사람이 당신이었으면 좋겠다.

크리스천 영성학교, 쉰목사

나는 이렇게 기도해서 하나님을 만났다

나는 이렇게 기도해서
하나님을 만났다

ⓒ 신상래, 2024

초판 1쇄 발행 2024년 11월 12일

지은이   신상래
펴낸이   신상래
편집   좋은땅 편집팀
펴낸곳   로뎀나무출판사
주소   충북 충주시 중앙탑면 원앙4길 51
전화   070-7814-7714
이메일   rodemtreepublishinghouse@gmail.com
유튜브   @RodemTreePublishingHouse

ISBN   979-11-989914-0-9 (03230)